Évaluation du personnel

Éditions d'Organisation
Groupe Eyrolles
61, bd Saint-Germain
75240 Paris cedex 05

www.editions-organisation.com
www.editions-eyrolles.com

DU MÊME AUTEUR, CHEZ LE MÊME ÉDITEUR

La Gestion des compétences, 1996, 2009.

Le 360°, outil de développement personnel, 2000.

La Personnalité, 2005.

RH, les apports de la psychologie du travail, 3e édition, 2007.

La Motivation au travail, 3e édition, 2006.

Re-motiver au travail, 2007.

Claude LÉVY-LEBOYER

Professeur émérite à l'université René-Descartes-Paris V

Évaluation du personnel

Quels objectifs ? Quelles méthodes ?

Septième édition

Éditions d'Organisation

Table des matières

Préface
de la septième édition

Voici vingt ans que ce livre sur l'évaluation a été publié pour la première fois. Au cours de ces vingt années, six éditions successives ont présenté les développements théoriques et pratiques apportés aussi bien par la création de nouveaux instruments d'évaluation que par les données recueillies sur le terrain au cours de leurs applications.

Pendant cette période, le « facteur humain » a pris une importance croissante dans la vie des entreprises privées comme des organisations publiques. Ce qui implique une plus grande attention accordée à la gestion du personnel et en particulier aux décisions d'embauche et de mobilité, donc aux pronostics fondés sur l'évaluation du personnel. Cet accroissement de l'intérêt porté aux méthodes d'évaluation et à leur fiabilité a multiplié les activités de recherche dans ce domaine. La plupart de ces progrès ont été décrits dans les éditions successives de cet ouvrage, par exemple ce qui concerne la structure des questionnaires de personnalité, la validité prédictive des tests d'intelligence, et les progrès des méthodes statistiques qui ont permis de faire des traitements de données plus ambitieux concernant les outils de mesure.

On pouvait donc s'attendre à ce que cette septième édition s'inscrive dans la continuité des précédentes. C'est vrai... mais en partie seulement.

D'une part, l'utilisation de méthodes d'évaluation sans fondement scientifique et sans références méthodologiques, que nous avons dénoncée dans les éditions précédentes, n'a pas disparu et, en fait, s'est plutôt aggravée. Notamment, l'Internet offre en nombre croissant, à tous ceux qui veulent les acheter, des instruments d'évaluation sans précision sur leurs méthodes de construction et sans informations validées sur leurs conditions d'utilisation ni sur l'interprétation des résultats. Comme les acheteurs de ce type d'instruments sont souvent mal informés sur les nécessaires qualités métriques et sur les indications des différentes méthodes d'évaluation, ces ventes sur Internet risquent d'être au mieux inadaptées, et au pire, source de diagnostic inexact. On voit par exemple des utilisateurs appliquer des tests qui ne différencieront pas la population concernée, ou encore qui sont sans validité prédictive démontrée. En outre, les organismes qui proposent une formation destinée à obtenir de bons scores aux tests se sont multipliés. Ce n'est pas une mauvaise idée, à condition que la formation soit bien faite et qu'elle soit offerte à tous les candidats à un même poste. Encore faudra-t-il tenir compte du fait que le test ainsi « enseigné » permet de mesurer l'aptitude visée, mais également les qualités qui ont permis cet apprentissage spécifique.

Peut-être cette situation est, au moins en partie, la faute des spécialistes qui ne se donnent pas suffisamment le mal d'informer les décideurs, et des praticiens qui confondent trop souvent marketing et information. Pour essayer d'y remédier, nous avons ajouté aux conclusions une vingt et unième question qui décrit les étapes nécessaires à la construction d'un instrument d'évaluation. Disposer d'une telle liste ne fera pas de ces acheteurs des psychométriciens compétents mais on peut espérer qu'elle leur permettra de vérifier que ces étapes ont bien été respectées.

D'autre part, et c'est plus important, le monde du travail a profondément changé et va continuer à changer à une vitesse et avec un impact sans précédent. Nous avions souligné, dans l'édition précédente, le désintérêt pour les méthodes d'analyse du travail, et, en revanche, le rôle croissant du concept de compétence ainsi que la place prise par les actions de développement individuel, qui consistent, précisément, à identifier et à compléter le profil de compétences.

Constater ces évolutions ne suffit plus. Si on veut essayer de répondre aux nouveaux soucis des décideurs, il faut comprendre ce qui change, et en chercher des explications fondées sur la nature actuelle du travail. Sans entreprendre ici une description détaillée du travail aujourd'hui, les points suivants donnent des exemples des changements qui peuvent affecter le choix et l'utilisation des méthodes d'évaluation.

- Il y a encore peu de temps, la plupart des carrières se développpaient de manière continue, souvent dans la même organisation, et elles étaient essentiellement fondées sur des aptitudes, des traits de personnalité, et des connaissances. C'est de moins en moins vrai, et les carrières sont bâties sur les *nouvelles compétences* maîtrisées.

Pourquoi cela ? Parce que la mondialisation de l'économie ainsi que les progrès technologiques peuvent rendre toute compétence obsolète, du jour au lendemain. Ce qui signifie que, contrairement aux aptitudes, et notamment à l'intelligence, l'utilité, pour un individu, des compétences qu'il maîtrise peut être forte mais n'est jamais définitive. Et, de ce fait, la carrière se construit sur l'acquisition de compétences successives.

- Plutôt qu'aux seules aptitudes, connaissances et traits de personnalité identifiés par l'analyse du travail comme les prérequis du poste à pourvoir, les recruteurs se soucient donc d'estimer la capacité à acquérir de nouvelles compétences. L'importance actuelle des compétences donne ainsi un objectif différent à l'évaluation préalable à la décision de recrutement.

- Dans un monde du travail en évolution lente, le profil requis pour réussir dans le poste à pourvoir était au cœur de la décision. L'objectif actuel est différent : plus que la réussite dans le premier poste, le recruteur tente d'évaluer les capacités d'évolution. Du coup, les carrières se gèrent différemment. Et comme l'acquisition d'une compétence exige non seulement des qualités personnelles, mais aussi un contact direct avec les responsabilités concernées, les stages se multiplient ainsi que les expériences « apprenantes », recherchées très au-delà de la formation initiale.

- Dans un tout autre ordre d'idée, le développement des techniques de *communication* facilite mais également transforme les contacts. Et la diffusion des informations ainsi que la possibilité de réunir et de faire dialoguer des groupes virtuels modifie les conditions de travail. Ces facilités, en même temps que la distance croissante entre lieu de travail et résidence qui oblige beaucoup de personnes à faire quotidiennement de longs déplacements, devraient multiplier les postes de travail à domicile. Ces nouvelles conditions de travail impliquent des rapports sociaux différents, donc donnent de l'importance à d'autres qualités sociales et à des profils de personnalité plus autonomes. Notamment se pose de plus en plus le problème du management d'équipes composées de membres dispersés géographiquement.

- L'accès facile à des stocks d'*informations* qui s'enrichissent tous les jours bouleverse l'importance relative des aptitudes et des connaissances. Il ne s'agit plus d'accumuler des savoirs bien maîtrisés, mais d'être capable de se diriger à travers les couches successives d'informations accessibles, de manière à ne retenir que celles qui sont pertinentes et fiables. Cette évolution des qualités requises de toute activité professionnelle est en train d'affecter l'enseignement, qui devient moins centré sur l'acquisition de connaissances, et plus sur la maîtrise d'un vocabulaire conceptuel qui conditionne l'accès efficace aux informations.

- Sur un autre plan, la mobilité de la population active, expliquée par la très forte inégalité des salaires et des ressources d'emplois entre régions du monde, crée une grande variété d'origines nationales et ethniques chez les candidats à un recrutement. De ce fait, le risque de prendre en compte dans toute décision des différences individuelles sans rapport démontré avec les qualités requises pour l'emploi à pourvoir introduit un risque accru de discrimination, ce qui a donné une actualité au souci d'éviter toute discrimination abusive. Cette préoccupation n'est pas une nouveauté. C'est ainsi qu'en Chine, au premier siècle de notre ère, des mesures ont été prises pour lutter contre le « piston » : les candidatures devaient rester anonymes, les conditions d'examen ont été standardisées, et plusieurs évaluateurs indépendants ont été chargés d'apprécier les prestations des candidats (Rust et Golombok, 2009).

Cette brève description montre combien les objectifs de l'évaluation ont changé. Cela ne signifie pas que nos instruments et les règles méthodologiques que nous avons développés au cours des années soient périmés. Mais certains outils deviennent progressivement moins utiles : c'est le cas, déjà mentionné, de l'analyse de poste. Et les résultats obtenus avec des instruments chevronnés prennent, selon les cas, une plus grande ou une plus faible importance. Surtout, la place des compétences acquises dans les processus d'évaluation doit nous faire réfléchir aux moyens d'en faire le bilan.

Introduction

L'importance du « facteur humain » dans la gestion des entreprises et des organisations, quels que soient leur taille, leur secteur et leur domaine d'activité, est une évidence que personne ne conteste. Les décisions concernant le recrutement, la conduite des carrières, l'affectation à un poste ou encore l'orientation vers une formation sont capitales pour l'organisation, comme pour l'individu. Dans ce domaine, les erreurs sont coûteuses en temps, en énergie et en argent. Elles représentent aussi une cause majeure de démoralisation, de démotivation et d'insatisfaction.

Toute décision concernant un individu suppose une évaluation de ses aptitudes, de ses connaissances acquises, de ses compétences, de sa personnalité et de ses qualités sociales. C'est-à-dire que, dans ce domaine, la sagesse de la décision dépend de la qualité de l'évaluation, donc de la pertinence des méthodes utilisées pour juger l'adaptabilité de l'individu au poste ou à la fonction auquel on va l'affecter et pour évaluer sa capacité à acquérir de nouvelles compétences. Il est donc important de savoir quelles sont les méthodes utilisées actuellement, en France, pour réaliser de telles évaluations.

Quelles méthodes, en France ?

Plusieurs articles de presse ont récemment attiré l'attention sur le caractère souvent irrationnel de pratiques « à la mode », comme la morphopsychologie, le portrait astrologique, la numérologie, voire la voyance et la radiesthésie. Toutes ces méthodes ont deux points communs : elles s'appuient sur des typologies périmées et, surtout, elles reposent sur une démarche non objective où la croyance et l'affirmation tiennent lieu de preuve et de validité. Il est difficile de savoir si ces pratiques sont fréquentes. Dans une enquête par entretiens réalisée auprès de 60 cabinets et de 42 services d'entreprise, M. Bruchon-Schweitzer (1989) ne signalait leur utilisation que dans les cabinets de recrutement. Parmi les consultants qu'elle a interrogés, 12 % disent employer la morphopsychologie, 8 %, l'astrologie et 6,5 % recourent à d'autres techniques irrationnelles. Mais il faut probablement considérer ces chiffres comme des sous-évaluations parce qu'il n'est pas sûr que toutes les personnes enquêtées aient décrit la réalité.

Quelles sont les méthodes le plus fréquemment employées ? *L'entretien* vient indéniablement en tête, aussi bien dans l'enquête citée ci-dessus, selon laquelle il est utilisé dans plus de neuf recrutements sur dix, que dans une enquête par téléphone que nous avons faite auprès des 200 premiers groupes français appartenant à la liste dressée par le journal *Les Échos*. De plus, l'entretien est souvent utilisé seul : au cours de notre enquête téléphonique auprès des entreprises, nous avons pu constater que, dans 84 % des cas, le recrutement des cadres supérieurs est fondé seulement sur un entretien et un curriculum vitae. Cela est également vrai pour 78 % des cadres moyens, et pour 35 % des non-cadres. Qui fait ces entretiens ? Dans 79 % des cas, un membre du service du personnel ; dans 68 % des cas, il y a en plus un entretien avec le chef du service concerné. La plupart de nos correspondants ont eu des difficultés à préciser si les entretiens étaient conduits par des personnes formées à ce travail. Encore moins s'il existait un guide d'entretien, voire une répartition des questions entre les différentes personnes chargées de réaliser ces entretiens. Reste que l'entretien est nécessaire pour donner à l'évaluation un caractère plus convivial. Et un entretien bien conduit est probablement une occasion d'obtenir des informations sur les expériences et les compétences qu'elles peuvent développer.

D'après l'enquête de M. Bruchon-Schweitzer, les autres méthodes mentionnées sont moins fréquemment employées et ne le sont jamais seules. La graphologie est utilisée par 33 % des cabinets et 21 % des entreprises, pour le premier tri, mais elle est toujours associée avec l'examen de la lettre de candidature et du curriculum vitae. L'examen graphologique approfondi entre dans 72 % des examens qui suivent le premier tri en cabinet et dans 31 % des cas en entreprise. Les tests de personnalité sont cités dans quatre à six examens sur dix, les tests d'aptitude sont employés par 38 % des entreprises interrogées, de manière systématique, par 74 % de manière occasionnelle, et par 25 % des cabinets, systématiquement, et 55 % occasionnellement. Viennent ensuite les essais professionnels, les tests projectifs et les références, avec des taux d'utilisation moins élevés.

La singularité française qui concerne la graphologie est confirmée par l'enquête récente de Roe (2003) : 57 % des recrutements utilisent la graphologie en France, contre 8 % en Allemagne, 2 % en Hollande, 1 % au Royaume-Uni, 0 % en Suède et en Norvège. Et on peut craindre que l'ouvrage de Huteau (2004) qui présente une synthèse convaincante des recherches démontrant l'absence de relations entre les analyses graphologiques et la personnalité n'ait pas changé les mauvaises habitudes françaises.

Ce tableau recoupe assez bien ceux que tracent pour l'industrie anglaise l'enquête de Sneath, Takur et Medjunck et celle de Robertson et Makin : les entretiens sont utilisés dans 81 % des cas, un curriculum vitae et des références dans 67 %, des tests cognitifs et des tests de personnalité, dans respectivement 5 et 4 %, et un centre d'évaluation, encore plus rarement.

Et Robertson conclut que cette situation est inquiétante parce que les méthodes qui constituent le fondement de l'évaluation du potentiel humain dans l'industrie sont précisément celles qui, dans l'ensemble des très nombreuses recherches publiées sur ce sujet, sont les moins valables et les moins valides.

Comment sont choisies les méthodes ?

Comment et sur quelle base sont choisies les méthodes utilisées ? Beaucoup de recrutements et d'évaluations sont faits par des cabinets externes. C'est le cas (dans notre enquête par téléphone) pour environ un de nos interlocuteurs sur deux, beaucoup plus souvent dans les entreprises de moins de 100 personnes (97 %) que dans les grandes (27 %). Or il semble que, lorsqu'on fait confiance à un cabinet, on ne cherche à savoir avec précision ni quelles techniques il emploie, ni d'où elles viennent, encore moins comment elles sont validées et quelle est la qualification des personnes qui les utilisent.

Lorsque le service du personnel assume lui-même les procédures d'évaluation, comment s'explique le choix de telle ou telle technique ? Dans notre enquête, trois raisons ont été invoquées que nous donnons par ordre de fréquence : vient, en premier lieu, l'acceptabilité de la méthode utilisée par les personnes qui y sont soumises. C'est l'argument majeur pour se limiter à des entretiens et pour utiliser la graphologie. En deuxième lieu le prix de revient sans d'ailleurs qu'il soit comparé à une quelconque évaluation de l'utilité des informations recueillies ni du coût de l'erreur. En troisième place, l'intuition, le sentiment que la méthode utilisée est satisfaisante, le fait que personne ne s'en plaigne vraiment – ici encore sans qu'il y ait de bilan précis à citer.

Et aux États-Unis ?

Une enquête américaine récente a montré que les utilisateurs d'instruments d'évaluation se soucient relativement peu de leurs qualités métriques, et que les employeurs qui demandent des évaluations à des cabinets ou à des praticiens extérieurs ne savent en général pas si les instruments utilisés sont conformes aux règles professionnelles. La situation y est donc globalement la même qu'en France, même si nous disposons moins de mesures légales protégeant les évalués contre les errements d'une évaluation employant des méthodes incertaines. Il est très rare de voir faire un bilan *a posteriori* des décisions prises, avec la volonté de dépister les erreurs, de tenter de les expliquer et d'y remédier. Ce serait pourtant une démarche instructive. En effet, même lorsque les instruments d'évaluation sont bien choisis, il faut se dire qu'aucune décision de recrutement ou de promotion n'est totalement objective. Les décideurs tiennent souvent compte du sexe et de l'âge du candidat, et ceci particulièrement lorsqu'ils interprètent les résultats de questionnaires de personnalité ou d'intérêts. Ce faisant, ils utilisent leurs représentations des différences liées au sexe ou à l'âge, ou à tout autre paramètre. Il se construit ainsi des normes implicites par catégories, normes dont la valeur est évidemment contestable.

Évaluer l'évaluation

Il existe pourtant des critères précis qui permettent d'« évaluer l'évaluation » et de ne retenir que les méthodes pertinentes. Certes, comme nous l'ont fait remarquer plusieurs de nos interlocuteurs, les conduites humaines sont complexes et difficiles à prévoir. Et il est également vrai que les entreprises, confrontées quotidiennement à des décisions en matière de personnel, n'ont pas le temps d'attendre que la méthode idéale apparaisse sur le marché, ni de lire l'importante littérature, au demeurant très technique, et souvent publiée en anglais dans des revues spécialisées, que les psychologues du travail produisent sur ce sujet. Ce ne sont peut-être pas là de bonnes raisons pour se résigner à l'absence de rigueur, pour préférer l'intuition à la preuve et pour accepter de se laisser guider par des méthodes irrationnelles.

En fait, les entreprises que nous avons interrogées souhaitent effectivement disposer des informations et des connaissances nécessaires pour être capables de choisir les meilleures méthodes dans chaque cas qui se présente. Par ailleurs, les possibilités nouvelles qu'apporte l'informatique à l'analyse des données, jointes à l'importance croissante, du double point de vue social et financier, de la gestion des ressources humaines, ont fait progresser dans la dernière décade non seulement les méthodes d'évaluation, mais la réflexion théorique sur les critères de choix de ces méthodes.

Comment l'évaluation est-elle perçue par... les évalués ?

Les attitudes des personnes qui font l'objet d'une évaluation dans le cadre de leurs activités de travail concernent surtout deux aspects : l'objectivité de l'évaluation et sa relation avec la réalité du poste occupé. Une enquête récente (Hughes et Tate, 2007) a montré que la moitié seulement des candidats testés sur ordinateur considèrent que la méthode est équitable. Ils contestent la qualité du test, son absence de relation avec le poste concerné, l'absence de questions destinées à se familiariser avec le test, ainsi que la possibilité de répondre au hasard. Les auteurs de l'enquête conseillent aux recruteurs et aux futurs employeurs d'expliquer ce qui a motivé le choix du test et de rendre transparente la manière dont les résultats seront utilisés.

Trois nouvelles demandes pour l'évaluation

Les bouleversements du monde du travail ont fait apparaître trois nouvelles demandes, organisationnelles et individuelles, qui sollicitent les méthodes d'évaluation.

La première concerne les capacités individuelles à *tirer parti de l'expérience* pour acquérir de nouvelles compétences. Il ne suffit pas qu'un candidat possède les qualités nécessaires pour faire face au premier poste auquel il sera affecté, il faut également qu'il soit capable d'évoluer – donc qu'il possède, pour faire partie d'une « organisation apprenante », la capacité à apprendre. D'où cette nouvelle demande de l'organisation : comment évaluer ces qualités ?

La deuxième attente concerne précisément la gestion du *développement individuel*, y compris le fait d'aider le personnel en place à « apprendre à apprendre ». Cette gestion d'un développement continu va accompagner la carrière et être jalonnée de bilans destinés à estimer les potentiels individuels, les compétences acquises aussi bien qu'à confronter la perception qu'en ont les différents acteurs de l'organisation, dans le cadre de ce qu'on nomme maintenant des « instruments à 360° » (Kidd, 1995).

Du coup, l'évaluation n'est plus seulement le fait de l'organisation qui cherche des informations pour étayer ses décisions de recrutement externe ou interne, c'est aussi, et largement, l'affaire des évalués. D'où une troisième attente qui concerne *la gestion de leurs carrières par les individus eux-mêmes*, la restitution des résultats de l'évaluation, pas seulement comme un droit à l'information, mais comme une nécessité pour aménager son propre développement. Attente qui a entraîné une série de questions sur l'image de soi et la perception qu'en ont les autres, l'effet des évaluations sur les évalués, et sur les méthodes de conseil fondées sur les résultats de l'évaluation (Iles et Robertson, 1995).

L'objectif de ce livre

Plusieurs colloques internationaux et de nombreuses publications en anglais ont fait le point sur ces progrès et ces développements récents. Mais ils ne sont pas suffisamment connus en France. Ce livre est destiné à combler cette lacune en tentant d'apporter des réponses aux questions suivantes :

- Quelles sont les demandes auxquelles l'évaluation est appelée à répondre ?

- De quelles méthodes dispose-t-on pour décrire les caractéristiques individuelles ?

- Sur quels critères peut-on faire un choix entre ces méthodes ? Comment décrire ces performances ?

- Quelle est la nature des informations qu'apportent les méthodes existantes ? Comment les utiliser ?

- Quel est l'impact du retour d'informations sur soi que les psychologues sont susceptibles de donner en utilisant des méthodes appropriées ?

Même si cela suppose pour beaucoup de lecteurs un effort réel pour assimiler des idées nouvelles, nous commencerons par exposer les principes ainsi que les concepts qu'il faut connaître pour choisir une ou des méthodes d'évaluation et pour évaluer la qualité de l'évaluation, c'est-à-dire pour en estimer la pertinence, l'utilité et les indications. Nous dresserons ensuite un tableau aussi complet que possible des différentes catégories de méthodes existantes en indiquant ce qu'on sait de leur signification et de leur valeur, qu'il s'agisse ou pas de méthodes créées par des psychologues.

Il n'y a aucune raison, en effet, pour que les mêmes exigences ne s'appliquent pas aux unes comme aux autres. Ce faisant, nous ne fournirons pas un catalogue de tests ou de questionnaires ou encore de méthodes d'observation. Mais nous essayerons de montrer que les règles de la méthode expérimentale s'appliquent à l'évaluation et que la validité prédictive des techniques d'évaluation (c'est-à-dire la corrélation qui existe entre d'une part le pronostic fait avec ces techniques et la réalité d'autre part) ainsi que leur validité de contenu (c'est-à-dire leur cohérence et leur signification) doivent jouer un rôle central comme critères de la valeur des méthodes employées.

Prédire le comportement de l'homme au travail ?

Cela dit, quel que soit le soin avec lequel ces méthodes sont choisies et quelles que soient les qualités de leurs utilisateurs, il ne faut pas en attendre plus qu'elles ne peuvent apporter. Ce qui détermine le comportement de l'homme au travail ne se décrit pas au moyen de quelques équations simples. Toute conduite est la résultante complexe des qualités individuelles et des facteurs situationnels qui concernent le poste de travail, la politique de personnel de l'organisation dans son ensemble, voire l'environnement économique, technique et social, extérieur à cette organisation. Le diagramme suivant donne une représentation très simplifiée de ce double déterminisme.

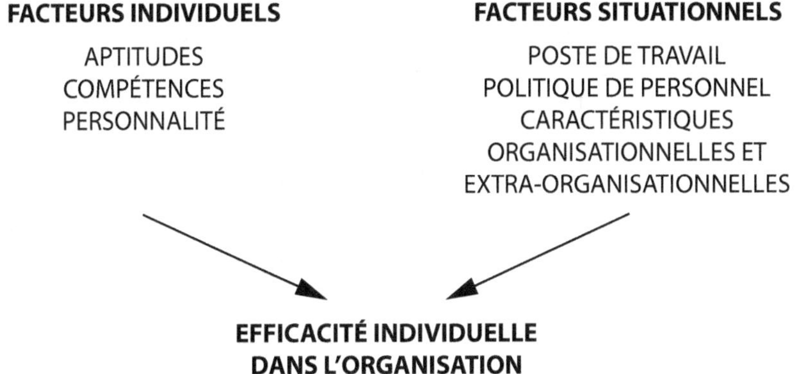

Des facteurs situationnels

Certes, les caractéristiques individuelles, aptitudes, compétences acquises, traits de personnalité, qualités sociales représentent des facteurs essentiels de l'efficacité individuelle dans l'organisation. Mais il faut également que l'organisation sache employer ces qualités, notamment qu'elle donne à son personnel des conditions de travail satisfaisantes, qu'elle crée un cadre et un climat propres à favoriser la motivation et l'implication dans le travail et qu'elle favorise le développement individuel des compétences.

Ce livre concerne essentiellement les méthodes destinées à évaluer des individus ; ce n'est donc pas le lieu de détailler la nature, le mode d'action et l'effet des facteurs situationnels. Mais il importe de rappeler leur importance parce que cela implique qu'en aucun cas l'ensemble des variables individuelles (celles que mesurent les méthodes que nous allons exposer et discuter) ne peuvent expliquer totalement le comportement et l'efficacité des individus dans les organisations.

Quel est le poids des facteurs individuels ?

Il faut donc savoir que ce que peut apporter une méthode d'évaluation est limité par le rôle des facteurs individuels dans la vie professionnelle. Aussi précise soit-elle, la description des caractéristiques d'un individu ne permet de formuler un pronostic ou de donner un conseil qu'en fonction d'un poste, d'une situation, d'un service ou d'une organisation donnée. Qu'est-ce que cela veut dire, concrètement ? Qu'une personne qui se révélera inefficace, ou inadaptée, voire tout à fait incompétente ici, sera ailleurs efficace, sociable et capable d'utiliser son savoir. De même, souhaiter le recrutement d'un collaborateur « motivé » ne veut rien dire parce que personne n'est « motivé » tout court par toutes les tâches et dans toutes les situations. Certains contextes de travail stimulent la motivation des uns mais n'entraînent pas l'implication des autres ou encore certains postes sont si mal définis qu'ils ne motivent personne.

Bref, bien évaluer, prendre des décisions fondées sur un bilan pertinent du potentiel humain ne représente qu'une partie, certes essentielle, d'une politique de personnel. Et le fait de bien utiliser une évaluation est aussi important que le fait de se soucier de la qualité de cette évaluation. Les deux impératifs sont d'ailleurs complémentaires : pour utiliser un bilan de potentiel humain, comme pour choisir une méthode d'évaluation, il faut, bien évidemment, en comprendre la signification donc en connaître les bases.

Problèmes psychométriques et éthiques

En fait, l'évaluation dans le monde du travail soulève deux types de problèmes qu'il ne faut pas confondre. Les premiers se rapportent à la question suivante : comment savoir si l'instrument utilisé pour faire telle ou telle évaluation correspond bien au problème posé ? Il n'est jamais facile de répondre à cette question parce que toute démarche de mesure est exposée à l'erreur, et surtout parce qu'évaluer des caractéristiques humaines suppose au préalable un effort conceptuel pour bien définir ce qu'on va mesurer. Ces aspects psychométriques seront largement abordés dans cet ouvrage. Mais il convient de rappeler dans l'introduction qu'aucune garantie méthodologique ne dispense de prendre en considération les problèmes éthiques soulevés par l'évaluation, problèmes qui correspondent à la manière dont les tests ou les autres démarches d'évaluation se sont déroulés ainsi qu'à leur interprétation et à leur rôle dans la décision. Le souci de rigueur éthique est particulièrement difficile à respecter dans le cas de l'évaluation parce que le consultant qui en est chargé a forcément une double affiliation envers l'organisation qui est son client, d'une part, et envers la personne qu'il évalue, d'autre part. Et la difficulté vient du fait qu'il n'y a pas une bonne et une mauvaise façon de se comporter, de telle sorte que la conduite conforme à la morale soit clairement identifiable, mais, plus souvent, deux solutions également valables.

Kidder (1995) signale quatre dilemmes : être en priorité soucieux de la vérité ou avant tout respecter la loyauté vis-à-vis d'un client ancien et fidèle ; respecter le droit de l'individu à la confidentialité ou se préoccuper avant tout des risques que peut encourir une collectivité ; tenir compte de l'impact d'une décision à court ou à long terme ; décrire tous les résultats, positifs et négatifs de l'évaluation ou les commenter en soulignant l'effet perturbateur d'événements récents… D'où la nécessité de bien clarifier, avant toute démarche d'évaluation, le rôle de l'évaluateur et l'utilisation de l'évaluation, ce qui trace les limites des informations que le psychologue peut fournir à l'organisation. Notamment, la démarche d'évaluation se borne-t-elle à fournir une description, laissant à l'organisation cliente la responsabilité de la décision ? Ou comporterat-elle une conclusion qui précise notamment les risques attachés aux différentes éventualités ? Ou bien encore, servira-t-elle à l'individu pour l'aider à planifier son développement personnel ?

Des principes déontologiques

Préciser des règles déontologiques claires n'est pas facile, d'autant plus que l'éthique évolue à mesure que les progrès théoriques soulèvent de nouveaux problèmes et que la pratique de l'évaluation change pour répondre à de nouveaux besoins économiques et sociaux. Dans les différents pays industrialisés, des règles ont été élaborées par les sociétés nationales de psychologie, et ces règles ont parfois servi de base à des lois, entraînant le développement d'actions en justice intentées par des évalués qui s'estimaient injustement traités ou lésés par l'évaluation. Aux États-Unis, l'American Psychological Association a ainsi élaboré une liste de six principes à respecter qui concerne la *compétence* requise pour utiliser des instruments d'évaluation et sa mise à jour régulière, l'*intégrité*, c'est-à-dire l'obligation de ne donner que des informations fiables et de clarifier son rôle vis-à-vis de l'organisation et des évalués, la *responsabilité professionnelle* concernant la maîtrise de l'influence des résultats de l'évaluation, le *respect des autres et de leur dignité*, c'est-à-dire aussi bien la prise en compte des différences, la présentation des outils qui seront utilisés pour l'évaluation que le droit à la confidentialité et à la communication des résultats, le *souci du bien-être* des autres qui consiste à tenir compte de leurs besoins, et des effets négatifs que peuvent avoir la connaissance des résultats, et la *responsabilité sociale*, obligation de se conformer aux lois et de se tenir au courant des conditions sociales qui peuvent influencer l'utilisation qui sera faite de l'évaluation. Certes, ces règles sont abstraites et la réalité du terrain reste contraignante. Par exemple, lorsqu'on utilise des tests cognitifs et des épreuves de connaissances pour faire un premier tri de candidatures, les résultats qu'il serait possible de communiquer seront limités au fait d'être, ou pas, retenu pour la suite des procédures de sélection. D'une manière plus générale, il faut réaliser que résoudre un dilemme éthique ne peut pas se faire de manière quasi automatique en appliquant la lettre des règles énoncées ci-dessus, même si tous les praticiens en reconnaissent la pertinence et la valeur morale. Mais il faut que les praticiens et les utilisateurs des évaluations sachent qu'elle comporte toujours un aspect éthique, qu'ils en réalisent l'importance, et qu'ils soient prêts à s'en expliquer avec tous les partenaires de l'évaluation. En définitive, comme le suggère Jeanneret (1998), il ne faut pas accepter de traiter les autres comme nous ne voudrions pas être traités nous-mêmes.

Le plan du livre

L'objectif de ce livre a déterminé son plan. Une première partie sur les principes, les concepts et les outils qui permettent de choisir des méthodes d'évaluation adéquates, une seconde partie qui passe en revue les méthodes d'évaluation existantes, leur contenu et leur valeur, en utilisant les notions définies dans la première partie. Toutefois, même si le plan et les intitulés de chapitre restent les mêmes que ceux de la première édition, le contenu de cette nouvelle édition, huit ans après la première, est enrichi et différent. Pourquoi cela ? Parce que la demande d'évaluation s'est diversifiée, en même temps que les ressources pour y répondre ont progressé.

La demande s'est diversifiée

Le contenu du travail et les conditions organisationnelles ont changé et le développement de la technologie de l'information a modifié profondément les tâches et les missions. Plus généralement l'accroissement exponentiel du savoir donne une place prépondérante dans les organisations aux *knowledge workers*, ou spécialistes hautement compétents, donc à la capacité à acquérir de nouveaux savoirs. La globalisation de l'économie et la taille croissante des organisations ont conduit à restructurer les entreprises, bousculant les hiérarchies traditionnelles au profit des réseaux de projets qui donnent plus d'importance aux qualités sociales, à l'initiative, à la flexibilité des rôles. L'explosion géographique des grandes entreprises pose le problème de la sélection des expatriés et l'évolution rapide des compétences requises pousse chacun à gérer sa carrière, donc à s'interroger sur ses priorités, sur ses atouts et sur sa capacité à évoluer.

Les ressources ont progressé

L'évaluation de la personnalité a suscité un regain d'intérêt qui peut être attribué aux progrès théoriques dans ce domaine et qui a entraîné la naissance de nouveaux instruments. L'évaluation est appelée à jouer des rôles multiples : le constat qui précède la décision, et également le diagnostic qui justifie l'intervention. La prédiction de la réussite dans le premier poste ne suffit plus et la sélection s'intéresse au potentiel de développement. L'évaluation ne se limite pas à l'individu seul et s'étend à l'équipe, à sa composition, à son climat. L'impact des cultures et des valeurs nationales sur la généralisabilité de la validité des méthodes de sélection représente un souci pour le praticien, comme les effets sur les évalués des résultats de l'évaluation.

La première partie

Tous les chapitres qui figuraient dans les éditions précédentes sont affectés, d'une manière ou d'une autre, par ces changements, sans que cela signifie l'abandon des approches et des méthodes traditionnelles. Les méthodes d'évaluation sont encore, souvent, choisies en fonction des exigences des postes à pourvoir et du contenu des fonctions, aussi la première partie commence-t-elle par un chapitre consacré à l'analyse du travail. Mais les transformations dont nous venons de parler donnent aux postes et à leur contenu un caractère dynamique qui appelle de nouvelles manières d'analyser le travail. Ce chapitre décrira donc d'abord les méthodes classiques d'analyse de poste et, ensuite, les conséquences des évolutions actuelles sur l'analyse du travail. Cette partie comporte également un chapitre sur les notations professionnelles et les critères de succès. En effet, si on veut vérifier la pertinence des décisions passées, donc la qualité des méthodes utilisées pour élaborer les évaluations qui ont servi à prendre ces décisions, il faut en faire le suivi régulier, c'est-à-dire les confronter à la réalité des faits. Ce qui implique la nécessité de décrire les comportements professionnels et de le faire avec rigueur et objectivité. Mais les changements des dix dernières années ont conduit à une diversification des méthodes, des fonctions et des pratiques de notations professionnelles dont il sera rendu compte. Un troisième chapitre définit les qualités métriques essentielles à toute technique d'évaluation et indique les différentes manières de les mesurer. C'est une approche abstraite de la réalité métrique des instruments d'évaluation, approche dont la faisabilité sera envisagée dans le respect des contraintes de terrain et des exigences éthiques. Le quatrième chapitre aborde les délicats problèmes posés par la prise d'une décision à partir d'un certain nombre d'informations indépendantes les unes des autres et par l'estimation de l'utilité des méthodes retenues. C'était une approche très récente au moment de la première édition de ce livre. On tentera d'expliquer le fait qu'elle soit rarement employée et de décrire la volonté actuelle des théoriciens de collaborer avec les praticiens pour rendre applicable et fécond le modèle d'utilité.

La seconde partie

Dans la seconde partie, les méthodes sur lesquelles on dispose d'études critiques, de recherches fondamentales et de bilans de terrain sérieux seront présentées. On y abordera aussi bien les « tests psychologiques » classiques que des méthodes plus récentes comme les centres d'évaluation, et plus traditionnelles comme l'entretien et le questionnaire biographique. L'utilisation de questionnaires comme méthode de description de la personnalité avait fait l'objet dans les précédentes éditions d'une discussion sceptique. Il y a maintenant un accord croissant entre les spécialistes sur l'existence de cinq à sept traits de personnalité et sur leur définition, et le processus mis en jeu dans le fait de répondre à un questionnaire de personnalité est mieux connu – ce qui justifie une mise à jour de la discussion concernant ces instruments.

La même approche prévaudra dans tous les cas : examiner toutes les méthodes du point de vue de leur faisabilité, de leurs qualités métriques, de leur signification démontrée, de l'utilité de l'information qu'elles apportent et de leur valeur pronostique. Leur utilité pour les problèmes auxquels sont, depuis peu, confrontés les gestionnaires de ressources humaines – la sélection des expatriés, l'appréciation des qualités des membres d'une équipe, notamment, seront envisagées chaque fois que nous disposons de données sur ces développements récents. Enfin, la nouveauté des demandes faites aux méthodes d'évaluation par le monde du travail ainsi que les progrès rapides des technologies de l'information incitent les psychologues, eux aussi, à tenter d'anticiper les développements à venir : ce sera l'objet d'un dernier chapitre.

Comment choisir une méthode d'évaluation ?

Le choix d'une méthode d'évaluation permettant la description du potentiel humain, ainsi que la prédiction précise du comportement individuel dans des situations de travail spécifiques ne sont pas des opérations ponctuelles, mais un processus complexe qui comporte trois étapes successives et qui peut se prolonger par un bilan *a posteriori*. Chacune de ces étapes fait l'objet d'un des chapitres de cette première partie.

Première étape : l'analyse du travail

Le premier concerne l'analyse du travail. Chaque poste, chaque fonction présente des caractéristiques particulières qu'il importe de savoir identifier. Cela signifie-t-il qu'il faut choisir une méthode ou un groupe de méthodes différents pour chaque métier ou pour chaque poste ? On l'a cru pendant longtemps. Les résultats des recherches faites notamment aux États-Unis dans les dix dernières années montrent qu'il existe des « familles de métiers » suffisamment homogènes pour que les mêmes méthodes puissent être utilisées lorsque l'évaluation concerne les métiers d'une même famille. L'analyse du travail a donc un double objectif, dans la perspective qui nous occupe ici : d'une part, définir les exigences de chaque poste ; d'autre part, chercher à le placer dans un ensemble cohérent constitué par une « famille de métiers ». Elle se prolonge actuellement par le souci de créer des « référentiels de compétences » propres à des secteurs d'emploi ou à de grandes organisations.

En outre, comme on l'a indiqué dans la préface, l'adaptation à des tâches qui changent fréquemment est une forte exigence dans les secteurs soumis à une évolution technologique rapide ; ce qui donne une priorité d'une part à la flexibilité individuelle et d'autre part à la créativité. On peut noter, de ce point de vue, qu'une forte mobilité professionnelle, c'est-à-dire le fait d'avoir changé souvent d'entreprise, n'est plus considérée comme un signe d'instabilité et devient un atout dû à la diversité des expériences.

Seconde étape : évaluer les performances

Pour contrôler la valeur des méthodes utilisées, il faut être capable de comparer les informations prédictives qu'elles fournissent avec la réalité, c'est-à-dire avec le comportement professionnel observé dans le travail quotidien. Cela implique qu'on sache, d'une part, évaluer les « performances » de travail de manière discriminante, fiable et objective, et, d'autre part, concrétiser cette évaluation sous la forme de « critères » de réussite professionnelle. Ces outils présentent un double intérêt puisqu'ils servent également à réaliser les notations professionnelles nécessaires à la gestion des carrières. Le deuxième chapitre sera donc consacré à l'évaluation du succès professionnel, pierre angulaire de toute validation des méthodes destinées, précisément, à le prédire.

... et les qualités métriques

Le troisième chapitre est peut-être le plus important de cet ouvrage. C'est aussi le plus abstrait puisque y seront définies les qualités métriques que doivent posséder les méthodes d'évaluation ainsi que les techniques permettant de mesurer ces qualités. Même si cela représente un effort d'attention, l'utilisateur des méthodes d'évaluation du potentiel humain devrait connaître ces exigences métriques parce qu'elles ont un caractère *sine qua non* : vérifier qu'une méthode possède bien les qualités métriques fondamentales doit représenter la première condition du choix d'une méthode d'évaluation.

Toute évaluation prend du temps et requiert des compétences. La construction des méthodes d'évaluation et leur contrôle, également. Il faut donc savoir les utiliser efficacement pour prendre des décisions, c'est-à-dire savoir comment faire la synthèse d'informations diverses et souvent nuancées pour prendre une décision presque toujours binaire – oui/non. Il faut également se soucier de l'utilité, au plan humain comme au plan de la rentabilité, des méthodes employées pour prendre ces décisions. Le chapitre 4 fera le point des connaissances actuelles dans ce domaine et de leurs conséquences pratiques.

Enfin, le chapitre 5 envisagera les qualités des méthodes d'évaluation et de leurs modalités d'application du point de vue de l'évalué, de sa recherche d'informations sur lui-même et de son souci de gérer sa propre carrière.

CHAPITRE 1

L'analyse du travail

L'analyse du travail représente la première étape d'une procédure classique d'évaluation. Même si l'évaluation doit s'intéresser aux qualités nécessaires pour évoluer et acquérir de nouvelles compétences, les aptitudes requises par le premier poste restent importantes. Il existe, en effet, deux domaines conceptuellement distincts, celui des activités de travail, d'une part, celui qui concerne les aptitudes et les caractéristiques humaines, d'autre part. C'est l'analyse du travail qui apporte les données nécessaires pour établir des connexions entre ces deux domaines. L'idéal serait d'arriver à constituer une classification commune aux activités de travail, aux aptitudes et caractéristiques requises, et aux méthodes pour les mesurer. En l'absence de cette « multi-taxonomie », il faut utiliser pour chaque cas une analyse du travail de manière à construire une stratégie permettant de relier ces domaines entre eux.

Une étape cruciale

Cette étape du choix d'une méthode d'évaluation est cruciale. On le fera mieux comprendre en rappelant que les caractéristiques individuelles mesurées par ces méthodes sont des notions abstraites, définies opérationnellement par le fait qu'elles sous-tendent des comportements présentant des exigences communes. Pour reprendre la formule de Binning et Barrett (1989), ces notions abstraites sont, en réalité, des « hypothèses fondées sur le fait que certains comportements covarient de manière significative ». Le lien entre réussite professionnelle et évaluation des qualités requises passe donc par une analyse pertinente du travail mettant en évidence les prérequis essentiels des tâches et des missions.

L'analyse du travail doit donc permettre de préciser ce qui doit être prédit, c'est-à-dire les aspects du travail (comportement ou performance) qui sont essentiels à la bonne conduite de la tâche ou à l'accomplissement de la fonction, afin d'en déduire les caractéristiques individuelles requises. Elle devrait également permettre de décrire les relations qui existent éventuellement entre les différents aspects du travail, entre les différentes caractéristiques requises et enfin entre ces deux systèmes.

Trois objectifs

L'analyse du travail est utilisée dans d'autres domaines, en ergonomie notamment, avec des finalités spécifiques différentes.

Dans le cadre qui nous intéresse ici, c'est-à-dire celui de l'évaluation du personnel, elle peut avoir trois objectifs distincts et qui se situent à des niveaux différents d'intervention.

- L'analyse des tâches peut être utilisée directement pour construire des essais professionnels ou des épreuves « en situation » qui serviront ensuite de techniques d'évaluation.

- L'analyse des tâches peut également permettre de rassembler des informations qui vont, ensuite, servir à choisir parmi les techniques d'évaluation existantes des prédicteurs pertinents parce qu'ils correspondent aux aspects essentiels de la tâche analysée.

- Enfin, l'analyse des tâches peut servir à créer des familles de métiers et à identifier les éléments communs qui caractérisent les métiers ou les fonctions d'une même famille. Une telle classification, si elle est bien faite, présente de très nombreux avantages. Nous verrons plus loin qu'elle peut servir à identifier des prédicteurs de succès professionnel commun à une même famille. Elle peut également servir de base aux plans de formation et de mobilité lorsque l'évolution des conditions technologiques ou économiques impose des réaffectations du personnel en place.

À quoi doit aboutir l'analyse du travail ?

Que doit contenir le document qui en résultera ? Le contenu type d'une description de poste ou de fonction comporte six rubriques distinctes (Smith et Robertson, 1986) :

22

1) tout ce qui permet *l'identification du poste* ou de la fonction : intitulé exact, lieu où se déroule le travail, nombre de personnes ayant le même poste ou la même fonction ;

2) *les objectifs* précis du poste ou de la fonction, c'est-à-dire sa situation à l'intérieur de l'organisation et de son organigramme ;

3) *les responsabilités* du titulaire du poste ou de la fonction, c'est-à-dire ce qu'il doit faire et la nature des résultats qu'on attend de lui. Ces responsabilités peuvent concerner aussi bien des produits à fabriquer que des services à rendre. Lorsque cela est nécessaire, la qualité exigée doit être précisée, ainsi que les outils ou les moyens techniques employés, que le titulaire du poste doit maîtriser. Si le poste ou la fonction implique l'encadrement ou la formation de personnel, il faudra préciser le nombre de personnes encadrées, le degré de responsabilité concernant leur recrutement, leur travail et la gestion de leur carrière. Si le poste ou la fonction implique des responsabilités d'ordre financier, elles doivent être décrites (leur nature, le niveau de décision et de contrôle…). Enfin, le soutien et le contrôle que le titulaire du poste reçoit de son supérieur doivent être précisés ;

4) *les relations avec d'autres personnes*. Non seulement les personnes avec qui le titulaire du poste a des contacts réguliers doivent être mentionnées, mais également le contenu de leurs relations : circulation d'information, assistance technique, ordres à recevoir et à donner, etc. Si le travail implique l'animation d'équipes ou de groupes, cet aspect doit être également précisé. Si le poste implique des contacts avec la clientèle, ils doivent aussi être décrits avec précision ;

5) *les conditions physiques du travail* : cette rubrique concerne surtout la description du travail des personnels de production et de service. Elle doit comporter la description du lieu de travail, des horaires, la nature des exigences physiques des tâches, et éventuellement les risques encourus ;

6) *les conditions de rémunération et de promotion* : salaires et avantages, retraites et pensions, existence de primes, de bonus et leur mode d'attribution, règles concernant les absences, possibilités de promotion ou de mutation, et de développement de carrière.

Les méthodes

Les étapes d'une analyse du travail sont les suivantes : élaboration d'une liste de tâches ou de missions ; description des qualités requises pour les exécuter ; et choix des qualités « critiques », particulièrement importantes.

Les méthodes d'analyse du travail elles-mêmes ne sont pas spécifiques des différents objectifs décrits plus haut. Dans chaque cas, la méthode doit être choisie en fonction des possibilités qu'offre la situation de travail, du temps dont on dispose et de la nature de la tâche elle-même.

Décrire le travail ou le travailleur ?

L'analyse peut être orientée surtout vers le travail ou surtout vers le travailleur. Dans le premier cas, elle est d'abord descriptive et elle vise avant tout les tâches que le travailleur doit exécuter ; alors que, dans le second cas, l'analyse permet de décrire les activités que le travailleur met en œuvre pour que ces tâches soient effectivement accomplies et leurs régulations, par l'analyse de conduites opératoires et par la mise en évidence des règles de fonctionnement de l'opérateur (Spérandio, 1984).

Dans la mesure où le résultat final de l'analyse du travail, en tant que démarche préparatoire à l'évaluation professionnelle, sera une liste des exigences du poste ou de la fonction, la différence entre les deux stratégies ne semble pas importante. En effet, dans les deux cas, il faudra à un moment donné inférer les caractéristiques individuelles requises soit à partir de la liste des tâches, soit à partir de la liste des activités mises en jeu. Pourtant il semble y avoir dans les travaux publiés une préférence pour les descriptions qui sont « orientées vers le travailleur » parce qu'elles fournissent un tableau du comportement plus général et moins lié aux caractéristiques techniques spécifiques de chaque poste. En revanche, l'analyse du travail « orientée vers la tâche » représente une démarche préliminaire féconde si on veut rassembler des échantillons spécifiques de situations ou de comportements, échantillons qui serviront ensuite comme matériau de base pour développer des essais professionnels et des « tests de situation ».

Interroger les personnes sur place

La méthode la plus directe et le plus souvent utilisée pour réaliser une analyse du travail consiste à interroger les personnes en place ainsi que leur hiérarchie en faisant un entretien ouvert. L'avantage de cette méthode vient de sa flexibilité, et du fait qu'elle est facile à mettre en œuvre. Bien souvent, elle permet d'obtenir des informations intéressantes et qui vont au-delà de la description, notamment la manière dont la tâche et ses contraintes sont perçues par les opérateurs (de Keyser *et al.*, 1970). Mais elle prend du temps et les renseignements rassemblés sont difficiles à analyser de manière systématique. L'entretien peut également se faire avec un groupe d'interlocuteurs compétents. Ces entretiens de groupe peuvent sembler plus riches de contenu du fait des interactions entre membres du groupe, mais ils sont difficiles à organiser et on ne peut pas toujours contrôler l'impact d'un membre du groupe qui se montre trop influent.

On peut rendre l'entretien et ses résultats plus systématiques en utilisant un questionnaire ou une check-list. Tous deux exigent une préparation approfondie qui commence par la lecture de tous les documents existants concernant les responsabilités et les activités des postes et fonctions à analyser et se poursuit souvent par un entretien préparatoire avec la hiérarchie de manière à faire préciser quelles sont les activités les plus fréquentes, quelles sont les activités les plus importantes, et éventuellement quelles sont celles qui sont nécessaires du point de vue de la sécurité et du point de vue de la valeur ajoutée. On peut améliorer les questionnaires et les check-lists en leur donnant une forme quantitative, c'est-à-dire en faisant évaluer chacune des activités, ou des caractéristiques nécessaires, sur un barème chiffré qui permettra, si besoin est, de traiter ensuite les données statistiquement.

Des questionnaires

Il est possible de ne pas commencer ce travail de zéro. En effet, des recherches, poursuivies notamment aux États-Unis, ont permis de construire des questionnaires exhaustifs qui sont systématiques dans la mesure où ils représentent les résultats d'analyses factorielles faites sur de grands nombres d'activités et de descriptions. Le PAQ (*Position Analysis Questionnaire*, questionnaire pour l'analyse de poste) de McCormick, adapté en France, est probablement le plus connu et le plus ancien de ces questionnaires. Il contient 189 descriptions d'activités regroupées en cinq catégories.

Ces catégories ont été obtenues de la manière suivante : avec la collaboration de 70 entreprises industrielles, McCormick a réuni des descriptions pour 536 postes différents. Pour chaque poste, le travail d'analyse a été fait séparément par deux personnes différentes et on a calculé les corrélations entre les résultats obtenus. Ces corrélations sont élevées puisqu'elles vont de .74 à .89. Les 536 descriptions ont ensuite été divisées au hasard en deux groupes de 268 postes chacun et deux analyses en composantes principales ont été faites indépendamment sur chacun des groupes. Les résultats de ces deux analyses sont fortement cohérents entre eux. Ils ont permis de regrouper les informations contenues dans les descriptions initiales en cinq catégories :

- décision, communication, activités sociales ;

- activités qualifiées ;

- activités physiques et conditions de travail qui leur sont liées ;

- utilisation d'équipement ou de véhicule ;

- traitement d'information.

Non seulement le PAQ est fondé sur une recherche exhaustive et bien menée, mais la présentation matérielle du questionnaire le rend particulièrement précis. En effet, chaque aspect à noter est décrit de manière détaillée et tous les points de l'échelle de notation sont définis par un comportement qui sert de base de comparaison au notateur.

Un autre questionnaire développé plus récemment par Fleishman et Quaintance (1984), adapté en France, concerne non pas les activités effectuées dans le poste analysé mais la description directe des aptitudes, capacités cognitives, sensorielles, physiques et psychomotrices mises en jeu. Chaque échelle est en sept points. La présence ou l'absence du trait noté (correspondant aux scores 1 et 7) fait l'objet d'une définition précise et trois des points de l'échelle sont définis concrètement pour guider l'analyste.

Par exemple, pour le trait compréhension verbale, trois exemples sont donnés :

- comprendre complètement un contrat d'assurance ;

- comprendre un article de journal décrivant une fête locale ;

- comprendre une bande dessinée.

Pour certaines aptitudes, il a été nécessaire de fournir à l'analyste un arbre de décision. Par exemple, s'il juge que la rapidité d'exécution n'est pas importante pour la tâche décrite, il passe simplement au point suivant. Mais s'il la juge importante, il doit alors dire si la précision est également importante. Selon sa réponse, il lui est alors posé des questions différentes et plus spécifiques, sur le rythme des mouvements, leur rapidité, la coordination des membres, etc.

Les questionnaires doivent être fidèles

Quels que soient leurs modes de construction, les questionnaires et les check-lists utilisés pour faire l'analyse du travail doivent être fidèles. La notion de fidélité fera l'objet d'une définition précise dans le chapitre 3. Dans le cas présent, dire que le questionnaire doit être fidèle signifie simplement qu'il ne doit pas être contaminé par des sources d'erreur systématiques, donc qu'il doit mesurer exclusivement ce qu'on veut lui faire mesurer.

On contrôle la fidélité des questionnaires en procédant à trois types de vérification qui correspondent aux trois questions suivantes :

- L'analyse du même poste faite deux fois par le même analyste permet-elle d'obtenir des résultats constants ?

- L'analyse du même poste faite par deux analystes différents utilisant la même méthode donne-t-elle des résultats constants ?

- L'analyse de plusieurs postes identiques faite par le même analyste et la même méthode donne-t-elle des résultats constants ?

Les conclusions de nombreuses études faites sur ces points se recoupent : si l'analyste est bien formé et si le questionnaire est soigneusement construit, on obtient effectivement des corrélations élevées entre les descriptions répétées dans le temps, celles qui sont faites par des analystes différents ou qui sont menées sur des postes identiques (Smith et Robertson, 1986).

D'autres méthodes

Malheureusement, il n'est pas toujours possible de disposer du temps nécessaire à la construction d'une check-list ou d'un questionnaire. Aussi est-on amené à utiliser d'autres méthodes et notamment la tenue et l'analyse de contenu d'un journal personnel, l'observation directe, la méthode des « incidents critiques », et la Repertory Grid de Kelly (Lévy-Leboyer *et al.*, 1985).

Le principe du *journal personnel* est simple. Il suffit que le titulaire d'un poste note sur une feuille blanche tout ce qu'il fait au cours d'une journée de travail. Bien évidemment, cette façon de faire n'est adaptée ni aux tâches d'exécution répétitives, ni aux travaux manuels, ni, plus généralement, aux catégories professionnelles dont les titulaires n'ont pas l'habitude de s'exprimer par écrit. La méthode présente d'autres problèmes : il est difficile de contrôler le niveau de détail des descriptions et d'éviter qu'il existe un biais apporté par chacun en fonction de ce qu'il juge important. En outre, l'analyse des données recueillies est délicate et le classement des tâches décrites souvent difficile. De ce point de vue, il peut être avantageux de préparer une grille comportant une liste d'activités en colonnes et des tranches horaires en lignes et de demander aux sujets de cocher à intervalles réguliers l'activité qu'ils exécutent.

L'observation directe du travail semble également être simple à réaliser, même si elle demande du temps dans la mesure où elle est faite en temps réel. En outre, elle permet de mettre en relief des activités qui paraissent tellement évidentes à la personne qui les exécute qu'elle oublie de les signaler. Pourtant l'observation directe n'est pas toujours fructueuse notamment dans les cas où une partie importante du travail est mentale et donc difficile à observer et où le rythme trop rapide du travail rend l'observation impossible. Enfin, l'observateur n'est pas toujours assez compétent pour effectuer une observation exhaustive. Pour pallier cette dernière difficulté, on peut tenter de construire des grilles d'observation systématique utilisant un vocabulaire normalisé, mais il est alors nécessaire que les observateurs soient formés à leur maniement. Il est aussi très utile de s'intéresser aux « traces » de l'activité, erreurs, fréquences d'utilisation des différentes commandes et fonctions, par exemple (Karnas, 1987).

L'analyse du travail peut également utiliser la *méthode des « incidents critiques » de Flanagan* (1954). Il s'agit de la plus ancienne méthode d'analyse du travail, que Flanagan a imaginée pendant la Seconde Guerre mondiale, pour détecter les causes d'erreurs de pilotage pendant la formation des pilotes. Au lieu de se contenter des raisons, trop vagues, données par les instructeurs, Flanagan leur a demandé de décrire concrètement les incidents critiques qui étaient considérés comme des erreurs et de le faire de manière précise, c'est-à-dire en indiquant ce qui avait entraîné l'incident, ce que le pilote avait fait, quelles en étaient les conséquences, etc. Lorsqu'on utilise la méthode des incidents critiques pour réaliser une analyse du travail, on recueille de nombreuses descriptions concrètes de comportements qui jouent un rôle déterminant sur la qualité du travail effectué. Le relevé de ces incidents critiques permet, après analyse de leur contenu, de tenir effectivement compte des aspects importants du travail mais risque de fournir une description qui reste incomplète et qui est difficile à exploiter.

Par ailleurs, on se souvient plus facilement des événements extraordinaires que de ceux qui ont des conséquences peu mémorables : ce n'est donc pas une bonne approche pour obtenir des descriptions complètes, mais cela permet d'identifier les aspects critiques du travail et, également, de préparer un guide d'entretien.

Certains questionnaires d'analyse du travail proposent des listes de qualités associées aux paramètres qui décrivent les activités de travail. Une méthode plus créative utilise la *rep grid* de Kelly (Fransella et Bannister, 2004). Elle comporte trois étapes. La première consiste à faire une liste des activités les plus importantes du poste analysé. La deuxième va permettre de dégager les qualités requises pour ce poste. C'est là qu'intervient l'originalité de la méthode. Trois des activités sont tirées au hasard de la liste et présentées aux personnes qui effectuent ce travail, ou encore aux experts qui le connaissent bien. Il leur est demandé de dire quelles sont les qualités requises par deux de ces activités, mais pas par la troisième. Cette procédure est répétée avec trois activités, à nouveau tirées au sort, jusqu'à ce que les réponses se répètent. On est alors en mesure de passer à la troisième étape. On possède deux listes : la liste des activités issues de l'analyse de poste et la liste des qualités requises. Pour juger de l'importance des qualités, on construit une « grille » qui est un tableau à double entrée avec, en horizontal, les qualités, et en vertical, les tâches. Chaque expert donne alors un score d'importance pour chaque qualité et pour chaque activité. Ces données sont soumises à analyse factorielle. Les facteurs qui en résultent permettent de décrire de manière objective et quantifiée les qualités requises et leur importance. Cette méthode a l'avantage d'utiliser le vocabulaire des experts et, également, de fournir des résultats qui ne sont pas « contaminés » par les préjugés de l'analyste (Smith, 2005).

Aucune analyse n'est parfaite

Toute analyse du travail, même la plus soigneuse, est forcément subjective. Et il est bon de garder en mémoire le fait qu'aucune analyse de poste ne sera totalement exhaustive ni parfaitement exacte. En particulier, il est bon de tenir compte des remarques suivantes (Guion, 1998) :

- Différentes sources d'information apportent des informations qui ne coïncident pas toujours, parce que différentes personnes peuvent effectuer la même tâche différemment, même si ces différences ne rendent pas les uns plus efficaces que les autres. De même, certains observateurs décrivent leurs tâches de manière plus précise et plus complète que d'autres, en particulier quand ils possèdent une bonne capacité verbale.

- Il faut savoir ne pas utiliser tous les détails que l'analyse de travail a permis d'obtenir et garder en mémoire le fait que, au terme de l'analyse du travail, seulement cinq ou six dimensions d'évaluation seront retenues.

- L'analyse de poste décrit la manière dont les choses sont faites habituellement, pas forcément la meilleure manière de les faire, encore moins la manière dont on peut anticiper qu'elles seront faites à l'avenir. Or le contenu et la répartition des activités professionnelles changent de plus en plus souvent. Et il est préférable de procéder à des analyses de tâches et de missions précises, plutôt que viser la description de métiers dont les contours peuvent être l'objet de profonds remaniements. La tradition de l'analyse de poste est fondée sur l'existence de fonctions de production qui variaient peu. Alors que nous assistons actuellement au développement rapide de nouvelles activités liées au progrès technique et au développement des moyens de communication. À telle enseigne qu'on peut souhaiter intégrer dans une analyse de poste des éléments d'information sur la manière dont le poste va évoluer.
Dans cet esprit, le terme d'« *analyse stratégique de poste* » a été proposé par Schneider et Konz (1989) pour décrire une approche concernant non seulement les procédures actuelles mais aussi la manière dont les experts pensent que l'évolution des technologies, des marchés, des structures organisationnelles et des populations actives vont faire changer le contenu des postes.

- L'analyse de poste ne doit pas chercher à décrire le *one best way* de la tradition taylorienne. Au contraire, il peut être utile de faire l'inventaire des contingences qui vont forcer à réaliser la tâche ou à accomplir la mission analysée d'une manière différente. En particulier, il faut se méfier du modèle simpliste qui consiste à admettre au départ qu'il n'y a qu'une manière de faire le travail analysé et qu'un seul profil individuel conviendra aux exigences uniques du poste décrit.

- L'analyse de poste est trop souvent descriptive et pas assez prescriptive. Alors qu'elle doit apporter des informations documentées sur la meilleure manière de réaliser le travail analysé. Une bonne façon de faire consiste à interroger, à observer et à comparer des exécutants plus ou moins efficaces.

- Les analyses de poste ne doivent pas se limiter à la description des procédures du travail liées à la tâche elle-même. Les aspects dits « contextuels » sont de plus en plus importants parce que le travail en équipe est souvent nécessaire et parce que toute tâche dépend de celles que font les autres dans des réseaux à multiples connexions. En outre, les activités de service qui concernent une part croissante de la population active ne peuvent être décrites sans faire une large place au style de comportement, aux activités relationnelles et à la manière dont les valeurs organisationnelles sont traduites dans les comportements.

- Il n'y a pas de méthode *a priori* supérieure aux autres. Dans chaque cas, il faut choisir la ou les méthodes d'analyse du travail de manière réaliste et adaptée au problème posé. La qualité des résultats obtenus dépend de la fidélité des méthodes, et le travail de comparaison entre analyses, entre analystes et entre postes identiques, qui a été décrit ci-dessus pour les questionnaires, peut être fait avec chacune des méthodes décrites. Cette fiabilité des méthodes est évidemment d'autant plus forte que les analystes sont bien formés et qu'ils utilisent un vocabulaire commun dont la signification a été bien précisée.

Le choix d'une méthode d'évaluation est crucial. On le fera mieux comprendre en rappelant que les caractéristiques individuelles mesurées par ces méthodes sont des notions abstraites, définies opérationnellement par le fait qu'elles sous-tendent des comportements présentant des exigences communes. Pour reprendre la formule de Binning et Barrett (1989), ces notions abstraites sont, en réalité, des « hypothèses fondées sur le fait que certains comportements covarient de manière significative ». Le lien entre réussite professionnelle et évaluation des qualités requises passe donc par une analyse pertinente du travail mettant en évidence les prérequis essentiels des tâches et des missions. De fait, l'importance de cette première étape est telle qu'il peut souvent être utile de combiner deux méthodes différentes, par exemple en utilisant une méthode structurée comme le PAQ ou le JAS et une méthode d'entretien comme le Repertory Grid ou les incidents critiques.

L'utilisation de l'analyse du travail

Les résultats de l'analyse du travail peuvent être employés de trois manières différentes.

Pour construire des méthodes d'évaluation

La première consiste à utiliser le tableau descriptif des activités de travail pour construire directement des techniques d'évaluation originales constituées, en fait, par des échantillons des tâches effectuées dans le poste ou la fonction. Cette manière de faire présente une validité apparente et une validité prédictive non négligeable. Dans la deuxième partie, nous décrirons plusieurs de ces réalisations et notamment les entretiens en situation, les tests de situation et les centres d'évaluation dont la validité moyenne dépasse .40 et peut aller jusqu'à .55 d'après des bilans récents (Schmidt *et al.*, 1984 ; Smith et Robertson, 1989).

Un article de Schmidt et Ostroff (1986) donne un exemple concret de la manière dont l'analyse du travail peut être réalisée pour donner naissance à une méthode d'évaluation. La première étape consiste à utiliser simultanément plusieurs techniques d'analyse du travail afin d'établir une liste de tâches, avec l'aide des titulaires du poste ou de la fonction. Des séances de travail en commun permettent de faire la liste des connaissances, aptitudes et capacités nécessaires et d'évaluer leur importance. À partir de ce document, on peut construire des situations-tests qui représentent des essais professionnels sophistiqués munis de grilles d'évaluation précises dont les qualités métriques sont vérifiées (fidélité, validité de contenu par rapport à la liste initiale). Ce mode de construction ne dispense évidemment pas de réaliser une étude de validité prédictive.

Pour faire une liste des qualités requises

De manière plus classique, on utilise la description du travail obtenue afin de faire une liste des caractéristiques nécessaires pour occuper le poste ou la fonction analysée. Cette liste sera ensuite mise en parallèle avec les méthodes d'évaluation existantes et susceptibles de mesurer ces caractéristiques. Il existe des classifications des méthodes d'évaluation, qui serviront de cadre à leur présentation dans la seconde partie et qui facilitent la difficile démarche qui va de l'analyse du travail à la construction d'une série d'épreuves adéquates. Cette série d'épreuves devra évidemment être systématiquement validée en tant que prédicteur des critères de succès professionnel.

Pour généraliser les validités

Une autre utilisation de l'analyse du travail, plus récente et d'un grand intérêt, se situe dans le cadre de la théorie de la généralisation de la validité qui sera exposée plus loin, en même temps que les autres problèmes soulevés par la validité. En quoi la théorie de la « validité généralisable » conduit-elle à utiliser l'analyse du travail ? Il faut remonter en arrière pour le comprendre. En 1966, Ghiselli a effectué une synthèse des travaux publiés sur la qualité prédictive des tests d'évaluation utilisés dans les entreprises. Contrairement à ce qu'on aurait pu supposer, il a montré que les résultats obtenus avec les mêmes tests et pour les mêmes métiers, mais dans des entreprises différentes, n'étaient pas cohérents entre eux. Un test prédictif dans une situation ne l'était plus dans un autre environnement. Ghiselli en a conclu que la validité prédictive des tests est « situationnelle ». Par conséquent, pour chaque poste ou chaque fonction, il devenait nécessaire de construire un processus d'évaluation spécifique et de le valider par un suivi comparatif prédiction/réussite professionnelle, ce qui rendait évidemment très lourd le développement traditionnel d'une méthode d'évaluation. En effet, l'établissement de la validité prédictive est un travail long et difficilement réalisable parce qu'il exige qu'on dispose de nombres relativement grands de personnes exerçant les mêmes fonctions.

Comme nous le montrons dans le chapitre 3, les conclusions pessimistes de Ghiselli n'étaient, en réalité, pas fondées. Les recherches dont il a fait la synthèse sont de qualité inégale et une étude statistique plus rigoureuse a montré que la validité prédictive n'est pas limitée à un métier ou à un poste spécifique, mais s'étend à tout un groupe de professions. Ces conclusions sont d'une importance capitale pour l'étude scientifique et objective de l'évaluation des adultes et de la gestion des carrières. En effet, dans ce cas, l'analyse du travail n'est plus la première étape d'un long processus de validation, mais l'outil qui va permettre d'affecter le poste ou la fonction analysés à un ensemble de métiers plus large pour lequel on connaît déjà les prédicteurs valides. Cette affectation à un groupe de métiers, de même que la mise en œuvre de « méta-analyses » permettant de définir les catégories de méthodes d'évaluation dont la validité est généralisable à tout un groupe de métiers ou de postes, suppose, bien évidemment, qu'il existe des classifications rationnelles de postes et d'emplois. Et cela donne un intérêt nouveau et original à l'analyse du travail comme moyen de constituer des classifications de métiers.

La classification des métiers

Quels descripteurs ?

Dans un article très complet, Pearlman (1980) a passé en revue les différentes méthodes utilisées pour classer les métiers et les professions et a décrit leur utilisation dans le cadre des problèmes d'évaluation et de validation des prédicteurs. Le choix d'une méthode de classification dépend des objectifs poursuivis et de l'usage qu'on a l'intention de faire de la classification obtenue. Or ces usages sont très variés : orientation professionnelle, programme rationnel de formation, gestion de carrière, système de salaire, analyse statistique de données agrégées, pour ne citer que quelques exemples.

Quels que soient leurs usages, toutes les classifications sont fondées sur des critères qui sont les caractéristiques descriptives des tâches et des métiers composant l'ensemble à classer. Ces caractéristiques peuvent être très variées, et concerner, par exemple, les intérêts des personnes exerçant différents métiers, le type de produit fabriqué, et également le niveau de responsabilité, les aptitudes requises, etc.

Tous ces « descripteurs », qui sont autant de caractéristiques retenues pour servir de base à une taxonomie, doivent respecter trois exigences :

1) ils doivent être objectifs et définissables de manière opérationnelle ;

2) ils doivent pouvoir être évalués, au moins de manière dichotomique (la caractéristique est-elle absente ou présente ?) et, de préférence, pouvoir donner lieu à une évaluation plus fine ;

3) il faut formuler cette évaluation de manière à pouvoir comparer les opinions de plusieurs juges.

Les descripteurs le plus souvent utilisés appartiennent à quatre catégories principales qui concernent :

– la nature générale du poste ;

– les résultats du travail accompli ;

– les conduites impliquées dans le travail ;

– les aptitudes et les qualités requises pour l'exercer.

Quelles méthodes de classification ?

Les classifications diffèrent également selon la méthode utilisée pour les réaliser. Fleishman (1975) a précisé les règles qui doivent être respectées pour qu'une taxonomie soit acceptable. Le système retenu doit être exhaustif, c'est-à-dire s'appliquer à tous les postes et les métiers, et il doit être exclusif, c'est-à-dire qu'un poste ou un métier ne peut appartenir qu'à une famille. Les familles de métiers peuvent être obtenues de deux manières différentes : en utilisant une classification rationnelle ou bien en faisant appel à des procédés statistiques ou quantitatifs. Dans la première catégorie, on peut citer, par exemple, la classification des métiers faite par l'Insee en France. Dans le second groupe, il n'existe pas d'exemple français publié. Mais les chercheurs américains ont réalisé des classifications de métiers, à base statistique, en s'appuyant sur une analyse factorielle des descripteurs, sur une analyse par cluster ou encore sur une analyse de la variance. Malheureusement, les classifications obtenues au moyen de ces différentes méthodes ne coïncident pas totalement entre elles et le débat reste ouvert sur ce qu'est ou ce que serait la meilleure méthode. En fait il n'y a probablement pas *une* meilleure méthode dans la mesure où la qualité de la méthode dépend de ce qu'on veut en faire.

Il faut également citer le travail fait récemment par une équipe de psychologues américains pour remplacer l'ancienne classification (DOT, *Dictionary of Occupational Titles*), qui date de 1977, et qui répertoriait les métiers en leur attribuant un code à 9 chiffres concernant les activités de coordination, les activités relationnelles et les activités liées à des objets ou des produits. Sous le nom d'O*NET (*Occupational Information Network*), la nouvelle classification propose une série de questionnaires destinés à rassembler et à classer des informations sur les postes et les métiers (Peterson *et al.*, 1999). Le praticien peut choisir le degré de détail de la description qu'il souhaite effectuer, et utiliser aussi bien des descripteurs génériques que des descriptions spécifiques. Enfin le champ couvert est vaste et complet puisqu'il concerne aussi bien les connaissances et les aptitudes requises que les compétences, les valeurs et les intérêts.

Quelles conditions pour généraliser la validité ?

Dans le cadre des problèmes qui nous intéressent ici, il faut donc se demander quels prescripteurs et quelle méthode conviennent à la mise en œuvre de la « généralisation de la validité ». Rappelons ce qu'on entend par là : le fait qu'il soit possible d'agréger des études de validation ponctuelles pour obtenir des échantillons plus larges et cependant homogènes. Ces regroupements permettront ensuite, devant un nouveau problème d'évaluation, de préciser si des études de validation antérieure s'appliquent, ou pas, au poste ou à la fonction analysée, donc de déterminer la possibilité de généraliser les résultats d'une étude de validité à d'autres postes, et à d'autres organisations. En d'autres termes, et pour reprendre la formule de Pearlman, il s'agit de créer des familles de postes et de fonctions telles que « les validités spécifiques des méthodes d'évaluation soient généralisables à l'intérieur de la famille mais pas généralisables entre les familles ».

Comment élaborer des familles de postes ?

Les recherches recensées par Pearlman (1980) et, plus récemment, par Algera (1987) montrent que la validité des techniques d'évaluation est effectivement généralisable à l'intérieur de familles de postes et de fonctions qui sont constituées à partir d'analyses du travail, que celles-ci soient fondées sur le contenu des tâches ou sur les caractéristiques individuelles requises ou encore sur la nature générale du travail. Un de ces trois descripteurs est-il supérieur aux autres ? Pearlman de même que Schmidt *et al.* (1981) défendent une position selon laquelle toute analyse du travail réalisée à l'échelle « moléculaire » permet de constituer des familles qui sont différentes de celles qu'on obtient avec des analyses plus globales. Une telle approche regroupe des postes qui semblent différents lorsqu'on ne s'intéresse qu'à la nature globale des tâches décrite de manière très générale, postes qui sont, en réalité, très voisins lorsqu'on prend en considération les processus mis en œuvre par le travailleur ou, mieux encore, les caractéristiques requises pour exécuter la tâche.

Le rôle général des épreuves cognitives

À l'appui de leur thèse, Schmidt *et al.* (1981) ont effectué la synthèse de nombreuses études de validation concernant au total 368 000 personnes actives dans l'ensemble du secteur des emplois de bureau et ont montré que les techniques valides pour prédire le succès professionnel sont les mêmes pour tout ce secteur, et ceci, malgré la variété des tâches effectuées. Bien plus, Hunter (1987) défend maintenant un modèle plus ambitieux selon lequel la mesure des aptitudes cognitives, ou, en d'autres termes, du fonctionnement intellectuel, permettrait de prédire efficacement la réussite professionnelle dans la plupart des métiers et des professions, et ceci pour deux raisons distinctes et qui se cumulent : parce que ces aptitudes sont nécessaires à tout apprentissage et à toute acquisition de nouvelles consignes de travail et également parce qu'elles corrèlent avec la performance, une fois contrôlé le rôle des connaissances acquises.

Les poids des variables situationnelles

Par contre, Algera (1987) et Kemery (1982) contestent la capacité de la méta-analyse à détecter les variations situationnelles de la validité ainsi que le bien-fondé des classements en familles faits sur des critères trop larges. La vérité est probablement entre ces deux positions. Il est en effet tout à fait vraisemblable qu'il existe des groupes de métiers (les cadres par exemple) pour lesquels la validité prédictive des aptitudes cognitives est relativement faible parce que les épreuves cognitives différencient peu les individus entre eux à partir d'un certain niveau hiérarchique et parce que d'autres caractéristiques déterminent de manière relativement plus forte le succès professionnel lorsqu'il s'agit de postes à fort degré de responsabilité.

Même si ce double débat, sur les méthodes d'agrégation des validités et sur la façon de constituer des familles de postes et de fonctions à l'intérieur desquelles les mêmes techniques sont valides, n'a pas encore abouti à des conclusions incontestables, il est évident qu'on ne peut pas l'ignorer et que des efforts devraient être poursuivis, notamment en France et dans les pays de langue française, d'une part pour collecter des données susceptibles d'être agrégées et, d'autre part, pour établir des familles de postes et de fonctions fondées sur des critères clairs et pertinents. Cette approche du problème de la validation des techniques d'évaluation comme prédicteur des conduites professionnelles est d'autant plus importante que de nouveaux métiers apparaissent tous les jours et qu'aucune carrière ne se limite à l'exercice d'une seule et même fonction pendant toute une vie. Pour réussir les réorientations que cela implique, il importe de savoir avec précision dans quelle mesure la réussite dans une première expérience professionnelle permet de préjuger de la réussite dans un autre poste, et donc de connaître les aptitudes et les caractéristiques individuelles qui sont nécessaires pour réussir dans des groupes homogènes d'activité.

Et les compétences ?

On sait l'importance prise dans les années récentes par le concept de « compétence ». Axer l'analyse de poste sur les compétences, plutôt que sur les capacités, les aptitudes, les connaissances et les traits de personnalité, représente un nouveau développement de l'analyse du travail. Rappelons que les compétences sont constituées par un ensemble de qualités intégrées par l'expérience, et correspondant à une activité ou à une mission précise (Lévy-Leboyer, 2000). Faire l'inventaire des compétences, plutôt que se borner à une liste de leurs composantes, n'est pas dépourvu d'intérêt. Mais les tentatives de *competency modeling* ont un intérêt limité parce que la définition des compétences reste trop souvent floue, alors que les aptitudes, les traits de personnalité et les connaissances bénéficient de définitions précises, ancrées sur un socle important de recherches. En outre, le fait de rattacher les compétences à une activité effectuée dans une organisation donnée intègre forcément dans leur définition des facteurs situationnels. Ceci dit, l'importance prise, pour toute décision de recrutement, par l'inventaire des compétences maîtrisées par un individu suggère que l'analyse de poste limitée aux variables psychologiques traditionnelles ne tient pas compte des valeurs et des objectifs de l'organisation. Il est vraisemblable que le besoin de méthodes d'analyse faite à l'échelle de l'organisation, et pas seulement du poste de travail, va se développer dans l'avenir.

Des thèmes de recherche pour l'avenir

L'analyse du travail représente incontestablement la pierre angulaire de toute méthode d'évaluation prédictive. Il est heureux que les développements récents dont nous venons de parler attirent à nouveau l'attention sur cette étape capitale de l'évaluation et sur la nécessité de poursuivre des recherches qui permettent de développer des méthodes et de préciser des modèles destinés à améliorer le processus qui va de l'analyse du travail à la liste des caractéristiques requises, puis à leur mesure dans le cadre des décisions concernant le personnel. À la suite d'Algera (1987) et de Visser *et al.* (1997), on peut définir les thèmes autour desquels devraient s'organiser les recherches futures ainsi que leurs applications sur le terrain, et l'impact des changements qui affectent le travail sur l'utilisation de l'analyse du travail.

1) *Le débat validité spécifique ou validité généralisable n'est pas tranché.* Vraisemblablement, la validité des méthodes d'évaluation n'est pas aussi spécifique qu'on l'a cru pendant longtemps, mais les conditions de sa généralisabilité restent à préciser. Pour aller plus loin dans ce problème capital, peut-être devrait-on reprendre, avec les outils informatiques dont on dispose maintenant, une analyse plus précise du rôle des facteurs situationnels et de leur poids dans la variance des corrélations entre prédicteurs et comportement professionnel. Notamment, il serait souhaitable que ces facteurs situationnels ne soient pas seulement traités négativement, comme résidu de variance anonyme, mais soient identifiés et évalués de manière à ce que leur rôle comme modulateur de la relation entre contenu du travail et caractéristiques individuelles soit précisé.

2) Les schémas de description et d'analyse des tâches concernent presque totalement le comportement apparent, celui qui émerge de façon visible, et négligent l'investigation, certes difficile, qui permettrait de décrire *la nature des processus mentaux* mis en jeu. Ceux-ci sont pourtant de plus en plus importants à mesure que le progrès technologique rend les tâches de plus en plus complexes et qu'elles comportent plus de traitement d'informations et moins d'exécution de tâches motrices simples.

3) *Il faut tenir compte du changement.* L'analyse du travail repose sur un postulat implicite : il est utile de décrire le contenu et les exigences d'un poste pour mettre en œuvre une démarche de sélection parce que le

poste analysé ne changera pas dans l'avenir. Cette hypothèse n'est plus confirmée dans tous les cas. En effet, les restructurations, les réductions d'effectif, la pression de la concurrence... forcent à modifier les contenus des postes, et même à en créer de nouveaux. En outre, la complexité croissante des tâches rend l'analyse du travail beaucoup plus difficile qu'elle ne l'était à l'époque où l'application du taylorisme avait entraîné une division horizontale et verticale du travail. Enfin, le développement de la technologie, en particulier de la technologie de l'information, la nécessité impérative de rester flexible pour répondre à une compétition mondiale risquent de rendre rapidement obsolète une analyse de poste « classique » parce que les compétences qui caractérisent les rôles et les missions évoluent rapidement.

Si on veut répondre aux nouveaux objectifs de l'analyse du travail, il faut intégrer dans l'analyse une prévision des changements à venir. Ce qui implique de travailler plus au niveau des tâches et des missions que des postes qui les rassemblent, de faire un effort pour élaborer des familles de métiers qui permettent de définir les compétences transférables, de donner plus d'importance aux différents rôles qui doivent être joués à l'intérieur d'une équipe pour que celle-ci remplisse ses missions, et, enfin, de mieux tenir compte des stratégies de l'organisation parce que ce sont elles qui donnent leur signification au contenu et à l'organisation du travail. Les expériences déjà réalisées dans ce sens montrent que les informations rassemblées grâce à une analyse orientée vers les changements à venir dans la répartition et le contenu des tâches remplissent une fonction organisationnelle supplémentaire dans la mesure où elles mettent au jour les désaccords et les imprécisions, voire même les imperfections de la nouvelle définition des postes.

4) Il ne faut pas sous-estimer le fait que, dans le processus de développement des méthodes d'évaluation, l'analyse du travail est l'étape où *la collaboration entre les psychologues et le personnel de l'entreprise* est la plus étroite, et surtout où elle est interactive. Par les questions qu'il soulève, le psychologue donne à la hiérarchie et aux travailleurs une occasion d'expliciter ce qu'ils font et ce qu'ils attendent les uns des autres. De ce fait, la confrontation entre les différentes descriptions du travail données par les uns et par les autres, ainsi que l'analyse statistique des jugements qu'ils portent sur l'importance et sur la fréquence des différentes conduites professionnelles, représente beaucoup plus qu'une simple étude de fidélité. C'est, en effet, le moyen de mettre en évidence

non seulement les consensus mais également les points sur lesquels existe soit un désaccord net, soit un large éventail d'opinions différentes. Il est évident qu'on ne peut développer des méthodes d'évaluation ayant une validité prédictive élevée si on ne s'est pas entendu avec précision sur ce qu'il s'agit de prédire. D'où l'importance du problème auquel est consacré le prochain chapitre, celui des critères qui seront choisis pour représenter de manière concrète le succès professionnel et qui seront confrontés au prédicteur dans le processus de validation.

L'analyse du travail doit apporter des informations sur :

1. l'identification du poste ;
2. son objectif ;
3. les responsabilités du ou des titulaire(s) ;
4. ses relations avec d'autres personnes ;
5. les conditions physiques du travail ;
6. les conditions de salaire et de carrière ;
7. et l'analyse des compétences utiles ainsi que celles qui sont susceptibles d'être mobilisées quand les conditions de travail changent.

EN RÉSUMÉ

**Avantages et inconvénients des
différentes méthodes d'analyse du travail**

Méthodes d'analyse du travail	Avantages	Inconvénients
Entretien individuel	Facile à organiser	Information difficile à analyser systématiquement
Entretien de groupe	Riche d'informations	Phénomènes de groupe qui interfèrent avec la récolte des faits
Questionnaire	On peut utiliser des questionnaires existants	Exige une formation
Check-list	Facile à utiliser	Les réponses par oui ou non simplifient la réalité
Journal personnel	Méthode familière pour tous	Lourd à réaliser
Observation directe	Apparemment facile	Omet ce qui n'est pas observable
Incidents critiques	Focalisé sur les causes de la réussite	Souvent incomplet
Repertory Grid	Va loin dans l'analyse	Exige une formation

CHAPITRE 2

Notations professionnelles : comment définir concrètement la réussite ?

Les objectifs

L'analyse du travail sert à décrire la nature des tâches confiées au personnel des entreprises et à préciser les caractéristiques individuelles qui sont requises pour qu'un individu donné s'adapte à un poste de travail et réussisse dans les fonctions que l'organisation lui confie.

Choisir une méthode

La première étape de la mise en place d'un programme d'évaluation comporte le choix de méthodes pertinentes pour prendre des décisions concernant la gestion du potentiel humain. D'autres étapes doivent suivre. En effet, la validité des méthodes d'évaluation est fondée sur une comparaison entre, d'une part, le diagnostic qui a servi de base à la prise d'une décision, de quelque nature qu'elle soit (recrutement, promotion, réorientation, formation…), et, d'autre part, la réalité ultérieure, c'est-à-dire le fait que l'avenir ait (ou pas) montré que cette décision était justifiée. Ce lourd travail de suivi des décisions et d'appréciation des méthodes d'évaluation à travers la qualité du pronostic qu'elles ont permis de porter ne peut, bien évidemment, être fait pour chacune des nombreuses opérations de gestion de personnel. Et nous verrons plus loin qu'il est possible de s'en dispenser en tirant parti des recherches antérieures. Mais il faut certainement le mener à bien lorsqu'on envisage l'utilisation d'une méthode ou d'un ensemble de méthodes nouvelles, et également lorsque le progrès technologique ou encore la réorganisation des activités de l'entreprise entraîne la création de postes de travail tout à fait nouveaux.

La valider

La validation d'une méthode destinée à évaluer les caractéristiques individuelles n'est, en définitive, rien d'autre qu'une comparaison entre deux appréciations : le pronostic sur lequel est fondée la décision, d'une part, la réussite ultérieure dans le poste ou la fonction, d'autre part. Elle implique donc qu'on soit capable de décrire avec précision, et si possible de mesurer, la réussite professionnelle.

Le principe paraît simple. En réalité, il soulève des problèmes métrologiques délicats. Les critères de réussite professionnelle jouent, en effet, un rôle crucial dans ce processus. Il faut qu'ils possèdent les qualités de fiabilité, de réalisme et de discrimination qu'on exige des techniques de prédiction : il serait absurde de refuser un label de qualité à une technique d'évaluation sous prétexte qu'elle prédit mal des indicateurs de succès professionnel qui, eux-mêmes, ne sont pas fiables, pas réalistes ou pas discriminants. La confiance qu'on peut accorder aux études de validité prédictive dépend donc de la qualité des critères. Aussi, les indicateurs de succès professionnel, même s'ils sont utilisés depuis longtemps par l'entreprise, ne doivent pas être acceptés sans examen. La hiérarchie en place partage souvent des stéréotypes sur ce qu'est le succès professionnel, face auxquels il est bon d'adopter une attitude critique. L'analyse systématique des critères et de leur signification ainsi que l'étude de validation elle-même permettent souvent de faire progresser et d'actualiser la définition de ce que l'entreprise attend de ses salariés. En effet, la mise en corrélation d'évaluations concernant des caractéristiques individuelles spécifiques et des comportements professionnels précis permet aussi bien d'approfondir la signification des informations apportées par les méthodes d'évaluation que de préciser les aspects des conduites professionnelles prises en compte dans les notations.

Gérer les ressources humaines

Mais les notations professionnelles ont d'autres objectifs que la validation des outils de sélection. De ce point de vue, ils constituent également une méthode d'évaluation qui est un aspect central de la gestion des ressources humaines, aspect dont l'importance n'a fait que croître dans les années récentes, parce que les notations professionnelles sont devenues un outil important du management. Notamment, les systèmes de rémunération fondée sur les performances supposent une confiance réelle dans la qualité des notations professionnelles. Le fait que les informations sur ses propres performances et les récompenses ou sanctions associées à ces informations puissent stimuler la motivation est un autre problème (Lévy-Leboyer, 2000).

Reste à poser ici la question de la capacité des notations professionnelles à caractériser de manière objective et précise les performances individuelles et, notamment, à bien différencier ce qui, dans les performances décrites, tient aux individus, de ce qui est attribuable aux moyens qui sont mis à leur disposition et au contexte organisationnel. De ce point de vue, l'importance des notations professionnelles, et leur qualité, n'est pas seulement une affaire de psychologues cherchant à valider leurs outils de sélection, c'est aussi, et avant tout, un instrument de gestion des ressources humaines. C'est, en effet, une étape incontournable qui permet de clarifier les responsabilités individuelles et de situer les contributions de chacun par rapport à leurs objectifs personnels et par rapport aux objectifs et à la politique de l'organisation. C'est aussi le pivot central de la discussion avec les hiérarchiques au cours de laquelle le comportement individuel et les possibilités de développement seront discutés.

Mener à bien une procédure de validation oblige donc à reconsidérer les procédures de notations professionnelles en usage dans l'organisation. Et cet effort de clarification est toujours profitable parce que les notations professionnelles représentent un aspect important de la gestion du personnel pour d'autres raisons que l'étude des validités.

Définir les objectifs

En premier lieu, la définition des objectifs organisationnels doit se traduire, à l'échelle individuelle, par la définition d'objectifs personnels qui concrétisent pour chacun ce que l'organisation attend de lui. Cela implique donc la traduction des objectifs globaux en programmes individuels qui donnent une définition concrète et datée de ce qui constitue le succès professionnel de chacun. Opérations, au demeurant, loin d'être inutiles. En effet, lorsqu'on passe des objectifs globaux, précisés à l'échelle du service ou du département, à des objectifs individuels, on est obligé de changer de registre et de préciser les conduites et les activités que devra accomplir l'individu pour atteindre sa part des objectifs collectifs. C'est là l'occasion de réaliser d'une part que des chemins différents peuvent aboutir aux mêmes résultats et, d'autre part, que même si l'accord est réalisé au sein de la hiérarchie en ce qui concerne les objectifs collectifs, il n'est pas toujours fait au niveau de la nature précise des comportements et des activités attendus ou exigés. De ce fait, toute tentative pour définir concrètement des indicateurs de succès professionnel permet de mettre au jour des divergences d'opinion sur les comportements qui mènent à la réussite et de tenter de résoudre ces contradictions.

Deuxièmement, la définition des besoins en formation aussi bien que l'élaboration des plans individuels de formation sont largement tributaires de la capacité à donner un contenu concret au succès professionnel. L'analyse des tâches met en lumière ce que les Anglo-Saxons symbolisent par le sigle KSAP : *Knowledge, Skills and Aptitudes* – connaissances, capacités et aptitudes requises. Confronter ces données aux notations professionnelles permet de déceler les manques à combler et de préciser les programmes de formation adaptés à la fois aux possibilités individuelles et aux besoins organisationnels.

Quels problèmes ?

Les notations professionnelles représentent donc un outil de gestion important. Et le choix d'un indicateur de succès professionnel comme la construction d'une méthode de notation soulèvent non seulement des problèmes techniques, mais également plusieurs problèmes théoriques fondamentaux.

Un critère unique ?

Le premier concerne la multidimensionnalité, ou la globalité du critère de succès professionnel. Sur ce point, les opinions ont varié. Dans les années 1950, l'utilisation d'un indicateur global et unique du succès professionnel semblait être la condition *sine qua non* du développement de méthodes efficaces d'évaluation. Dix ans plus tard, les spécialistes, confrontés à la complexité de la notion de succès professionnel et à la variété de ses composantes, ont changé d'avis et ont mis en chantier des descripteurs multiples.

De fait, toute analyse détaillée de la réussite et des conduites professionnelles montre qu'un même niveau de succès peut souvent être obtenu avec des stratégies qui sont différentes et dont il est difficile de dire quelle est la meilleure. En outre, lorsqu'on procède à l'analyse factorielle de données issues de l'utilisation d'une échelle de notation professionnelle à critères multiples, on obtient rarement un facteur unique, parce que la plupart des tâches sont complexes et ont des finalités variées. Dans ces conditions, chercher à tout prix un seul critère de réussite professionnelle conduit à simplifier exagérément la prédiction du succès ainsi que la validation des méthodes d'évaluation. Un exemple classique de cette difficulté est fourni par une étude de Seashore (1963) sur des livreurs d'une chaîne de grands magasins. Ce chercheur a recueilli des notations professionnelles concernant 975 livreurs et cinq aspects différents de leur travail : leur productivité, leur efficacité, leur nombre d'accidents, leur absentéisme et les erreurs faites dans leur travail. Les résultats montrent que ces cinq critères sont indépendants les uns des autres puisque la plus forte corrélation obtenue (entre le nombre d'erreurs et l'efficacité) n'atteint que .32. Il est évident que le poste de travail considéré ne se prête pas à une notation professionnelle unique mais comporte des aspects différents, que mesurent des indicateurs différents.

Il existe cependant des cas où il est nécessaire de disposer d'un critère unique, soit obtenu directement en tant que tel, soit résultant de la combinaison de critères composites. Ce type de critère global est indispensable chaque fois que l'évaluation professionnelle doit servir de base à une décision ou à un choix entre plusieurs éventualités. En fait, les mêmes informations peuvent être utilisées parallèlement d'une part sous forme agrégée pour les besoins de la gestion, d'autre part sous forme multiple en vue de faire des diagnostics ou de mener des activités de recherche.

Lorsqu'on combine des notations professionnelles indépendantes pour construire un critère unique, il peut être utile de pondérer les différentes notations, en tenant compte de l'importance de chacune par rapport aux impératifs organisationnels.

Pour reprendre l'exemple de Seashore ci-dessus, il est possible que la ponctualité des livraisons soit un élément essentiel de la politique commerciale de l'organisation. Dans ce cas, cet indicateur devrait recevoir un poids plus élevé que les autres dans la constitution d'un critère composite. De plus, l'utilisation d'un critère composite peut être compliquée par l'existence de facteurs de succès professionnel qui présentent une importance particulière, au point de ne pas pouvoir être compensés par d'autres qualités. Ce peut être le cas, par exemple, de la compréhension verbale qui, dans certaines tâches, ne pourra pas être compensée, si elle est de trop faible niveau, par d'autres qualités, sociabilité ou habileté manuelle, par exemple. L'utilisation des prédicteurs, et notamment la méthode des seuils multiples qui sera exposée plus loin comme algorithme de prise de décision, permet de tenir compte de ces impératifs.

Un critère qui change...

Un autre problème théorique important est lié à la nature dynamique du succès professionnel. La performance des individus change en fonction de leur ancienneté dans le poste ; et on note différemment un nouveau promu et un employé chevronné. De même, les objectifs et les priorités des organisations changent en fonction de leurs politiques commerciales, des impératifs légaux ou des nouvelles technologies. Dans ce cas, la même fiche de notation va prendre une signification différente parce qu'elle se réfère implicitement à des objectifs différents. Il existe un troisième facteur de variation dont il ne faut pas sous-estimer l'importance, même s'il est moins évident. La stabilité des indicateurs dans le temps peut être relativement faible, et ceci, même s'il s'agit de données objectives sur la production. Cela est particulièrement vrai pour les premières semaines d'activité dans un nouveau poste où la production reflète le niveau d'adaptation du sujet, alors que sa productivité quelque temps plus tard sera déterminée par d'autres variables individuelles. Enfin les relations entre les différents aspects d'un critère composite peuvent changer significativement dans le temps, et en particulier au fur et à mesure que se déroule l'apprentissage d'une tâche nouvelle.

... et qui peut être contaminé

Dernier problème, mais pas le moindre : la contamination du critère, c'est-à-dire le fait que la variation interindividuelle des notations professionnelles reflète, en réalité, plus souvent des différences dans les conditions de travail que des différences entre les individus eux-mêmes. La production, par exemple, peut être influencée par la qualité de l'équipement mis à la disposition de l'ouvrier, par la qualité de l'environnement de travail, mais aussi par les informations qui lui ont été données, et également par les modalités de rémunération qui lui sont appliquées. Il est évident qu'il ne faut pas comparer des critères de succès professionnel apparemment identiques sans tenir compte de ces sources de contamination.

On peut résumer ces remarques en disant qu'il faut distinguer (Schneider et Schmidt, 1986) le critère parfait – théorique – de la réussite professionnelle, du critère réel. Les deux ont, heureusement, une partie commune qui fonde la pertinence du critère réel. Mais aucun critère, aussi bon soit-il, ne correspond parfaitement au critère parfait et un aspect de la réussite professionnelle reste toujours négligé. Et, symétriquement, tout critère réel est contaminé par des variables étrangères au succès professionnel individuel. Le diagramme qui suit présente sous une forme symbolique ce que nous venons de dire.

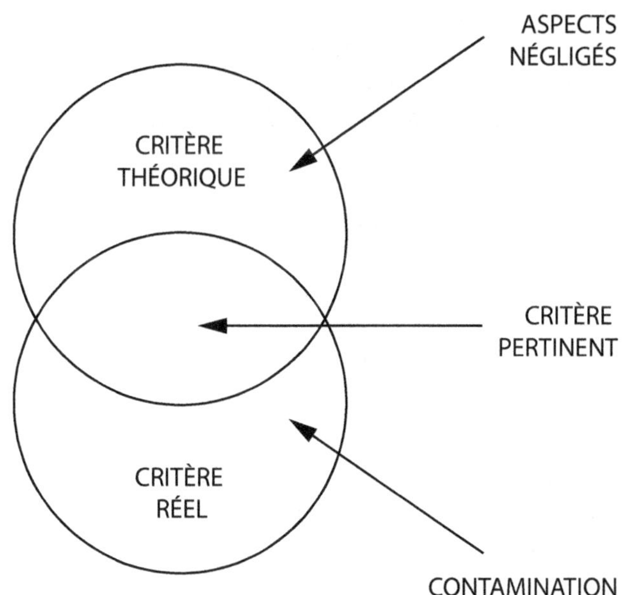

Quelles méthodes permettent d'obtenir des informations sur les performances et sur le degré de réussite ou d'échec professionnel ? On en distingue classiquement deux catégories, selon qu'il s'agit d'indicateurs **objectifs** ou **subjectifs**.

Les indicateurs objectifs

Contrairement à ce qu'on pourrait penser, les indicateurs subjectifs – essentiellement des fiches de notation – sont, et de loin, les plus utilisés. À première vue, pourtant, une mesure directe du comportement au travail devrait être l'indicateur de succès professionnel le plus pertinent et le moins discutable. Et ce type d'indices devrait être le plus facile à quantifier et à adapter aux diverses activités professionnelles. On peut ainsi compter le nombre de factures faites dans la semaine, le nombre de pièces produites, le nombre de contrats signés, le volume des ventes… Il est possible également de saisir la réalité des performances à travers les erreurs commises : erreurs d'inspection en fin de chaîne, erreurs de positionnement par les contrôleurs aériens, erreurs de lecture de radiographies, taux de pièces défectueuses, etc.

Malheureusement, ces indicateurs de performance *sont moins faciles à obtenir qu'il n'y paraît* et les informations qu'ils apportent sur la qualité du travail sont moins fiables qu'on ne pourrait le penser. Tout d'abord parce que la production et le comportement professionnel dépendent de facteurs indépendants des efforts et des caractéristiques individuels. Les tâches industrielles sont de plus en plus souvent constituées par des travaux de maintenance, ou de surveillance de machines automatisées, et l'ouvrier, ou le technicien, n'a pas beaucoup d'influence sur la production. De plus, lorsqu'il est possible d'obtenir des chiffres de production en quantité ou en qualité, il faut vérifier soigneusement leur fiabilité, c'est-à-dire leur cohérence sur une période de temps assez longue. Faute de quoi, on risque de fonder l'évaluation des individus sur des échantillons de production non représentatifs de l'ensemble de leur comportement au travail.

Enfin, et surtout, beaucoup de métiers, de tâches et de fonctions ne se prêtent pas du tout au décompte d'une production ; c'est le cas notamment de la plupart des professions libérales, des postes d'encadrement, des métiers de service, de la recherche… Certes, avec un peu d'imagination, on peut trouver des indices de production comme le nombre de publications, de brevets ou d'invitations à des colloques pour les chercheurs, le quotient d'avancement pour les cadres (rapport entre l'âge moyen des cadres de même niveau et l'âge chronologique du cadre évalué), le pourcentage du quota atteint dans les professions de vente, ou encore les comportements observés (nombre de visites, nombre de démarches ou de coups de téléphone par jour). Mais, dans tous les cas, l'indicateur ne donnera qu'une vue partielle de l'ensemble des activités professionnelles. Surtout, il est très difficile d'évaluer ces données par rapport à des normes de performance de manière à différencier les « bons » des « moyens » et des « médiocres ». D'autant que toute norme de ce type devrait être fixée en tenant compte des facteurs externes qui déterminent la production (concurrence, rythme de travail, etc.), ce qui rend les indicateurs de succès professionnel difficilement comparables entre eux.

Une deuxième catégorie d'indicateurs objectifs peut être tirée des comportements individuels comme les absences, la ponctualité, l'instabilité professionnelle (« turnover ») ou encore les promotions et l'évolution des salaires. À nouveau, chacun de ces indices présente des problèmes spécifiques qui les rend difficiles à utiliser.

L'absentéisme est un indicateur important pour l'organisation, du fait des coûts et des dysfonctionnements qu'il entraîne. En fait les recherches montrent que c'est un phénomène complexe, non lié avec les aptitudes et les compétences, mais en partie provoqué ou intensifié par l'insatisfaction dans le travail. D'autres paramètres se combinent à un faible degré de satisfaction pour déterminer l'absentéisme : les conditions de vie (responsabilités familiales et durée de transport), le niveau d'implication dans le travail et la pression exercée, éventuellement, par les normes du groupe auquel appartient le travailleur. Il existe, ce qui complique encore l'utilisation de l'absentéisme comme critère, différents indices possibles : le nombre total d'absences, le nombre total de jours d'absence, et le nombre total d'absences justifiées pour raison médicale. On peut aussi tenir compte du nombre d'absences très courtes (un jour ou une demi-journée) qui refléteraient, plus que les autres, une baisse de la satisfaction et de l'intérêt pour le travail. Ce dernier indicateur serait également le plus fidèle, c'est-à-dire le plus constant dans le temps. Mais il faut retenir que si on souhaite utiliser l'absentéisme comme un critère d'adaptation professionnelle, la fidélité des indices d'absentéisme qui, on le verra plus loin, influence directement le calcul de la validité, est toujours faible. De ce fait, il ne faut retenir que des indices d'absentéisme relevés sur une longue période.

L'instabilité professionnelle ou *turnover* peut également représenter un coût important pour l'organisation, du fait des dépenses de recrutement et de formation qu'entraîne un renouvellement rapide du personnel. Mais c'est un indicateur qui reflète aussi bien la nature des conditions de travail que la présence de dispositions individuelles précises. Par ailleurs, si on veut considérer ce problème du point de vue de l'organisation, le départ du personnel peut être souhaitable quand il s'agit de personnes peu compétentes et peu performantes, et par contre, très regrettable lorsqu'il s'agit, au contraire, d'employés hautement performants. Le problème de l'entreprise doit être alors posé de manière différente. Il s'agit moins de prédire l'instabilité des individus dans leur emploi que de créer des conditions de travail et de carrière telles que le personnel compétent et efficace ne soit pas tenté de partir. De ce point de vue, un indice global de turnover n'a pas toujours une signification claire.

Le rythme de **progression dans la carrière** représente un autre indicateur de succès professionnel. Mais il doit également être utilisé avec précaution. D'abord parce que différentes organisations ont des politiques différentes de recrutement et de promotion, et ceci même si elles se situent dans le cadre d'une même convention collective. Ensuite, parce que, dans une même organisation, les conditions économiques et le progrès technologique peuvent accélérer ou ralentir considérablement le développement de l'entreprise ou d'un de ses secteurs, donc le rythme des avancements individuels. Bien souvent, la rapidité du développement de la carrière dépend plus de l'année d'embauche, donc du développement économique et du progrès technique pour le secteur concerné dans les années qui ont suivi, que des caractéristiques individuelles.

De manière générale, tous les indicateurs « objectifs » du succès professionnel doivent être utilisés avec précaution. Avant d'en faire des critères par rapport auxquels on validera les techniques d'évaluation utilisées pour établir des pronostics, et avant de les utiliser dans le cadre de la gestion du personnel, il faut examiner leurs relations précises avec les différents aspects de la tâche ou de la fonction isolés par l'analyse du travail. Il est également nécessaire de s'assurer de leur non-contamination par des paramètres organisationnels indépendants des caractéristiques individuelles qu'on souhaite mesurer et, également, de vérifier que leur fidélité est satisfaisante.

Les indicateurs subjectifs

Comme ces deux exigences – pertinence, fidélité – sont rarement satisfaites par les indicateurs « objectifs » des résultats du travail, les indicateurs **subjectifs** fournissent dans la réalité quotidienne les méthodes les plus utilisées pour décrire et mesurer le succès individuel et la qualité de la contribution de chacun aux objectifs de l'organisation – et ceci quel que soit l'usage qu'on entend faire de ces notations : calcul des primes sur salaire, plan de mouvements du personnel, attribution des places en formation, ou encore validation des techniques prédictives.

Il existe plusieurs méthodes différentes pour réaliser ces évaluations subjectives. La plus simple, en fait rarement utilisée actuellement, consiste à **classer** entre elles les personnes à noter. Trois possibilités existent, selon que chaque cadre classe tous les employés qu'il a sous ses ordres, ou que le classement est fondé sur une comparaison systématique par paires de tout le personnel concerné, ou encore que le classement est fait avec une répartition forcée en cinq groupes.

Le classement simple peut être fait sur un critère global ou être répété sur des dimensions indépendantes entre elles et permettant de décrire le comportement professionnel. Dans tous les cas, c'est une méthode qui n'est concevable que pour un petit nombre de personnes. Une manière d'aider le notateur consiste à lui faire choisir d'abord le meilleur et le plus mauvais de ses subordonnés ; il recommence ensuite sur la liste de noms restants, et ceci jusqu'à ce qu'il ait classé tout le monde. Dans la méthode des comparaisons par paires, on constitue toutes les paires de personnes possibles afin de les comparer en désignant chaque fois le meilleur sur le trait à noter. On calcule ensuite pour chaque sujet le pourcentage de comparaisons pour lesquelles il a été jugé le meilleur. Inutile de dire que cette façon de faire ne convient qu'aux petits groupes : le nombre de comparaisons croît rapidement avec le nombre de sujets à classer. Signalons qu'il existe des tables pour transformer les pourcentages en notes standard, ce qui permet d'effectuer des comparaisons entre différents services. Enfin le classement peut être fait en respectant une répartition forcée par groupes dont les effectifs sont fixés *a priori*. En général, on demande au notateur de répartir ses subordonnés en cinq groupes, les meilleurs et les plus mauvais comprenant 10 % du total, un groupe moyen avec 40 % du total et deux groupes intermédiaires de 20 % chacun.

Les recherches faites sur ces méthodes ont montré qu'elles sont très fidèles et fort utiles lorsqu'on ne cherche qu'une classification globale du personnel. Il est évident qu'il ne faut pas leur demander plus qu'elles ne peuvent fournir, à savoir une classification globale et non spécifique.

Les échelles de notation

Si on souhaite obtenir des descriptions plus fines des comportements professionnels, force est de recourir aux échelles de notation. Quels que soient la forme et le principe retenus, le processus même qui consiste à faire évaluer des individus par d'autres présente des sources d'erreurs qui sont difficiles à éliminer : l'indulgence, l'effet de halo et l'effet de tendance centrale.

L'indulgence

La signification qu'on peut accorder à chaque notation dépend de l'indulgence du notateur qui l'a donnée. Par exemple, il est possible qu'un notateur exigeant n'utilise jamais le qualificatif « excellent » ou la note maximum. Alors qu'un autre, beaucoup plus tolérant, n'emploiera pratiquement pas la partie basse de l'échelle, c'est-à-dire les notes faibles ou les qualificatifs dévalorisants. De ce fait, et même si elles corrèlent entre elles, les répartitions de notes attribuées aux mêmes employés par ces deux personnes ne coïncideraient pas et ne pourraient être considérées comme équivalentes. Pour tenter de remédier à ces décalages, on peut faire procéder à des notations à distribution forcée en fixant d'avance le pourcentage de personnes notées pour chaque échelon de l'échelle de notation. Ce procédé n'empêche pas que chaque note ait une signification différente pour chacun des notateurs concernés. D'où l'utilité de veiller également à améliorer les définitions des échelons, en les rendant aussi concrètes que possible.

L'effet de halo

L'effet de halo concerne la difficulté, éprouvée par les notateurs, pour juger de manière analytique et indépendante les différents points de la fiche de notation. Il arrive souvent, en effet, que le notateur élabore une image globale de la personne qu'il doit évaluer, image qui peut être favorable ou défavorable. Et cette impression générale est suffisamment prégnante pour influencer dans le même sens toutes les notes qu'il va porter sur les différentes rubriques de la fiche de notation.

Il existe différentes manières de remédier à cet effet de « halo ». La plus efficace consiste à former les notateurs au travail qu'ils vont avoir à faire, en les mettant en garde contre l'importance de la première impression, en leur signalant l'existence du « halo » et en leur faisant faire des exercices de notation destinés à leur apprendre à noter indépendamment et sur la base d'observations spécifiques les différents aspects du comportement et des performances sur lesquels ils doivent se prononcer. L'effet de halo peut également être atténué par l'utilisation de procédés de notation qui forcent les notateurs à évaluer tous les sujets sur une rubrique avant de passer à la rubrique suivante, au lieu de noter chaque sujet sur toutes les rubriques à la suite. La définition précise des points à noter, le fait qu'elles fassent référence à des aspects concrets et distincts des activités de travail contribuent également à dissiper le « halo ».

L'erreur de tendance centrale

L'erreur de tendance centrale vient des difficultés rencontrées par les notateurs pour faire correctement le travail qu'on attend d'eux. Ne sachant pas bien comment noter, soit parce qu'on ne leur a pas appris à le faire, soit parce qu'ils n'ont pas suffisamment d'informations utilisables, ils emploient surtout les échelons moyens, ce qui réduit évidemment la dispersion des notations.

Une des manières de lutter contre ce défaut consiste à utiliser comme fiche de notation des listes de descriptions de comportement. Il suffit alors de cocher les descriptions pertinentes et d'ignorer les autres. Toutes les descriptions, issues de l'analyse du travail, sont évaluées auparavant par des juges compétents, du point de vue de leur contribution à la réussite professionnelle et aux objectifs de l'organisation. Ce qui permet d'attribuer à chaque description un poids chiffré que le notateur ne connaît pas et donc de calculer une ou plusieurs notes à partir des descriptions cochées. On peut même améliorer ce système en proposant au notateur non pas une liste à cocher librement, mais des choix forcés, c'est-à-dire des groupes de trois ou quatre descriptions dont il doit choisir une ou deux seulement. Les recherches faites sur cette méthode montrent que la meilleure présentation consiste à grouper les descriptions par quatre, en demandant aux notateurs d'en choisir deux, et à faire juger par les experts la valeur de chaque description en fonction de son importance pour la réussite dans le poste considéré. Nous donnons ci-dessous un exemple de ce type de notation issu d'une liste de descriptions concernant des employés de banque en contact avec le public.

Choisissez deux des quatre descriptions suivantes :

a) fait la conversation avec ses clients sur des questions sans rapport avec le travail ;

b) ne coupe jamais la parole aux clients ;

c) arrête un autre travail quand un client attend devant son guichet ;

d) vérifie les documents (chèque, virement…) que lui apporte le client.

Pour attrayante qu'elle paraisse, cette méthode n'est pas sans problèmes. D'abord, il peut être très difficile de trouver des descriptions qui se situent au même niveau de valeur pour le notateur tout en discriminant les bons des mauvais employés. En outre, les cadres chargés de noter n'aiment pas le faire à l'aveuglette, sans savoir quelle signification sera donnée à ce qu'ils disent de leurs subordonnés. Il faut ajouter, dans une autre perspective, que ces notations ne peuvent pas être utilisées pour mener un entretien ultérieur avec les employés sans divulguer la valeur et le poids donnés à chaque description, ce qui rendrait la liste inutilisable une seconde fois. En outre, il ne faut pas sous-estimer l'importance du travail nécessaire pour déterminer la valeur des différentes descriptions et leurs capacités à discriminer les bons des mauvais éléments.

Les fiches de notation

Les fiches de notation représentent, en définitive, la manière de faire la plus fréquente pour noter le personnel dans les entreprises et les administrations. Leur élaboration ainsi que l'analyse des données qu'elles permettent de recueillir ne sont malheureusement pas toujours faites avec le soin nécessaire. Il existe pourtant plusieurs manières de faire dont les qualités varient et ont fait l'objet d'études intéressantes. L'échelle de notation la plus simple est appelée « échelle graphique » parce qu'elle présente une liste de traits à noter qui font l'objet d'une droite segmentée en fragments égaux. À partir de ce principe de base, de nombreuses variantes sont fonction de la manière dont chaque rubrique et chaque point de l'échelle sont définis. Les définitions peuvent être brèves comme dans l'exemple suivant qui concerne les relations avec la clientèle d'un employé de banque :

Relations avec les clients

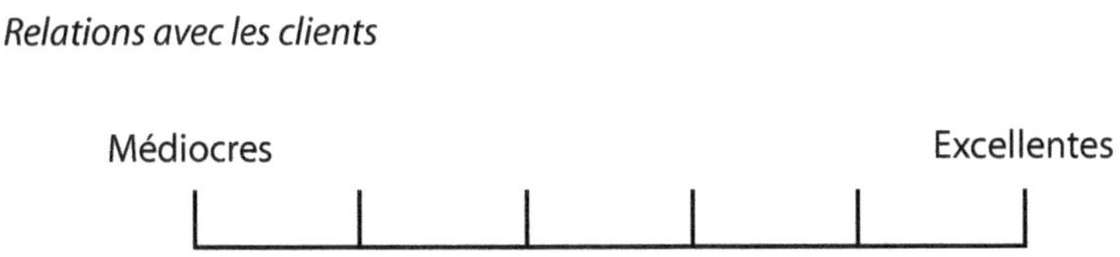

Médiocres   Excellentes

La définition de la caractéristique notée peut être beaucoup plus précise comme dans l'exemple suivant :

Relations avec les clients (disponibilité et égalité d'humeur
vis-à-vis de la clientèle ; courtoisie et patience ; capacité
à personnaliser les services rendus)

Médiocres   Excellentes

La définition de chacun des points de l'échelle peut être beaucoup plus détaillée et ceci de manière variée comme le montrent les exemples qui suivent :

Relations avec les clients

rarement satisfaisantes	problèmes fréquents	moyennes	en général excellentes	exception- nellement bonnes

Relations avec les clients

Constamment à l'origine d'incidents avec la clientèle
A souvent des problèmes dans ses relations avec la clientèle
A quelquefois des problèmes dans ses relations avec la clientèle
Relations avec la clientèle sans problèmes particuliers
Très apprécié de la clientèle

Une méthode plus perfectionnée a été proposée par Blanz et Ghiselli (1972). Elle comporte une analyse beaucoup plus approfondie des descriptions de comportement qui se fait selon les étapes suivantes :

1) les descriptions de comportement sont établies à la suite d'une analyse du travail ;

2) ces descriptions sont regroupées par un panel d'experts en dimensions cohérentes (relation avec les clients, compétence, rapidité, conscience professionnelle, par exemple) ;

3) pour chaque dimension, les experts choisissent trois descriptions, correspondant à un comportement satisfaisant, moyen et non satisfaisant ;

4) toutes les descriptions sont ensuite mélangées pour former une fiche de notation.

Sur cette fiche de notation, le notateur dispose de trois options pour chaque description de comportement, selon qu'il juge la personne notée meilleure que la description donnée, moins bonne que cette description, ou qu'il pense que la description lui convient. Un barème chiffré permet de calculer une note pour chacune des dimensions initiales. Cette méthode a l'avantage de mettre en évidence les éventuelles incohérences présentes dans chaque notation, de manière à pouvoir les signaler au notateur qui en est responsable. Si les erreurs se répètent sur les mêmes points, pour différents notateurs, il faut revoir le choix des descriptions ou la manière dont elles sont rédigées.

Dans le même esprit, deux autres procédés ont été développés pour la construction des fiches de notation : les échelles comportementales, souvent désignées dans les publications anglo-saxonnes sous le sigle de BARS (*Behaviorally Anchored Rating Scales*) et les échelles d'observation, BOS (*Behavioral Observation Scales*).

Construire des BARS

Les BARS ont été proposées par Smith et Kendall (1963). Afin d'améliorer la fiabilité des notations, ils utilisent la méthode des incidents critiques de Flanagan, ce qui permet de construire des fiches de notation dont chaque échelon correspond à un comportement réellement observé sur le terrain. La construction d'une telle échelle comportementale se déroule selon quatre étapes.

l) Des experts (la hiérarchie concernée, des personnes qui ont exercé ou qui exercent actuellement la fonction considérée) identifient et définissent les aspects essentiels de l'activité ou de la fonction, aspects qui constitueront les dimensions de la future fiche de notation.

2) Le groupe d'experts rassemble des exemples précis de comportements qui caractérisent des personnes exerçant l'activité considérée de manière satisfaisante, moyenne ou médiocre. Ces comportements sont regroupés selon les aspects identifiés en 1) pour constituer les descriptions d'échelons sur les dimensions à noter.

3) Toutes les descriptions d'échelons sont portées sur des fiches et ces fiches sont mélangées comme on le ferait pour un paquet de cartes, de manière à ce que leur lien avec une des dimensions définies en 1) n'apparaisse plus. Un second groupe d'experts valide ces descriptions en les attribuant à chacune des dimensions de la liste initiale. Si une description de comportement n'est pas correctement attribuée à « sa » dimension, elle est rejetée, ou sa rédaction est discutée et améliorée.

4) Les experts attribuent un poids chiffré à chaque description, selon sa contribution à la dimension qu'elle représente. Cela permet de construire une échelle finale avec une définition pour chaque dimension, et des descriptions comportementales concrètes pour chaque échelon de la fiche de notation. En outre, un échelon n'est retenu que s'il existe un accord entre les experts sur sa signification, accord concrétisé par la faible variance des valeurs numériques attribuées par les experts. Chaque échelon reçoit alors un poids qui correspond à la moyenne de ces valeurs.

L'ensemble de ces opérations peut paraître lourd et long à mener à bien. Il suppose, en outre, qu'on puisse réunir deux panels d'experts compétents et disponibles. Ceci dit, la méthode présente des avantages certains. Tout d'abord, l'échelle ainsi construite est fabriquée par ses futurs utilisateurs. En outre, le processus de construction de la fiche de notation permet de mettre au jour, et de résoudre, les désaccords qui peuvent exister entre eux et force également à éliminer les descriptions vagues, stéréotypées et sans signification concrète. Par exemple, il ne sera plus possible d'utiliser l'échelle pour dire d'un employé de banque qu'il a de mauvaises relations avec sa clientèle sans expliquer concrètement pourquoi et comment.

Pour reprendre l'exemple précédent, la dimension « relations avec la clientèle » de l'employé de banque sera décrite de la manière suivante :

« Les relations avec la clientèle constituent un aspect important du travail du guichetier. Elles concernent non seulement l'exécution des services demandés par le client mais également l'information de la clientèle et les explications nécessaires à la compréhension par les clients des différentes opérations bancaires. »

L'échelon le plus élevé de cette dimension correspondra à la description suivante :

« Très attentif à conseiller les clients et à prendre en charge leurs problèmes. Toujours patient et prêt à donner les explications nécessaires même à des clients difficiles. Cherche à réduire l'attente au guichet et à aller au-devant des besoins des clients. »

Et l'échelon le plus bas à la description suivante :

« Souvent à l'origine d'incidents avec les clients par mauvaise volonté ou par incompétence. Part du principe que le client n'a pas besoin de comprendre les opérations effectuées. »

Construire des BOS

Une variante (les BOS, *Behavioral Observation Scales*) a été proposée par Latham et Wexley (1977) pour remédier à deux des critiques faites aux BARS par les utilisateurs. D'une part, chaque notateur n'a pas forcément toujours pu observer toutes les personnes qu'il note pour tous les comportements de la fiche de notation. De ce fait, sa notation se fonde aussi bien sur l'observation directe que sur la manière dont il suppose que la personne notée se comporterait si elle était placée dans la situation décrite. D'autre part, les fiches de notation ainsi rédigées sont longues, détaillées et leur simple lecture prend beaucoup de temps, si on veut le faire avec attention. Les BOS sont construites de la même manière que les BARS mais se présentent différemment. D'une part, chaque échelon est constitué par un seul comportement réellement observable ; d'autre part, le notateur doit seulement indiquer si ce comportement est fréquemment ou rarement observé chez la personne qu'il évalue. L'exemple suivant, qui concerne toujours les relations des employés de banque avec leurs clients, permettra de se faire une idée de la présentation des BOS.

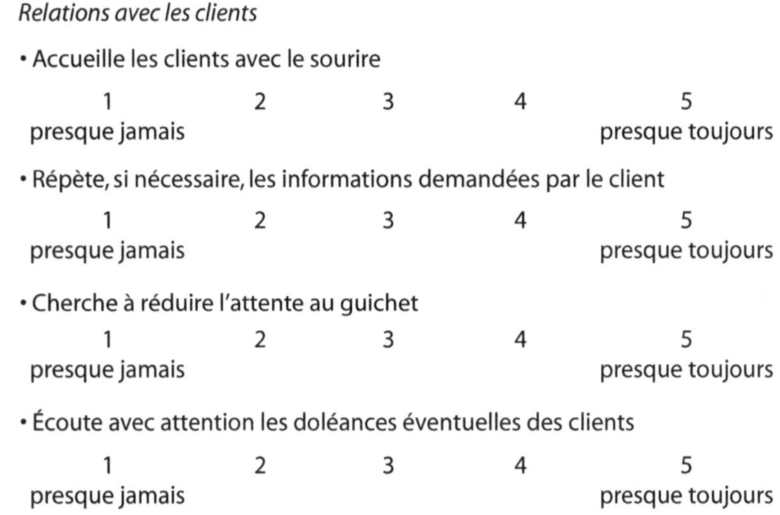

Latham (1979) a montré qu'il était possible d'utiliser une analyse factorielle pour définir, à partir des notations faites sur un BOS, les dimensions fondamentales des postes pour lesquels une évaluation du personnel doit être faite. En outre, les données apportées par ce type de fiche de notation peuvent, plus facilement que les autres, être utilisées directement dans les entretiens de *feed-back*.

Comme les autres, cette méthode n'est pas sans problèmes. Notamment, et malgré la nature très concrète du travail demandé aux notateurs, il leur faut faire appel à leurs souvenirs des comportements observés et pas seulement à l'observation directe. Et le processus cognitif de stockage et de traitement de l'information mis en cause par la mémorisation de séries d'observations sur des périodes de temps relativement longues peut déformer la réalité.

Et les BSS (*Behavior Summary Scales* : *Échelles résumées de comportement*) ?

Au lieu de limiter les échelles à des descriptions sommaires de comportement, on peut illustrer chaque item par une série de comportements spécifiques recueillis auprès des experts, et par des expériences personnelles décrites par les personnes actives dans le poste concerné. Une analyse de contenu permet de regrouper ces comportements en catégories homogènes. Chaque catégorie est alors illustrée par des exemples de performance jugée par les experts comme étant excellente, satisfaisante, moyenne ou inefficace.

Étude psychométrique des notations

Les méthodes d'étude des qualités métriques des tests s'appliquent aussi aux notations professionnelles. Toute mesure, en effet, implique l'existence de différences individuelles concernant ce qu'on mesure et, dans le cas présent, une association entre la variance des notations et la variance des performances (Guion et Highhouse, 2006). En outre, il est utile de savoir dans quelle mesure différents notateurs sont d'accord entre eux. Les décalages entre notateurs sont, en effet, fréquents et viennent souvent de la diversité de leurs sources d'information. Enfin, rien n'empêche, mais cela est rarement fait, que les notations soient utilisées comme prédicteurs du comportement futur, et, dans ce cas, qu'elles soient soumises à une étude de validation classique.

Et qui fait la notation ?

Reste à préciser qui fait la notation, en particulier dans le cas de notations subjectives. La réponse à cette question est évidente dans les organisations hiérarchiques à pyramides traditionnelles : c'est le supérieur direct qui est chargé de la notation de ceux qui lui « rapportent ». Mais les architectures organisationnelles ont changé. Il est plus difficile de savoir qui est le responsable immédiat dans les structures en réseau, les formations par gestion de projet, ou encore les multinationales caractérisées par l'éclatement géographique des formations. Différentes réponses ont été données à ce problème. Il n'est pas rare de voir plusieurs notateurs donner leurs opinions dans les organisations matricielles : dans ce cas, l'un des hiérarchiques consulte les autres pour arriver à un consensus. Il est également possible de demander au sujet de se noter lui-même, à condition que le rôle de la notation ainsi élaborée soit clair pour tous et que l'auto-évaluation ait fait l'objet d'une formation adaptée. D'autres combinaisons de notateurs existent, notamment celles qui impliquent les collègues et les subordonnés, et utilisent différentes méthodes pour garantir la confidentialité des notations.

La notation, fonction de la situation ?

Mais la notation se fait toujours dans un environnement professionnel spécifique et il est difficile de croire qu'elle échappe aux impératifs politiques et aux motivations des notateurs. Il peut arriver, par exemple, que le supérieur qui note souhaite donner une image favorable de son équipe, ou, plus prosaïquement, qu'il craigne une confrontation avec un subordonné irascible, ou encore qu'il souhaite justifier une prime accordée à un de ses collaborateurs. Il est vraisemblable que l'influence de ces aspects politiques est moins net aux bas niveaux de la hiérarchie et, par contre, plus important quand il s'agit de noter des cadres. Ce sont, en effet, des fonctions pour lesquelles la « performance contextuelle » (c'est-à-dire tout ce qui concerne la manière dont un cadre influence l'environnement social et organisationnel, par opposition à la performance liée à la tâche, qui ne concerne que l'exécution de la tâche elle-même) est centrale. Et il est évident que ces aspects sont plus sujets à des interprétations sur ce qui constitue un bon comportement, et à des conceptions différentes de ce qui est profitable à l'organisation. En outre, l'éclatement géographique des entreprises crée une situation nouvelle puisque cela oblige de plus en plus souvent les hiérarchiques à évaluer la performance de collaborateurs dont l'activité se poursuit loin d'eux. Il est évident que, dans ces cas, les informations sur lesquelles se fonde l'évaluation sont différentes, probablement plus axées sur l'autonomie, et moins sur le strict respect des ordres et des consignes.

En conclusion

Malgré les critiques faites pratiquement à toutes les méthodes envisagées pour construire des critères de succès professionnel et des systèmes de notations professionnelles, ce chapitre ne doit pas se conclure sur une note exagérément pessimiste. Il est vrai qu'évaluer autrui est une tâche extrêmement difficile. Mais l'effort qui consiste à réfléchir à la manière dont peut se faire cette évaluation et à mettre en œuvre des méthodes justifiées rationnellement et soigneusement élaborées entraîne, pour l'entreprise, de nombreuses conséquences positives. Nous avons vu, en effet, chemin faisant, que ce travail permet de développer un consensus dans la hiérarchie sur les objectifs et les moyens à mettre en œuvre, et qu'il peut rendre plus efficace l'entretien qui suit souvent les notations. En outre, les cadres formés à la notation professionnelle et rendus conscients de ses difficultés méthodologiques et pratiques, auront des exigences de même ordre vis-à-vis des méthodes d'évaluation utilisées pour pronostiquer le comportement professionnel futur. Ce sont ces qualités métriques que nous allons décrire dans le chapitre suivant.

EN RÉSUMÉ

Avantages et inconvénients des critères de succès professionnel

Critères de succès professionnel	Avantages	Inconvénients
Indicateurs de production	Objectifs, quantifiables	Pas fidèles, souvent peu dépendants de l'individu
Indicateurs de comportement	Objectifs, quantifiables	Complexes, souvent déterminés par des facteurs externes
Notations par la hiérarchie	Comparables pour des postes différents ; la formation des notateurs et le format des grilles de notation accroît leur fiabilité	Subjectifs, souvent coûteux en temps. Soumis aux effets de « halo », de « tendance centrale », et d'indulgence

CHAPITRE 3

Qualités métriques
des méthodes d'évaluation

Qu'il s'agisse de tests psychologiques, d'observation systématique du comportement dans des situations standardisées, ou de toute autre technique, les méthodes proposées pour évaluer les individus, et pour prédire ce que seront leurs performances dans des situations de travail futures, sont très nombreuses. Et il en apparaît de nouvelles tous les jours, dont l'inventeur vante évidemment les mérites. Comment s'y retrouver ? Qui croire ? Et comment évaluer les méthodes d'évaluation ? Certainement pas, comme on le fait trop souvent, parce que la méthode semble être intuitivement valable, et qu'elle comporte des questions qui paraissent, au premier examen, liées à la profession concernée.

Des exigences

De fait, aucune méthode ne peut être recommandée dans l'absolu. Par contre, il y a des méthodes qui doivent être éliminées radicalement parce qu'elles ne possèdent pas des qualités métriques essentielles et, en particulier, qu'elles ne fournissent pas des informations fidèles, indépendantes de celui qui les utilise et constantes si on les emploie plusieurs fois. Nous n'accepterions pas de mesurer avec un mètre qui se dilate à la chaleur, nous ne donnerions pas notre clientèle à un laboratoire d'analyse qui fournit des indications contradictoires sur le nombre de globules rouges des mêmes prélèvements examinés à 24 heures de distance. Ces exigences métrologiques doivent également s'appliquer aux méthodes d'évaluation des individus.

Et des indications

Même « fidèle », une méthode d'évaluation n'est pas indiquée pour tous les problèmes qu'on rencontre en gestion du personnel. La valeur de la méthode dépend de la situation, du problème posé et des conditions dans lesquelles une prédiction doit être faite ou une décision doit être prise. Plus précisément, il faut choisir une méthode d'évaluation en fonction de deux paramètres (outre sa **fidélité**) : sa **sensibilité** et son **pouvoir discriminant** par rapport à la population concernée ; **sa signification** et **sa validité** par rapport aux caractéristiques requises, celles que l'analyse du travail a permis de préciser.

Ce chapitre exposera ce qu'on entend par fidélité et par discrimination, présentera les méthodes permettant d'établir et d'utiliser des normes en faisant des étalonnages ainsi que la définition des différents types de validité et les méthodes statistiques qui permettent de les mesurer.

Fidélité

La fidélité est la première des qualités métriques que doit posséder toute méthode d'évaluation. Il s'agit de la reproductibilité d'une série d'observations (ou d'une série de questions), reproductibilité qui est, le plus souvent, garantie par la cohérence interne de ces séries d'observations ou de questions. En effet, pour qu'une mesure soit utilisable, il est important qu'elle fournisse les mêmes résultats lorsqu'elle est utilisée plusieurs fois pour la même personne. Toute mesure comporte une marge d'erreur. Connaître la fidélité de cette mesure permet d'estimer ce niveau d'erreur : une fidélité faible signifie que l'erreur est forte, et une fidélité élevée, que la marge d'erreur est faible.

Un exemple

Concrètement, qu'est-ce que cela signifie ? Empruntons à F. Landy (1985) l'exemple suivant : voulant vérifier la taille d'une série d'arbres que vous avez plantés dans votre jardin, vous les mesurez une première fois. Cette première série de mesures va vous permettre de classer les jeunes arbres du plus petit au plus grand ; vous disposerez donc d'une série de valeurs absolues et d'un classement. Supposons encore que vous refassiez, quelques semaines plus tard, ces mêmes mesures et que vous compariez les deux séries ainsi obtenues. Si les résultats sont très proches en valeur absolue et en rang, vous pourrez en tirer trois conclusions :

1) les arbres n'ont pas changé de taille entre les deux observations ;

2) votre outil de mesure est adéquat ;

3) vous l'avez bien utilisé.

Si, par contre, les deux séries de mesures fournissent le même classement mais avec des valeurs absolues qui sont différentes, vous en conclurez que l'instrument et l'usage que vous avez fait sont corrects, et que les arbres ont tous grandi dans la même proportion.

Enfin, si vous obtenez deux séries de mesures qui sont dissemblables aussi bien du point de vue du rang attribué à chaque arbre que du point de vue de leur taille en centimètres, vous ne pourrez rien conclure parce que vous ne saurez pas si la disparité entre les deux séries vient :

1) d'un mauvais outil de mesure ;

2) d'une mauvaise utilisation de cet outil ;

3) du fait que la variable mesurée est vraiment instable, certains arbres ayant grandi plus que les autres.

Toutefois, si vous êtes sûr d'utiliser un outil fidèle et de l'utiliser correctement, seule l'interprétation 3) sera vraisemblable. Il est donc très important de disposer de méthodes d'évaluation dont la fidélité a été vérifiée, de manière à ce que le résultat obtenu ne varie pas en fonction de la personne qui utilise la méthode, et de les utiliser correctement, c'est-à-dire en respectant des règles standardisées d'application.

Comment mesurer la fidélité ?

Il y a trois façons différentes pour mesurer la fidélité d'une méthode d'évaluation. Elles ne donnent pas exactement la même information et il est donc utile de connaître les trois procédés et la signification des résultats qu'ils fournissent.

La méthode « **test-retest** » consiste à utiliser deux fois consécutives, dans les mêmes conditions et sur un même groupe de sujets, la même technique. La fidélité est représentée par la corrélation calculée entre les deux séries de mesures ou les deux séries d'observations ainsi obtenues. On peut, par exemple, faire repasser la même épreuve de calcul mental à une semaine d'intervalle, ou faire remplir deux fois le même questionnaire de personnalité, ou encore faire noter la stabilité émotionnelle par un graphologue à deux reprises sur un même échantillon d'écriture. Tous ces exemples montrent bien que la méthode test-retest est lourde, demande de la bonne volonté aux sujets, suppose qu'ils n'essaient pas de se souvenir de leurs réponses et que les seconds résultats ne bénéficient pas d'un éventuel apprentissage acquis lors de la première passation.

La seconde méthode cherche à éviter les difficultés de la première. Elle concerne surtout les méthodes psychologiques puisqu'elle consiste à fabriquer deux versions équivalentes (dites **formes parallèles**) du test ou du questionnaire, soigneusement construites de manière à ce que le contenu, la forme et la difficulté des questions soient comparables. Il est alors possible d'utiliser les deux formes, à deux occasions distinctes, avec les mêmes individus et de calculer la corrélation entre les deux séries de résultats. Dans ce cas, une faible corrélation, donc une faible fidélité, peut être due au fait que l'échantillonnage des questions, dans les deux formes dites « équivalentes », est en réalité dissemblable et que ces deux formes ne couvrent pas exactement le même domaine. Ainsi, un questionnaire destiné aux lecteurs de cet ouvrage et qui testerait les connaissances acquises après sa lecture pourrait comprendre 300 questions. Faire répondre à 300 questions et les corriger est long et fastidieux. Aussi pourrait-on bâtir un questionnaire plus court, de 40 questions tirées au hasard et réparties en deux listes « A » et « B » de 20 questions chacune. Si les scores obtenus par les mêmes sujets aux moitiés « A » et « B » de ce questionnaire ne corrèlent pas entre eux, c'est que le domaine initial couvert par les 300 questions a été mal défini et qu'on compare, en réalité, deux sous-domaines différents, hétérogènes et inadéquatement échantillonnés.

La **cohérence interne** d'une technique d'évaluation est une condition essentielle de sa fidélité. La façon la plus simple de la mesurer consiste à diviser en deux parties la méthode d'évaluation, de manière à obtenir deux scores distincts et à calculer leur corrélation. Plusieurs possibilités existent pour réaliser cette division en deux : comparer les scores obtenus aux 20 premières questions et aux 20 dernières, ou encore les scores correspondant à la première, la troisième, la cinquième et toutes les questions impaires avec les scores correspondant à toutes les questions paires. Lorsqu'il s'agit d'une tâche, ou d'observations de comportement, on peut comparer, par exemple, les erreurs relevées dans les 10 premières minutes de chaque heure avec celles observées au cours des 10 minutes suivantes. Cette manière de mesurer la fidélité interne (donc la cohérence de la mesure) a plusieurs inconvénients. La corrélation obtenue sous-estime la fidélité réelle parce que les deux moitiés comparées sont plus courtes que l'épreuve entière et que les épreuves courtes, plus vulnérables aux erreurs d'échantillonnage, sont moins fidèles que les épreuves longues. La formule de Spearman-Brown (donnée en annexe) permet de corriger cette sous-estimation. De plus, la façon dont on partage une série de questions ou une série de mesures peut entraîner des résultats absurdes lorsque des questions de nature identique sont groupées (par exemple toutes les divisions dans un test de calcul mental) et risquent de se trouver toutes dans une des moitiés du test ou du questionnaire.

Des coefficients utiles

D'autres indicateurs de cohérence interne donnent des mesures de la fidélité proches de celle obtenue par la méthode des formes parallèles, sans ses inconvénients. Le principe consiste à calculer les corrélations entre chaque item et le score total. La méthode a été construite pour les tests psychologiques, mais elle peut très bien être utilisée pour toutes sortes d'épreuves ou de séries d'observations, à condition qu'il y ait des sous-scores dont on veut mesurer l'homogénéité. Il existe évidemment autant de corrélations que d'items ou de sous-scores. Comme la moyenne d'une série de corrélations n'a pas de signification statistique, Kuder et Richardson (1937) ont postulé que tous les items sont parallèles, c'est-à-dire ont même moyenne et même variance, et ils ont proposé une formule qui permet de calculer la fidélité lorsque tests, questionnaires ou observations donnent lieu à des notations dichotomiques (réussi/échoué).

La théorie de la généralisabilité, développée par Cronbach, considère chaque score comme faisant partie d'un univers de scores possibles et la fidélité comme la précision avec laquelle le test concerné se rapproche du score exact, ce qui revient à évaluer la précision de la mesure. Sans entrer dans les détails du raisonnement statistique, on peut retenir que le coefficient alpha de Cronbach (1972) permet de calculer la fidélité lorsque chaque item est l'objet d'une notation sur plusieurs points. Les formules sont données en annexe de ce chapitre.

> *Avant d'utiliser un test ou un questionnaire*, il faut s'assurer qu'il est cohérent (c'est-à-dire que les différents items mesurent tous la même variable) et qu'il est fidèle (c'est-à-dire qu'on obtient les mêmes résultats quand il est passé deux fois par les mêmes personnes). Il faut donc obtenir des coefficients de fidélité et des informations sur les données qui ont permis de les calculer et sur la manière dont ils ont été obtenus.

Discrimination

Qu'il s'agisse d'informations qualitatives ou quantitatives, les méthodes d'évaluation doivent, bien évidemment, donner des informations qui discriminent les candidats entre eux. C'est une question de bon sens. On ne pourra pas classer des candidatures en tenant compte de la formation si tous les candidats sont sortis de la même école, ni en tenant compte de l'âge s'ils sont tous nés la même année. Ou, du moins, il faudra affiner l'information, en tenant compte, par exemple, du rang de sortie de l'école, et du mois, voire du jour de naissance. De la même manière, si, pour un exercice noté de 1 à 5, la moitié des sujets obtient la note 3, les autres se partagent entre les notes 2 et 4, la mesure fournie par ce seul exercice sera moins discriminante qu'une autre, obtenue avec un test en 20 questions et pour lequel les mêmes candidats fournissent de 1 à 19 bonnes réponses, selon une distribution conforme à la courbe de Gauss. La figure 3-1 donne une image de ces deux exemples pour un groupe de 50 personnes. Concrètement, cela veut dire qu'une méthode qui fournit des informations non discriminantes pour le type de candidats à examiner ne doit pas être retenue. Il faut qu'un test, ou un questionnaire, ou un examen, ne soit ni trop facile (auquel cas tout le monde va le réussir) ni trop difficile (auquel cas personne ne va le réussir) pour que ces épreuves apportent des informations utiles quand on a pour objectif de différencier les candidats entre eux.

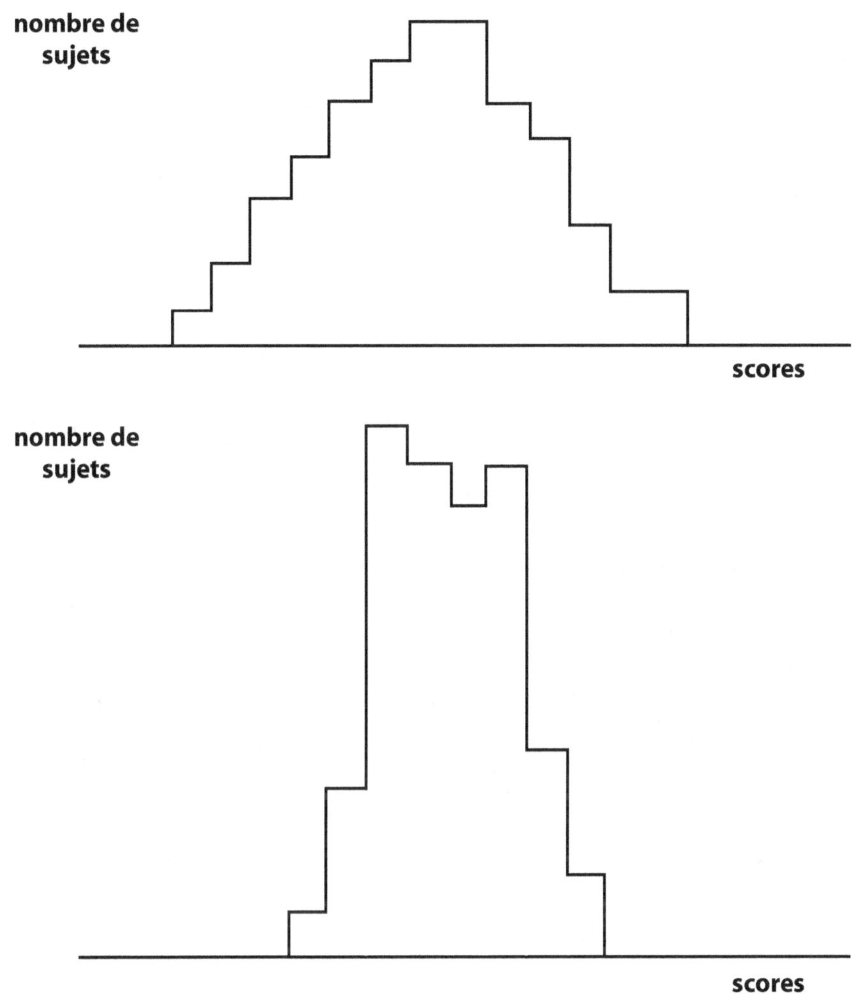

Figure 3-1. Exemples d'épreuves discriminantes et peu discriminantes

À quoi sert un étalonnage ?

Il ne suffit pas qu'une méthode d'évaluation soit discriminante. Il faut également qu'on puisse disposer de normes concernant cette méthode et le type de candidats qu'on doit examiner. En effet, dans la pratique, on a le plus souvent affaire à des petits groupes qui représentent des échantillons non représentatifs d'un ensemble plus large. Par exemple, si on veut recruter une aide-comptable, on recevra cinq candidatures possédant une qualification identique, mais qui peuvent se situer à des niveaux divers à l'intérieur de leur groupe. Leurs scores à une épreuve de calcul mental, par exemple, seront difficiles à interpréter si nous ne disposons pas de normes permettant de comparer leurs résultats à ceux d'un groupe représentatif, assez important, et ayant les mêmes caractéristiques qu'elles au point de vue formation et expérience.

Même si un candidat obtient un grand nombre de bonnes réponses à une épreuve ou une note élevée dans une observation de comportement, ou dans un essai professionnel, cette information n'a pas de signification en soi. Pas plus qu'un score faible ou une évaluation médiocre. Notes, scores, évaluations doivent être comparés à des normes établies pour un groupe de référence adéquat. Ce sont ces normes de référence qui prouvent que l'instrument, ou la méthode utilisée, est discriminant pour le groupe concerné, et surtout, qui vont, pour chaque application individuelle de la même méthode, permettre de situer chaque personne à évaluer par rapport à son groupe de référence.

Comment se présentent les normes, ou étalonnage d'une épreuve donnée ?

Il s'agit des résultats obtenus par un groupe de référence suffisamment important et qui sont exprimés soit sous forme de centiles, soit en scores standard.

Un **centile** indique le rang d'un score, c'est-à-dire le pourcentage de personnes dans le groupe de référence qui obtient un score plus faible que la personne qui a obtenu le score à interpréter. Si, par exemple, une des candidates dactylos obtient le centile 60 à une épreuve d'orthographe, cela signifie que 60 % des personnes ayant la même qualification qu'elle ont obtenu une note inférieure à la sienne.

Lorsque l'analyse du travail permet de suggérer qu'une méthode d'évaluation est pertinente pour une fonction donnée, mais que cette épreuve n'a pas donné lieu à l'établissement de normes pour le groupe considéré, il faut les établir avant toute application. Ce qui signifie qu'il faut faire passer l'épreuve par un groupe adéquat et transformer les résultats obtenus en centiles de manière à en faciliter l'utilisation.

En outre, l'utilisation des étalonnages en centiles doit être faite de manière compétente, et notamment en tenant compte du fait que les centiles sont des rangs et que les intervalles entre ces rangs ne sont pas égaux. Ainsi, de petites différences en scores bruts au centre de la distribution vont se traduire par de forts écarts en centiles, et c'est l'inverse aux extrémités de la même distribution (voir figure 3-2). La méthode à suivre pour établir un étalonnage en centiles est indiquée en annexe.

Il existe d'autres manières, plus sophistiquées, de présenter des normes. Les **scores standard** sont des écarts à la moyenne exprimés par rapport à l'écart-type de la distribution en scores bruts, pris pour unité. Si M est la moyenne, X la note qu'on veut transformer et S l'écart-type, la note standard Z est égale à [X-M] / S. Elle est donc positive si le sujet dépasse la moyenne de son groupe et négative dans le cas inverse. Comme la transformation est linéaire, la forme de la distribution des notes standard est la même que celle des notes brutes. Et, du fait de son mode de calcul, la distribution en notes standard a l'avantage d'avoir une moyenne égale à 0 et un écart-type égal à 1.

Les **stanines** sont le résultat d'une transformation qui donne une nouvelle distribution de moyenne égale à 5 et d'écart-type égal à 2. Les **notes T** ont une moyenne de 50 et un écart-type de 10. Dans le cas des tests psychologiques, ces diverses normes sont en général fournies pour les principaux groupes de référence avec la documentation qui accompagne les tests. Elles sont présentées, le plus souvent, sous la forme de tableaux de conversion qui permettent, par lecture directe, de transformer un score brut en score normé.

À quoi servent les normes ?

L'utilisation des normes permet de savoir où se situe un sujet donné dans son groupe de référence et ce que représente, toujours par rapport au groupe de référence, la différence observée entre les scores de deux ou trois candidats isolés. Elles ont un autre avantage. Lorsque plusieurs épreuves passées par le même sujet ont fait l'objet de la même transformation en notes normées, ces notes deviennent directement comparables entre elles et peuvent même être présentées sous la forme de profils dont la lecture est aisée, et qui font ressortir clairement les points forts et les points faibles d'un sujet par rapport à son groupe de référence. Ce type de profil peut également être construit pour un seul test ou questionnaire qui donne lieu à l'établissement de scores multiples, comme c'est le cas pour les tests d'intérêts et pour les questionnaires de personnalité.

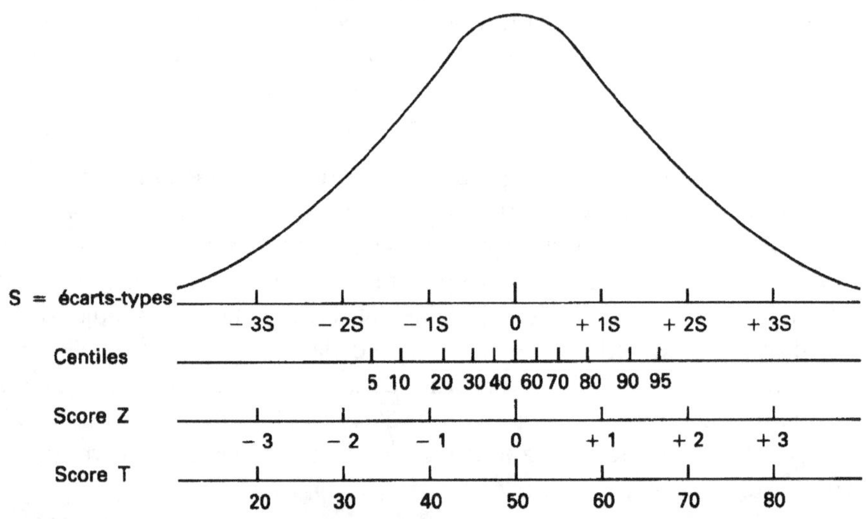

Figure 3-2. Répartition en scores bruts, en centiles et en notes standard

Stratégies et techniques de validation

Même si la fidélité et la discrimination sont des qualités essentielles, elles ne servent à rien si la méthode d'évaluation n'est pas valide, autrement dit si elle ne permet pas de faire des inférences pertinentes, fiables et utilisables pour la décision à prendre. Empruntons à M. Smith (2005) un exemple convaincant. On peut avoir comme hypothèse l'idée que le périmètre crânien est une mesure de l'intelligence : la dispersion des mesures est satisfaisante puisque ce périmètre peut varier de 75 millimètres et le résultat est fidèle puisque des mesures répétées donnent le même chiffre… mais elle ne sert à rien parce qu'il n'y a aucune relation entre le périmètre crânien et l'intelligence.

Cette utilité peut être définie de deux points de vue différents, selon qu'on vérifie si les informations obtenues correspondent aux caractères requis pour le poste ou la fonction, tels que l'analyse du travail les a définis ; ou selon qu'on procède à une vérification expérimentale de la capacité prédictive de ces techniques en comparant le pronostic qu'elles ont permis d'établir avec la réussite professionnelle ultérieure et mesurée au moyen des critères adéquats.

Il est évident que cette définition de la validité lui donne un caractère relatif – relatif à l'analyse du travail faite pour une fonction ou un poste précis ; relatif aux concepts et aux théories qui définissent l'objet à mesurer ; relatif à la comparaison avec les résultats professionnels d'un poste ou d'une fonction précise.

Trois types de validité

C'est parce que la notion de validité est relative et fonction de la méthode utilisée pour l'établir qu'on distingue classiquement trois « types » de validité :

- **la validité prédicteur/critère** qui est définie par la relation entre le (ou les) prédicteur(s) et le (ou les) critère(s) de succès professionnel. Elle est dite **concurrente** lorsque prédicteurs et critères sont relevés au même moment, à titre expérimental, et **prédictive** lorsqu'il s'écoule un certain temps entre l'évaluation par les prédicteurs et la description du succès professionnel ultérieur ;

- **la validité de contenu** qui correspond au degré selon lequel une technique d'évaluation échantillonne le domaine des comportements pour lesquels on veut faire un pronostic ;

- **la validité de construction** qui représente la capacité que possède une méthode d'évaluation pour mesurer la variable psychologique qu'elle doit apprécier et pour le faire conformément à un modèle théorique existant.

En fait, cette classification des validités a été la source de discussions souvent confuses entre les spécialistes de psychologie différentielle et elle complique sans justification les efforts des psychologues lorsqu'ils veulent, comme c'est le cas ici, démontrer l'importance de la validité aux cadres désireux de savoir comment choisir des méthodes d'évaluation. En outre, ces distinctions sont tout à fait artificielles et on peut considérer que toutes les manières de démontrer la validité d'une technique d'évaluation reviennent à développer sa **validité de contenu** (Guion, 1977, 1987 ; Tenopyr, 1977). La validité de **construction** (et par conséquent, le soin et la méthode apportés à construire une technique d'évaluation) représente une notion centrale parce qu'elle permet de contrôler les hypothèses sur les concepts qui expliquent le comportement humain et les théories qui rendent compte de son organisation. De ce point de vue, étudier la validité de **contenu** représente une étape nécessaire dans la construction d'une technique d'évaluation puisqu'elle permet de s'assurer que les tests et les autres techniques couvrent bien un domaine significatif du comportement. Et rassembler des données sur la **validité prédictive**, les examiner de manière critique permet d'apporter des informations supplémentaires sur le contenu des techniques, envisagé dans la perspective de ce qu'on peut valablement inférer à partir des résultats qu'elles apportent.

Nous commencerons donc par décrire les méthodes permettant d'évaluer la validité de contenu et de construire des techniques de manière à optimiser la validité de construction, notamment l'analyse des items. Nous décrirons ensuite les étapes qui conduisent à l'évaluation de la validité prédicteurs/critères et les méthodes de calcul qui la concernent. Cette approche de la validité est exigeante et sa faisabilité pose des problèmes spécifiques que nous décrirons.

En outre, et pour diverses raisons qu'il faut connaître, des techniques réellement valides n'apparaissent pas toujours comme telles lorsqu'on examine leur validité prédictive. C'est une raison de plus pour fonder la valeur d'une méthode d'évaluation sur sa validité de construction et sur l'adéquation de son contenu à son objectif. C'est également une des raisons qui ont amené un groupe de chercheurs américains à analyser les sources d'erreurs dans les étapes du calcul de la validité prédictive et à proposer une méthode qui permette de tenir compte de ces erreurs, de les corriger et de **généraliser** des validités spécifiques à des groupes homogènes de métiers, de professions ou d'emplois. Cette approche repose également sur l'utilisation de l'analyse du travail comme moyen de grouper des métiers proches du point de vue de leurs exigences humaines, et comme outil pour affecter tel poste ou tel emploi à des familles de métiers déjà constituées.

L'ensemble de cette démarche représente un progrès très important pour l'évaluation des adultes dans le monde du travail. Nous en avons parlé dans la perspective de l'analyse du travail et de la constitution de familles de métiers. La généralisation de la validité sera abordée dans ce chapitre, lorsque nous décrirons la méthode statistique d'agrégation des données et les postulats sur lesquels elle repose. Nous y reviendrons plus loin pour décrire les résultats que cette méthode a permis d'obtenir, notamment en ce qui concerne la validité des épreuves de fonctionnement cognitif.

La validité de contenu

Elle concerne la qualité de l'échantillonnage des comportements liés à une performance donnée. Elle est donc fortement tributaire de l'analyse du travail décrite précédemment. Elle implique que :

a) la performance professionnelle soit clairement décrite ;

b) les objectifs de la technique d'évaluation soient bien formulés ;

c) l'échantillonnage du domaine professionnel soit fait de manière adéquate (Schneider et Schmitt, 1986).

La procédure à suivre pour s'assurer qu'une technique en cours de construction possédera bien une validité de contenu satisfaisante comporte classiquement les étapes suivantes :

1) une analyse du travail permettant de préciser les connaissances, aptitudes, capacités ou comportements qui sont essentiels, qui peuvent être décrits et si possible quantifiés, et qui sont liés à la tâche professionnelle ;

2) la construction de programme d'évaluation, c'est-à-dire le choix des méthodes, leur pondération et leur articulation (tests, questionnaire, observation, guide d'entretien…), avec le souci de le faire correspondre aux résultats de l'analyse du travail ;

3) l'évaluation de la pertinence de la technique par rapport à l'activité professionnelle considérée ; Lawshe (1975) a proposé un coefficient qui permet de faire la synthèse de l'avis de plusieurs experts sur la pertinence de chaque item ou épreuve de la méthode d'évaluation.

La validité de contenu est essentiellement liée au problème de l'échantillonnage du domaine à évaluer. Si, par exemple, nous souhaitons mesurer le niveau de connaissances d'un groupe de secrétaires en anglais commercial, il nous faudra construire un questionnaire ou un examen représentatif de ce que nous entendons par anglais commercial. La pertinence de cet échantillonnage de questions sera jugée globalement par un ou plusieurs experts. Ou bien elle peut être établie à partir d'une définition très précise du domaine à évaluer, de la division éventuelle de ce domaine en parties cohérentes et d'un échantillonnage systématique et planifié de ces différentes parties. Cette démarche permet également, si on fait appel à plusieurs experts, d'identifier (et de résoudre) d'éventuels désaccords entre eux, désaccords qui n'auraient pas été mis en évidence autrement. Il arrive souvent, en effet, que différents membres de la hiérarchie ne se représentent pas de la même manière les moyens ou les qualités nécessaires pour atteindre un objectif donné.

Cette procédure soulève parfois des difficultés. S'il est relativement facile de définir l'objectif d'une méthode d'évaluation ainsi que le domaine qu'elle concerne dans le cas d'épreuves de connaissances ou d'habiletés motrices, c'est plus difficile dès qu'on aborde le fonctionnement cognitif, encore plus lorsqu'il s'agit de la personnalité.

La validité de construction

Deux catégories d'évaluation

Elle entre en jeu chaque fois « qu'un test doit être interprété comme une mesure d'une qualité ou d'un attribut qui n'est pas défini opérationnellement » (Cronbach et Meehl, 1955). Cela signifie qu'il existe deux catégories d'évaluation. D'une part, celles qui se suffisent à elles-mêmes parce qu'il est facile de définir le champ qu'elles doivent couvrir. C'est le cas, par exemple, d'un essai professionnel ; il suffit qu'il corres-ponde bien aux activités de l'emploi correspondant, qu'il soit fiable et discriminant pour qu'on puisse l'utiliser comme source d'évaluation. Mais ce n'est pas le cas lorsqu'il s'agit d'une technique, test ou autre, qui est destinée à mesurer une qualité comme l'intelligence, la fluidité verbale ou la mémoire, ou encore un trait de personnalité, comme la sociabilité, l'empathie ou la confiance en soi. En effet, l'objet de la mesure est, dans ces derniers cas, une notion abstraite, liée à, et définie par, une théorie psychologique. Par exemple, étudier la validité de cons-truction d'un test d'intelligence, c'est se demander si le test en question mesure bien le concept d'intelligence tel que nous l'avons défini. Ce qui suppose une représentation théorique de l'intelligence utilisée pour inférer la mesure de l'intelligence à partir d'une épreuve donnée. De ce fait, lorsqu'on mesure la validité de construction, on valide à la fois le test, le concept qu'il mesure et la théorie de ce concept.

Comment mesurer la validité de construction ?

Il existe quatre méthodes pour mesurer la validité de construction. La plus simple consiste à vérifier que la nouvelle technique d'évaluation donne des résultats qui corrèlent bien avec ceux qu'on obtient à l'aide de techniques plus anciennes et dont on sait ce qu'elles mesurent. Par exemple, on a des raisons de penser que la rapidité de résolution de problèmes arithmétiques représente une mesure de l'intelligence. Pour le vérifier, il faudra étudier les corrélations entre cette épreuve et des tests plus anciens et bien connus, et également s'assurer qu'elle ne reflète pas surtout le niveau de scolarité ou encore l'aptitude à manier des nombres. Ce type de démarche est fort utile lorsqu'on veut tenter de remplacer une épreuve individuelle par une épreuve à passation collective, ou encore lorsqu'on cherche à remplacer un test long par un test plus court, tout ceci sans perte d'information.

Une deuxième méthode, plus sophistiquée, permet de prendre en compte simultanément une série de corrélations entre plusieurs tests, questionnaires ou épreuves. Il s'agit de *l'analyse factorielle* qui permet de dégager et de définir les facteurs capables de rendre compte des relations qui existent entre plusieurs mesures. Empruntons à Smith et Robertson (1986) l'exemple suivant : nous souhaitons savoir ce que mesurent des notations portées sur un groupe de sujets par la personne qui a effectué avec eux un entretien d'embauche. Pour cela nous pourrons rassembler sur les mêmes sujets non seulement la notation après entretien, mais également leurs résultats à des tests d'intelligence, de personnalité, de fluidité verbale ainsi que des indicateurs sociométriques et des informations biographiques. Toutes les corrélations possibles entre ces diverses données seront portées sur un tableau de corrélations et l'analyse factorielle de ce tableau permettra de dégager les facteurs qui rendent compte de la variance de chaque test ou de chaque information. Ainsi, dans l'exemple cité, on obtiendrait probablement un facteur d'intelligence, un facteur de sociabilité, un facteur de fluidité verbale et un facteur d'expérience professionnelle. Les corrélations (ou « saturations ») entre chaque facteur et les notations faites après l'entretien permettront de connaître la somme de la variance de ces notes expliquées par ces quatre facteurs ainsi que la part prise par chacun d'entre eux. Cette méthode est très utile. Mais elle exige un nombre de sujets assez élevé et l'intérêt des résultats dépend évidemment du choix et de la diversité des variables qui sont présentes dans les différentes épreuves que l'on fait rentrer dans l'analyse factorielle.

L'analyse factorielle peut également être appliquée à l'ensemble des sous-scores d'une seule épreuve. Supposons qu'un test d'intelligence soit composé de dix épreuves distinctes utilisant des problèmes, des séries à compléter et des raisonnements logiques de nature différente. L'analyse factorielle de ces dix scores peut révéler une forte hétérogénéité ou, au contraire, l'existence d'un facteur général important, commun à l'ensemble de ces 10 épreuves, même s'il n'en explique pas toute la variance. Il est évident que cette composition factorielle éclairera l'utilisation ultérieure des résultats obtenus, score global et sous-scores.

Le quatrième procédé, dit « *multitrait-multiméthodes* », est dû à Campbell et Fiske (1959) et consiste essentiellement à montrer que des tests différents, qui mesurent le même facteur ou le même concept, corrèlent entre eux, mais qu'ils ne corrèlent pas avec des tests qui mesurent d'autres traits ou d'autres facteurs, et ceci même si ces tests utilisent les mêmes méthodes. Empruntons cette fois-ci à J.-J. Bernier (1984) l'exemple suivant. Trois tests A, B et C mesurent le libéralisme, le niveau de culture et l'aliénation. Chaque test, passé par les mêmes sujets, comporte trois parties qui utilisent des méthodes différentes (réponses à choisir ; affirmations dont on doit dire si elles sont vraies ou fausses ; phrases à compléter). Les résultats obtenus permettent de calculer toutes les corrélations possibles entre ces neuf séries de variables. Si on obtient de fortes corrélations entre les mesures du même trait par des méthodes différentes, il y a validité convergente : les méthodes différentes mesurent bien la même variable. Si on obtient des corrélations plus fortes entre les mesures de traits différents par la même méthode, il y a validité divergente : la variance des mesures est due à la méthode, pas au contenu des tests.

Un dernier type de validité de construction concerne la « **validité incrémentielle** ». Elle répond à la question suivante : allons-nous accroître la validité obtenue avec une « batterie » de tests en ajoutant une épreuve supplémentaire ? La réponse évite de mesurer plusieurs fois la même variable. Par exemple, on peut se demander dans quelle mesure l'utilisation d'entretiens structurés va accroître la validité prédictive d'une batterie de tests mesurant les aptitudes cognitives et la personnalité. Si la validité n'est que peu augmentée, c'est que l'entretien mesure des aspects déjà présents dans les prédicteurs utilisés.

L'analyse d'items

Si les résultats de ces différentes méthodes d'estimation de la validité de construction donnent des résultats insuffisants, il faut savoir pourquoi et, pour cela, procéder à une analyse plus fine de la technique d'évaluation, analyse faite au niveau des items qui la composent. Ces items peuvent évidemment être de natures très variées : des questions, des problèmes, des échelles d'attitude, les rubriques d'une grille d'évaluation…

L'analyse d'items consiste à calculer la corrélation entre chaque item et le score total, de manière à vérifier la cohérence interne des items d'une même épreuve ou d'une partie réputée homogène de l'épreuve et à étudier la distribution des scores totaux. Les items dont la corrélation avec le score total est faible devraient être soit éliminés, soit améliorés, rédigés différemment, par exemple. De la même manière, si la fidélité interne de l'épreuve est insuffisante, il faut ne retenir que les items qui contribuent à l'homogénéité du test. Enfin, il faut éliminer (ou remanier) les items qui sont soit trop difficiles, soit trop faciles, soit non discriminants (dans le cas d'échelles d'attitude, en particulier). Une manière pratique de dépister ces items « parasites » consiste à établir des courbes d'items avec en abscisse les scores au test entier et en ordonnée le pourcentage de réussite à l'item pour chaque catégorie de score global.

L'aspect prédictif

Les procédures de calcul de la validité de construction et de la validité de contenu correspondent à une conception de la validité liée à la manière dont la méthode d'évaluation a été développée, avec l'idée implicite que la mesure obtenue est valide si elle représente effectivement ce qu'on souhaite mesurer. Cette manière de faire suppose qu'on sache bien ce qu'il faut mesurer ou décrire pour obtenir une prédiction précise et exacte. Ce n'est pas toujours le cas. Et il faut alors considérer la validité sous son aspect prédictif et vérifier empiriquement que la prédiction faite s'est trouvée confirmée. Lorsque nous mesurons une aptitude, un trait de personnalité ou des connaissances acquises, c'est parce que nous avons l'intention d'inférer à partir de cette mesure le comportement de nos sujets dans une situation professionnelle donnée. En d'autres termes, ce qui nous intéresse, c'est la validité de la relation entre l'évaluation et le comportement ultérieur et pas seulement la validité du test, même si l'une est la condition de l'autre.

La valeur du pronostic

La comparaison entre pronostic et réalité peut se faire de diverses manières, même si, dans tous les cas, le principe reste de comparer à un critère de succès professionnel le pronostic fait avec la méthode qu'on veut valider. Lorsque la technique à valider est appliquée à des personnes en place sur qui il est possible d'avoir des informations professionnelles, on obtient un indice de **validité concurrente**. Ce procédé a l'avantage de fournir des résultats rapidement. Mais il présente des inconvénients. D'une part, la population sur laquelle les informations sont rassemblées n'est pas représentative de ce que serait un éventuel groupe de candidats : une sélection a en effet déjà eu lieu d'abord au moment du recrutement et également ensuite, du fait du départ des personnes qui ne donnent pas satisfaction et de celles qui ne sont pas satisfaites elles-mêmes. D'autre part, les candidats à un poste qui sont soumis à des épreuves d'évaluation sont certainement beaucoup plus motivés que ceux à qui on demande de prêter leur concours à ces épreuves pour une recherche *a posteriori*. Enfin, les différences décelées entre sujets peuvent être le résultat d'acquisitions liées à l'expérience professionnelle qui, de ce fait, ne seraient pas observées si on avait affaire à des personnes n'ayant pas encore bénéficié de cette expérience.

La **validité prédictive** permet d'échapper à certains de ces inconvénients parce qu'elle prévoit un intervalle de temps entre le relevé des informations prédictives et le relevé des informations critères. Plusieurs possibilités existent à l'intérieur de ce schéma général selon qu'on embauche tous ceux qui ont subi l'épreuve à valider, ou qu'ils sont sélectionnés sur la base d'un système déjà en place, au hasard ou à l'aide de la méthode à valider elle-même, ou encore qu'on procède à une validation *a posteriori* en cherchant dans les dossiers des personnes actives les résultats d'épreuves passées antérieurement. En fait, et malgré la valeur théorique du procédé qui consiste à faire passer les techniques d'évaluation, une première fois, à titre expérimental, de façon à analyser ensuite les résultats en temps réel, la validité prédictive ne peut être réellement mise en œuvre que dans de très grandes organisations où il arrive qu'on puisse embaucher tous les candidats et les affecter ensuite à des postes différents, et dans des situations comme celles de l'armée, où les évaluations concernent une cohorte d'âge entière. Dans les cas les plus fréquents, on se rapproche plus de schémas où une fraction seulement des candidats est embauchée ou placée dans la situation (formation, promotion...) pour laquelle le pronostic est fait.

Des difficultés

Si on veut résumer ce qui vient d'être dit, la faisabilité du processus destiné à établir la validité prédictive est faible. Il arrive souvent que, faute d'un échantillon homogène assez grand, faute de temps, ou encore faute de pouvoir obtenir des critères de succès professionnel fiables, on ne puisse conduire de manière satisfaisante cette comparaison prédicteur/critère.

La validité prédictive présente un autre danger ; il est tout à fait possible que des techniques d'évaluation valides n'apparaissent pas comme telles lorsqu'elles sont soumises au processus de validité prédictive, et cela pour deux groupes de raisons, les unes liées à l'échantillon de personnes sur lesquelles la validité est calculée et les autres au critère de succès professionnel.

1) Si l'échantillon a été volontairement réduit, soit parce que les personnes de trop bas niveau n'ont pas été gardées, soit parce que les meilleures ont été promues, la variable critère sera peu classante, et la corrélation prédicteur/critère fortement diminuée de ce fait. La population est parfois sélectionnée au départ, par exemple parce que le recrutement ne s'adresse qu'à des personnes ayant atteint un certain niveau de scolarité. Dans ce cas, c'est la dispersion des notes de l'épreuve d'évaluation qui sera réduite, avec pour résultat de diminuer également le coefficient représentant la corrélation prédicteur/critère.

2) Il est aussi possible que l'épreuve ne soit valide que pour une sous-population donnée. Par exemple, l'évaluation du fonctionnement cognitif prédira efficacement le succès professionnel dans un poste donné, mais seulement lorsqu'il s'agit de personnes qui, n'ayant pas été formées à ce poste, devront impérativement réussir leur apprentissage avant de commencer à travailler.

Les faiblesses du critère réduisent également artificiellement la validité prédictive. Si le critère n'a pas une fidélité suffisante, on comparera une variable fiable à une variable déterminée par des paramètres non contrôlés. Cela n'a rien d'invraisemblable : le succès professionnel, comme nous l'avons rappelé dans l'introduction, dépend de facteurs non individuels tels que les attitudes de la hiérarchie, le style d'encadrement, la qualité du matériel utilisé. Enfin, le critère est pratiquement toujours une donnée plus complexe que chacune des épreuves utilisées comme prédicteur ; on ne doit donc pas s'attendre à obtenir des coefficients de corrélation très élevés entre chacun des prédicteurs et un critère, simplement parce qu'un seul prédicteur ne peut expliquer qu'une fraction restreinte de la variance du critère.

La validité peut aussi être artificiellement accrue dans trois cas :

1) lorsque c'est la même personne qui rassemble les scores de test et qui fait l'évaluation du critère. Également quand on veut évaluer un entre-

tien en vue de promotion et que les jeunes cadres concernés connaissent les résultats des tests qu'ils ont passés : les mieux notés se comporteront de manière plus assurée que les autres. Pour éviter ces « contaminations », il faut que les recherches de validité soient faites à l'« aveugle », c'est-à-dire que les personnes impliquées dans l'élaboration du critère ne connaissent pas les résultats à valider ;

2) lorsque l'échantillon est trop petit et qu'on ne tient pas compte de sa taille dans le calcul des corrélations prédicteur/critère ;

3) lorsque le nombre de variables en corrélation avec le critère est très important. Par exemple, si 20 facettes d'un questionnaire de personnalité sont corrélées avec 5 critères de réussite professionnelle, il y aura 100 corrélations et le hasard fera que 5 % d'entre elles seront significatives (Smith, 2005).

Ces difficultés justifient l'intérêt que présentent deux alternatives prometteuses, qui ont fait l'objet de travaux récents et d'un débat théorique qui reste ouvert : la validité synthétique et la généralisation de la validité.

La validité synthétique

C'est, en fait, un concept relativement ancien qui a attiré à nouveau l'attention, comme en témoigne l'article de synthèse publié par Mossholder et Arvey en 1984. Dès 1920, Link avait suggéré, pour décrire avec précision les exigences d'un poste de travail, de faire passer des tests aux personnes occupant ces postes, de calculer la moyenne des résultats obtenus et de se servir de ces données pour établir un profil représentant les aptitudes nécessaires pour le poste considéré. En d'autres termes, la validité synthétique consiste à déduire la validité des instruments d'évaluation pour un poste donné à partir « d'une analyse logique du poste de travail en éléments, de la recherche d'instruments valides par rapport à ces éléments et de la recombinaison de ces validités isolées en un tout » (Balma, 1959). Il y a validité synthétique au sens où on reconstitue la validité globale à partir des validités d'épreuves isolées, validités calculées par rapport à des aspects isolés du poste de travail. Cela suppose que :

1) il existe un paramètre psychologique unique susceptible de décrire chaque aspect important du poste de travail ;

2) il existe des instruments qui permettent de mesurer chacun de ces paramètres ;

3) il existe une correspondance entre les scores obtenus avec ces techniques et la performance dans le travail.

Valeur de cette méthode

L'avantage majeur de la validité synthétique vient du fait qu'elle peut concerner de petits échantillons, donc être utilisée par des entreprises de petite taille ou pour des postes dont les titulaires ne sont pas nombreux. En outre, la méthode est économique en temps ; et, une fois qu'elle est lancée, elle permet d'adapter les programmes d'évaluation au changement de contenu et d'exigences des postes de travail. Inutile d'insister sur l'importance de ce dernier point à une époque où l'évolution des activités professionnelles et des technologies est rapide. Enfin, les données apportées par la procédure de validation synthétique permettent d'analyser les processus responsables des performances de travail.

McCormick et ses collaborateurs ont tenté aux États-Unis de démontrer d'une manière originale le bien-fondé de cette méthode. Leur travail est élaboré à partir d'une analyse du travail systématique faite à l'aide d'un questionnaire (le PAQ, *Position Analysis Questionnaire*) qui contient des descriptions correspondant aux comportements de travail les plus divers. Plusieurs analyses factorielles de ce questionnaire, fondées soit sur des analyses de poste, soit sur des profils de comportement, ont permis à McCormick et à son équipe de dégager les dimensions fondamentales de ces descriptions. Lorsque nous posséderons des instruments permettant de prédire chacune des composantes de ces postes de travail, l'utilisation du PAQ devrait être une base de départ suffisante pour élaborer une batterie d'épreuves prédictives.

Afin de prouver la valeur de leur démarche, McCormick et ses collaborateurs ont inversé la procédure classique de validation. Les résultats obtenus au GATB (*General Aptitude Test Battery*) passé par des personnes actives dans différents postes de travail ont été utilisés comme variables à prédire tandis que les dimensions de leur poste décrites avec le PAQ étaient considérées comme des prédicteurs. La valeur médiane des corrélations obtenues atteint .63. Certes, cette méthode a le défaut d'assimiler la présence dans un poste de travail au succès professionnel, en supposant que les travailleurs ont tendance à rester dans les postes compatibles avec leurs aptitudes – ce qui est loin d'être démontré. Il n'en reste pas moins que la validité synthétique représente, au plan conceptuel, une approche intéressante et qui devrait retenir l'attention de tous ceux à qui se posent des problèmes de décision dans un contexte technologique changeant où les postes évoluent vite et où de nouvelles fonctions apparaissent fréquemment. Il reste cependant beaucoup de problèmes techniques à résoudre si on veut réellement utiliser ce modèle de validation, notamment en ce qui concerne les instruments d'analyse du travail et les épreuves présentant des validités par rapport aux éléments des tâches analysées. Le fait que toutes les recherches utilisant la validité synthétique aient été développées aux États-Unis, dans de grandes organisations qui sont propriétaires des techniques et n'ont laissé publier que la description générale des procédures et des résultats, ouvre une voie à suivre sans que nous disposions des outils nécessaires.

La méta-analyse

La validité synthétique représente donc une solution possible aux problèmes de faisabilité qui rendent le processus de validité prédictive difficile à mettre en œuvre. Mais c'est encore une solution lourde qui requiert un échantillon expérimental, et surtout qui prend du temps alors que l'entreprise s'attend à ce que les psychologues disposent de méthodes d'évaluation « clés en main ». Dans ces conditions, rien d'étonnant à ce qu'on ait cherché dans les expériences antérieures des situations identiques ou très proches, avec l'idée de répéter ici ce qui a déjà réussi ailleurs. D'où l'intérêt des méthodes de **méta-analyse** qui permettent de résumer et d'analyser une série de recherches portant sur le même thème, et, en particulier, de fournir aux praticiens une information précieuse pour les aider à résoudre les problèmes concrets posés par l'évaluation.

De fait, il y a longtemps que des efforts de synthèse ont été faits pour tenter de calculer des validités moyennes fiables concernant des méthodes d'évaluation et des fonctions données. Mais les résultats de ces tentatives ont été très décevants : les validités moyennes se sont révélées faibles et, surtout, leur dispersion est forte, ce qui enlève toute valeur aux moyennes obtenues (Ghiselli, 1966, 1972 ; Dunnette, 1973). Et Ghiselli signalait dès 1959 que « les moyennes des coefficients de validité sont faussées par la variabilité des tests et des critères, [...] par le fait que la variance des aptitudes varie, elle-même, pour des groupes de travailleurs différents, [...] ce qui entraîne des erreurs qui font sûrement sous-estimer les coefficients de validité ».

Quatre sources d'erreurs

Schmidt et Hunter (1981) ont fait un pas décisif dans cette voie, en développant une méthode de méta-analyse permettant de tenir compte des erreurs dans le calcul de la validité prédictive, donc de poser le problème de la **généralisation de la validité**. Ces auteurs sont partis d'une analyse systématique des erreurs attribuables aux quatre causes suivantes :

1) **la taille de l'échantillon** : les corrélations sont le plus souvent calculées sur des échantillons de 40 à 60 sujets, ce qui les rend très instables, ainsi que Schmidt *et al.* (1985) l'ont montré sur 63 « pseudo-échantillons » de 68 sujets, chacun tiré au hasard d'une population de 1 456 employés des postes ;

2) **la fidélité du critère** : en général, les études de validation se préoccupent de la fidélité du prédicteur mais négligent la fidélité du critère, alors qu'on sait que les notations professionnelles ont une fidélité moyenne de l'ordre de .40 ;

3) **la variance réduite de l'échantillon** disponible, du point de vue des méthodes à valider comme du point de vue du critère professionnel ;

4) **la fidélité des méthodes de prédiction** qui varie également d'une recherche à l'autre.

Tenir compte des sources d'erreurs

Ces quatre sources d'inexactitudes accroissent la variance d'erreur des coefficients de validité. Si on considère une série de recherches de validation prédicteur/critère pour lesquelles les quatre sources d'inexactitudes décrites ci-dessus sont présentes à des degrés variés, il est possible que cela explique la variabilité observée des coefficients de corrélation représentant la validité, alors que, dans des conditions idéales, ces coefficients de corrélation seraient voisins.

Le processus de généralisation de la validité consiste à estimer la variance des coefficients de corrélation attribuable aux quatre sources d'inexactitude mentionnées ci-dessus. Après correction, la variance résiduelle des coefficients de corrélation observés dans un grand nombre d'études correspond à la variance qui serait obtenue si le nombre de sujets était élevé, et si la fidélité du critère, la fidélité du prédicteur et la variance étaient partout équivalentes à la moyenne des fidélités et des variances réelles.

Si la variance résiduelle est nulle, cela signifie qu'il n'y a pas de variation de la validité à travers les études dont on fait le bilan. Les coefficients de validité ne varient qu'en apparence et parce que les conditions expérimentales sont imparfaites.

Un exemple

Empruntons un exemple à Murphy (1997). Supposons qu'il y ait 100 études de validité concernant la valeur des entretiens structurés comme prédicteurs de la performance professionnelle, que le nombre de sujets soit de 40 et la fidélité des mesures de performance de .70 pour chacune de ces études. Si la moyenne des coefficients de corrélation représentant la validité est de .45, le fait de tenir compte de l'erreur de mesure sur la performance permet de penser que la validité est de l'ordre de .54 (.45 divisé par la racine carrée de .70). En outre, si l'écart-type des coefficients de validité observés est de .18, il est vraisemblable qu'environ 66 % de cette dispersion est attribuable à des erreurs d'échantillonnage, puisque la variabilité escomptée pour des échantillons de 40 sujets et une validité de .45 devrait être de .12.

Cette procédure permet également d'obtenir une validité moyenne corrigée. Les premiers travaux de Schmidt et Hunter ont porté précisément sur les données présentées par Ghiselli. Ils ont montré que, après correction, les validités « vraies » sont deux fois plus élevées que les validités observées (Schmidt et Hunter, 1977).

Toutefois, la variance résiduelle, après correction, n'est pas toujours nulle. Schmidt et Hunter attribuent ce fait à la présence de trois sources d'inexactitude qu'il est impossible d'estimer : la contamination du critère (c'est-à-dire le fait que les personnes qui élaborent les critères de succès professionnel connaissent les scores que les sujets ont obtenus avec les prédicteurs), les erreurs matérielles de calcul ou de transcription de données, les différences de contenu entre les prédicteurs, même si ceux-ci mesurent les mêmes variables. Cela pose un problème de seuil : quand la variance résiduelle est-elle assez faible pour qu'on puisse considérer la validité comme généralisable ? Schmidt et Hunter ont proposé la règle des 75 %. Si les quatre sources d'inexactitudes prises en compte expliquent 75 % de la variance observée des coefficients de validité, on peut admettre que les trois sources d'inexactitudes qui ne sont pas prises en compte expliquent les 25 % restants. Cela signifie que la validité est généralisable lorsque l'erreur sur la variance est égale à au moins 75 % de la variance observée des validités.

> Idéalement, le manuel d'un test doit comporter les informations suivantes sur les études de validité citées (Coaley, 2009) :
>
> * une définition de la variable mesurée ;
>
> * des informations sur cette variable et ses relations avec des comportements professionnels observables ;
>
> * des corrélations entre scores et critères de réussite professionnelle ;
>
> * des données qui montrent que les scores différencient les groupes définis par la variable mesurée ;
>
> * une conclusion qui explique la nature des résultats rassemblés et justifie la validité de construction.

Des synthèses portant sur des études de validation prédicteur/critère ont été effectuées par Schmidt et Hunter, et par d'autres psychologues, pour des familles de métiers (travaux de bureau, métiers de l'armée, techniciens, programmeurs) et également pour des catégories de tests définis par leur contenu (Schmidt et Hunter, 1978 ; Trattner, 1985 ; Hunter et Hunter, 1984).

Le débat sur la méta-analyse

Des soucis...

La méta-analyse et les résultats qu'elle a apportés on, sans aucun doute, fait beaucoup progresser les recherches et les applications concernant l'évaluation du personnel. Mais la théorie et la méthode soulèvent encore des problèmes que signale Guion (1998) et notamment :

1) La méta-analyse simplifie la recherche de conclusions qu'on peut généraliser. Elle permet de montrer qu'il existe des relations entre mesures prédictives et comportement concerné. Mais il ne faut pas aller trop loin dans ce sens. D'abord parce que, comme le note Cronbach (1982), on risque d'obtenir des relations sans signification si on amalgame un nombre suffisant de recherches. Également parce que les géné-

ralisations obtenues peuvent devenir obsolètes du fait des changements rapides du contenu des responsabilités professionnelles qui caractérisent le monde du travail à l'heure actuelle.

2) La méta-analyse permet de chercher des relations généralisables entre un prédicteur et un critère. Mais elle ne prend pas en compte le fait que ces relations peuvent être dues à un facteur contaminant commun aux deux variables, par exemple la formation antérieure, l'âge, le type d'entreprise.

3) Les conclusions de toute méta-analyse valent ce que valent les études qu'elle prend en considération. L'existence de banques de données inadéquates peut expliquer d'éventuels désaccords entre les résultats obtenus, désaccords qu'il sera important d'expliquer et d'arbitrer.

4) Non seulement le contenu des tâches change, mais les progrès de la technologie imposent de faire appel à des qualités individuelles diffé-rentes, et les performances elles-mêmes changent de nature, modifiant ainsi les critères de réussite. En d'autres termes, la validité de nos instru-ments de mesure peut changer. Et une méta-analyse ne doit pas utiliser des résultats trop anciens dont la signification différente fausserait la lecture des résultats. Un exemple frappant est donné par l'évolution récente des emplois de bureau. L'introduction de l'informatique a profondément modifié le contenu des tâches qu'ils comportent, et par conséquent, les qualités qu'elles requièrent, ainsi, bien évidemment, que les instruments qui sont des prédicteurs valides de la réussite profession-nelle dans ces métiers.

5) La méta-analyse ne se fait évidemment pas à l'aveuglette. Elle suppose d'abord une hypothèse sur la signification des instruments utilisés pour décrire une caractéristique individuelle et également sur la classification de métiers ou de postes considérés comme voisins. D'où le risque de réunir des métiers en réalité différents en ce qui concerne les qualités qu'ils requièrent.

6) Le postulat fondamental de la méta-analyse repose sur l'idée que certaines spécificités situationnelles peuvent ne pas être prises en compte. La décision de le faire repose sur la variabilité des coefficients de corrélation obtenus entre prédicteurs et critères. Mais même s'il est possible de traiter des ensembles de recherches portant sur des situa-tions différentes, il ne faut pas, pour autant, complètement nier la spéci-ficité situationnelle. En premier lieu parce que des coefficients de corré-

lation voisins peuvent être dus à la présence de situations très proches, et également parce que la spécificité situationnelle peut ne pas jouer de rôle modérateur sur certaines variables mais être active pour d'autres.

... et des progrès importants

Même si ces problèmes gardent leur actualité, et même s'il faut garder en mémoire l'idée que les résultats des méta-analyses ne seront probablement pas toujours confirmés à l'avenir, à mesure que les tâches changent de nature, il est indéniable que le fait de disposer d'une méthode permettant de faire la synthèse systématique et rationnelle des recherches existantes a fait évoluer les attitudes et les pratiques des gestionnaires de ressources humaines. D'une part en apportant des données convaincantes sur la validité prédictive de certaines caractéristiques individuelles, notamment du fonctionnement cognitif et de traits de personnalité. D'autre part, en mettant en garde ceux qui doivent réaliser une étude de validité prédicteur/critère sur l'importance de la taille de l'échantillon expérimental, et ceux qui en publient les résultats sur la nécessité de donner des informations précises sur la fidélité des instruments utilisés comme prédicteurs, sur la fidélité des critères et sur la taille et la représentativité des échantillons.

Les résultats qu'apporte la procédure de généralisation de la validité permettent également de pousser la réflexion théorique et d'intégrer les données issues de la validité prédicteur/critère à celles apportées par la validité de contenu. Un des dangers des recherches concernant l'évaluation des adultes dans le monde du travail, c'est qu'elles soient trop étroitement dominées par un souci d'efficacité. Du point de vue pratique, l'important, ce n'est pas ce qu'on mesure ou ce qu'on décrit, c'est la qualité de la prédiction d'un critère de succès professionnel étroitement lié aux objectifs de l'organisation. De ce fait, on est trop souvent amené à chercher seulement des méthodes d'évaluation qui « marchent » sans trop se soucier de savoir ni ce qu'elles mesurent ni si elles le font de manière efficace.

La voie nouvelle ouverte par la recherche de validités généralisables relance le problème. Le but est bien de dégager le caractère général, par rapport à un ensemble de postes ou d'emplois, des qualités d'un prédicteur. Mais, ce faisant, on est conduit, comme nous l'avons vu dans le chapitre 1, à approfondir les méthodes d'analyse du travail pour tenter de créer des familles de métiers ; et également à rassembler des informations assez cohérentes et complètes pour pouvoir savoir non seulement si les prédicteurs « marchent », mais aussi pourquoi ils marchent. Et c'est ce qui permet ensuite de justifier le groupement de professions qui a fait l'objet d'une généralisation de la validité.

D'autres problèmes théoriques fort intéressants concernent les variables intermédiaires entre prédicteurs et critères, notamment le rôle joué par les connaissances acquises et l'expérience de la tâche. Par exemple, on peut se demander dans quelle mesure la validité générale des épreuves cognitives s'explique par l'utilisation directe des capacités cognitives dans l'exercice de la tâche ou par le fait qu'elles facilitent l'acquisition systématique des connaissances acquises par l'expérience du travail.

... et des questions théoriques...

D'une manière plus fondamentale, la méta-analyse incite à préciser ce qu'on entend par « **situation spécifique** », autrement dit à tenter de définir les limites de la « généralisabilité » des données empiriques concernant la validité prédictive d'une méthode d'évaluation (Murphy, 1994). Si on peut démontrer que la validité d'un test ou d'un type de test reste la même quels que soient l'organisation, le poste et la situation de travail, cela signifie que la relation entre ce que mesure le test et la performance professionnelle ne dépend pas des caractéristiques propres à l'organisation, au poste ou à la situation. Dans le cas contraire, on est amené à s'interroger sur le rôle des contraintes exercées par les situations, par le contenu des tâches et par les caractéristiques organisationnelles sur les performances individuelles. Plusieurs auteurs ont suggéré que les validités sont plus élevées dans les organisations qui se trouvent dans un environnement « turbulent », où les technologies progressent rapidement et où la compétition force à modifier souvent le contenu des postes, que dans les organisations stables caractérisées par une production routinière. Notamment, James *et al.* (1992) affirment que les validités des tests seront moins fortes dans des environnements qu'il qualifie de « restrictifs » parce qu'ils sont très structurés, qu'ils appliquent des règles formelles, des contrôles stricts et ont une autorité centralisée ; et plus élevées dans les environnements non restrictifs qui ont une structure décentralisée et laissent une large place à l'innovation et à l'autonomie, ceci notamment parce que les organisations restrictives cherchent à réduire la variabilité des performances, ce qui devrait diminuer la fidélité des mesures de performance.

Tant que les psychologues acceptaient comme un dogme indiscutable l'existence d'une forte spécificité situationnelle des validités, aucun effort n'a été fait pour préciser ce qui expliquait cette spécificité. Le fait d'avoir montré que les validités sont largement généralisables devrait permettre d'identifier les sources de spécificité et, surtout, de décrire les processus qui expliquent pourquoi et comment la validité d'une méthode d'évaluation peut être affectée par des variables situationnelles.

... et un savoir pratique

Les nombreuses méta-analyses qui ont été effectuées, tant aux États-Unis qu'en Europe, ont considérablement amélioré nos connaissances sur les relations à attendre entre prédicteurs et succès professionnel. Notamment, on sait maintenant que les tests d'aptitude cognitive correctement élaborés sont de bons prédicteurs du succès professionnel dans toutes les activités. Mais leur validité prédictive diffère selon les cas. En particulier, plus il s'agit d'activités complexes et plus le poids des aptitudes cognitives augmente (Hunter, 1983). Alors que les aptitudes psychomotrices sont d'autant plus valides qu'il s'agit de tâches simples. Le constat prend beaucoup d'importance à notre époque où la machine prend en charge la majorité des tâches industrielles.

En outre, et sans vouloir faire un tableau exhaustif des résultats des méta-analyses disponibles à l'heure actuelle, on peut citer d'autres exemples. Un ensemble d'études ont concerné les emplois « col blanc ». Trois catégories de tests sont de bons prédicteurs du succès professionnel dans l'ensemble de ces professions : ceux qui mesurent l'intelligence générale, les tests de rapidité perceptive, les tests d'aptitude verbale et d'aptitude numérique (Guion, 1999). Le rôle de l'intelligence générale comme prédicteur de la réussite en formation professionnelle comme en réussite scolaire et universitaire a été démontré par une méta-analyse due à Schmidt et Hunter (1998). Une autre méta-analyse (Salgado, 2000) s'est intéressée aux comportements contre-productifs dans l'entreprise et a montré que deux des cinq dimensions fondamentales de la personnalité, la convivialité et la fiabilité (*conscientiousness*), sont associées négativement aux comportements contre-productifs dans l'entreprise, à savoir aux vols et détournements, aux actes de vandalisme, au mauvais usage du temps de travail, et au travail de mauvaise qualité.

Il est évident que le débat méthodologique ouvert par cette méthode de synthèse statistique des données sur la validité n'est pas clos. Mais les progrès apportés par la méta-analyse aussi bien en ce qui concerne le choix d'une méthode que le développement d'un ensemble de connaissances fiables sur les facteurs de la réussite professionnelle sont indiscutables. Ce qui rend encore plus inexcusable le fait d'utiliser des méthodes d'évaluation sans avoir les garanties métriques nécessaires.

Les méthodes d'évaluation peuvent être choisies de manière rationnelle, et cela en utilisant des procédés différents, adaptés aux caractéristiques de la situation. Dans certains cas, on peut réaliser une validation prédicteur/critère ; dans d'autres cas, il est préférable d'avoir recours à la seule validité de contenu, ou encore à l'analyse du travail jointe à une synthèse des études de validation réalisées antérieurement.

Il n'est pas acceptable, pour des raisons déontologiques comme pour des raisons d'efficacité, d'employer des méthodes d'évaluation dont on ne connaît ni les qualités métriques ni la signification.

EN RÉSUMÉ

Il ne faut utiliser une méthode d'évaluation que si les conditions suivantes sont satisfaites :

* elle apporte des informations, c'est-à-dire qu'elle est discriminante pour le groupe considéré ou le groupe professionnel auquel appartient la personne examinée ;

* elle couvre un champ clairement défini de connaissances ou d'aptitudes, ou encore elle correspond à un concept psychologique défini par un modèle théorique clair et fondé ;

* elle est fidèle, c'est-à-dire qu'elle fournit des informations cohérentes et constantes ;

* elle est valide, c'est-à-dire que les informations qu'elle apporte sont pertinentes en ce sens qu'elles correspondent bien à ce qu'on souhaite mesurer et que cette relation a été objectivement démontrée. La méta-analyse apporte des informations précieuses sur la validité.

Et si vous êtes tenté de construire vous-même le test ou le questionnaire dont vous avez besoin, vous trouverez une réponse à cette question (page 286, « Comment créer un test ou un questionnaire ? »)… et vous verrez que c'est un travail long et difficile.

Annexe

Formule de Spearman-Brown
Objet : estimer la fidélité en fonction de la longueur d'un test.

$$rn = \frac{n \times r}{1 + [(n-1) \times r]}$$

où r est la fidélité observée

rn est la fidélité estimée

et n est le rapport entre la longueur réelle du test et la longueur pour laquelle on calcule l'estimation

Formule KR de Kuder-Richarson et alpha de Cronbach
Objet : mesurer la cohérence interne d'un test

$$KR = \left(\frac{n}{n-1}\right)\left(\frac{Vx - \Sigma Vi}{Vx}\right)$$

où Vx est la variance du test entier

ΣVi est la somme des variances des items

et n le nombre d'items

Lorsque les questions du test ne prévoient que deux réponses possibles (oui ou non), ou encore lorsqu'il s'agit de questions dont les réponses sont notées soit faux soit juste, la variance de chaque item est égale à pq, où p est le pourcentage de bonnes réponses et q = 1 – p.

Méthode pour calculer les centiles (étalonnage)
- Faire un tableau des notes de test et du nombre de sujets obtenant chaque note (fréquence).
- Calculer les fréquences cumulées.
- Les centiles sont constitués par la proportion de sujets qui obtiennent un score inférieur à un score donné. Tout score étant discret, il faut déterminer les fréquences cumulées au point milieu en ajoutant à chaque fréquence cumulée la moitié de la fréquence correspondant au score suivant : on obtient la fréquence cumulée corrigée.
- Diviser les fréquences cumulées corrigées par le nombre total de sujets et arrondir les résultats pour obtenir les centiles.

CHAPITRE 4

La prise de décision et l'évaluation de son utilité

Il ne suffit pas de choisir correctement des méthodes d'évaluation adéquates et valides, encore faut-il savoir comment utiliser les informations qu'elles fournissent pour prendre une décision. Comment passe-t-on de la récolte d'informations pertinentes à la prise de décision ? Il faut clairement distinguer d'une part l'obligation de n'utiliser que des instruments d'évaluation pertinents et dont les qualités métriques permettent de décrire la signification et, d'autre part, la manière d'utiliser les informations que ces bons instruments apportent. Il y a en fait, et pour faire simple, deux types de situations. Il peut s'agir d'un grand nombre de candidats qui doivent être évalués pour être affectés à des postes relativement stables dans le temps. Ce qui signifie que l'évaluation aura le même objectif pendant une assez longue période et qu'elle concernera, chaque fois, un grand groupe de personnes. C'est le cas, par exemple, d'organismes comme la SNCF ou la RATP lorsqu'ils recrutent pour le même poste, et de manière répétée. Ou, au contraire, il peut s'agir de décisions plus ponctuelles, concernant quelques candidats, voire un seul candidat, à des postes qui se situent, en général, à un niveau de responsabilité relativement élevé, et pour lesquels l'affectation qui est en jeu n'est qu'une étape de la carrière.

Évaluation sur de grands nombres

Le premier cas permet de réaliser sur de grands nombres le suivi des décisions prises, de manière à améliorer la validité des pronostics. Ce type de situation a fait l'objet de nombreuses recherches. Elles concernent non seulement la validité des instruments mais également les différentes stratégies décisionnelles, leurs avantages, leurs inconvénients et leurs indications. En outre, des évaluations en grand nombre sont gérées par des organisations soucieuses du prix de revient et de l'intérêt des différentes méthodes envisageables. D'où l'intérêt du modèle d'utilité, construit en collaboration par des économistes et des psychologues, et qui permet d'évaluer le rapport coût/bénéfice de l'utilisation d'instruments d'évaluation plus ou moins coûteux. Ces deux points – prise de décision en grand nombre, calcul d'utilité – seront traités dans les deux premières sections de ce chapitre.

Évaluations individuelles

Restent les problèmes posés par les évaluations individuelles. Ils ont été relativement peu étudiés, probablement parce qu'ils relèvent plus d'une approche quasi clinique et que les psychométriciens ne peuvent pas les aborder facilement d'un point de vue statistique. Pourtant ce type de décision représente le plus important des activités des cabinets de recrutement. La troisième section traitera de ce qu'on nomme maintenant « évaluation individuelle » en décrivant les données acquises et en énumérant les problèmes qui restent posés. Précisons bien que ces problèmes ne remettent en cause ni la nécessité d'utiliser des instruments valides et dont la signification est connue, ni l'obligation de faire utiliser ces instruments par des personnes qualifiées. Ce qui n'empêche pas de se demander s'il y a une « bonne » manière de traiter des informations par ailleurs fiables pour arriver à la meilleure décision possible. Ce point sera traité dans la troisième section de ce chapitre.

Comment évaluer la qualité et l'utilité des décisions prises en tenant compte de tous les paramètres de la situation ? Est-il possible d'évaluer les méthodes d'évaluation, voire de comparer leur coût et leur valeur pour les individus et pour l'organisation ? Ces deux questions sont abordées dans ce chapitre. En d'autres termes, nous essayerons de montrer comment on passe des informations aux décisions et des décisions à l'examen de leur utilité.

La prise de décision

Quelles que soient les méthodes retenues pour évaluer les candidats, et qu'il s'agisse d'un recrutement, d'une promotion ou d'une entrée en formation, **plusieurs** informations doivent servir à prendre **une** décision. Il existe différentes façons d'agréger ces informations, les unes connues sous le nom de synthèse **clinique**, les autres utilisant une méthode **actuariale**.

La synthèse clinique

La synthèse clinique implique qu'un expert prenne connaissance de l'ensemble du dossier et en tire une conclusion personnelle. Alors que la méthode actuariale (le terme est emprunté à l'évaluation des risques par les compagnies d'assurances) repose sur une formulation mathématique destinée à tenir compte de manière aussi efficace que possible des différents éléments de la décision. Le débat sur la valeur respective de ces deux méthodes a beaucoup occupé les psychologues du travail dans les années 1960, sans d'ailleurs modifier les pratiques quotidiennes des services du personnel. En effet, il semble bien acquis que les méthodes actuariales sont plus précises et fournissent des décisions plus cohérentes entre elles, alors que la synthèse clinique est, de toute évidence, plus subjective. Cela n'empêche pas que ce dernier processus de prise de décision soit le plus utilisé. De plus, dans les rares cas où les services de personnel et les cabinets de consultants ont recours à un calcul précis pour réaliser l'agrégation des données, celui-ci ne repose généralement pas sur des bases aussi solides et claires qu'on pourrait le souhaiter. C'est dommage : il faut bien connaître les différentes alternatives, leurs avantages et leurs inconvénients si on ne veut pas s'exposer à mal utiliser ou à sous-utiliser des informations de qualité.

La synthèse clinique peut être faite par un seul expert ou être le résultat d'une discussion entre plusieurs personnes qui ont eu la possibilité d'interroger le ou les candidats. Elle permet d'intégrer dans la décision des informations chiffrées, notes de test par exemple, avec des données qualitatives, impressions tirées de l'entretien, lettres de référence, etc. Rien n'empêche, d'ailleurs, de réaliser la synthèse clinique d'informations comprenant aussi bien des données qualitatives que des évaluations chiffrées et agrégées pour ne plus former qu'une note globale, voire une prédiction de réussite formulée sous la forme d'un pourcentage de chances de succès.

Sous ses différentes formes, la synthèse clinique est la manière de faire la plus fréquente. Deux raisons expliquent probablement son utilisation.

Tout d'abord, elle donne l'image d'un processus humanisé, contrairement à l'idée d'une décision fondée sur un simple calcul qui renvoie à l'image déplaisante d'un management des hommes par ordinateur. De plus, la synthèse subjective repose sur l'expérience et sur l'intuition ; elle n'a donc pas besoin d'être justifiée de manière rigoureuse. Alors que le fait de donner des pondérations précises aux différentes notes et évaluations obtenues par les candidats incite ceux qui sont mécontents de la décision à refaire le calcul avec des pondérations différentes et à contester les bases des décisions qui les concernent.

Les méthodes actuariales

Il existe plusieurs méthodes actuariales qui vont du simple au complexe. La plus simple consiste à additionner toutes les notes obtenues, après avoir pris la précaution de leur donner la même échelle. Cela revient à attribuer le même poids à toutes les épreuves, donc à tous les aspects pris en compte pour faire l'évaluation. Si on a des raisons de penser qu'il y a des qualités plus importantes que d'autres, on peut décider de leur donner un poids supérieur, en multipliant certaines notes par un coefficient, comme c'est souvent le cas dans les examens et concours universitaires. Lorsqu'on possède des indications claires sur la validité des différentes épreuves donnant lieu à des notes chiffrées, par exemple lorsqu'on connaît les corrélations entre notes de test et chiffres de production, on peut calculer ces pondérations de manière plus rigoureuse. Il faut alors procéder à un calcul de régression multiple, ce qui permet d'obtenir statistiquement la combinaison de pondérations optimale pour prédire les résultats professionnels.

L'avantage de ce calcul vient du fait qu'il tient compte non seulement des relations entre chacun des prédicteurs et le critère, mais également des éventuelles interrelations des prédicteurs entre eux, et permet, dans ce cas, de maximiser le pouvoir prédictif par rapport au critère, en minimisant la relation entre prédicteurs. Mais la régression multiple a également un inconvénient majeur : elle suppose que les déficiences individuelles pour un aspect donné peuvent être compensées par les qualités sur un autre aspect. Pour illustrer ce point, nous avons fait figurer ci-dessous les notes de trois personnes fictives pour trois tests X (aptitude verbale), Y (compréhension mécanique) et Z (intelligence). La régression multiple attribue un coefficient de 2 pour le test X, de 3 pour le test Y, et de 5 pour le test Z.

SCORE TOTAL

	X	Y	Z	SCORE TOTAL
Pierre	3	3	3	$(2 \times 3) + (3 \times 3) + (5 \times 3) = 30$
Jacques	4	1	4	$(2 \times 4) + (3 \times 1) + (5 \times 4) = 31$
André	0	7	2	$(2 \times 0) + (3 \times 7) + (5 \times 2) = 31$

Le total des notes, obtenu après pondération, est presque identique pour les trois personnes, mais on peut noter que le faible score d'André en aptitude verbale est compensé par sa réussite en compréhension mécanique, de même que la faible note de Jacques en compréhension mécanique est compensée par ses notes moyennes dans les deux autres tests. Or il est fort possible qu'un niveau minimum d'aptitude verbale ou de compréhension mécanique soit nécessaire pour réussir dans le poste pour lequel on recrute. Il faudra alors commencer l'examen des notes par la recherche de tous ceux qui n'ont pas obtenu le niveau minimum jugé nécessaire, et cela pour chacune des aptitudes ou caractéristiques concernés : cette méthode qui peut être utilisée comme une première étape avant la prise en considération de la somme des scores est connue sous le nom de **seuils multiples**.

Comment choisir une méthode ?

Au total, on peut retenir qu'il y a plusieurs façons de passer de la collecte d'informations sur des individus à la prise de décision les concernant. Et qu'il n'y a pas une manière de faire qui s'impose systématiquement, dans tous les cas. Entrent notamment en considération le type de décision qui doit être prise, le nombre de personnes examinées et le nombre de postes à pourvoir et, également, le niveau du ou des emplois. Il faut aussi rappeler que les décisions concernant les problèmes de personnel se prennent souvent de manière séquentielle. Par exemple, l'embauche est suivie par une orientation vers une formation spécifique, qui est suivie par une décision d'affectation. Ou bien une première série d'informations concernant les caractéristiques essentielles, compétence, âge, expérience, aptitudes fondamentales, par exemple, est utilisée avec des seuils multiples pour réaliser un tri qui est suivi d'un recueil d'informations plus approfondies et souvent plus coûteuses à obtenir. Bien évidemment, toutes ces étapes sont importantes et, si le premier tri est fait de telle manière que les meilleurs candidats sont rejetés, les étapes d'évaluation ultérieures ne compenseront pas ces erreurs initiales.

Des techniques fiables et valides doivent donc être bien utilisées pour mener à des décisions de bonne qualité. En fait, le problème du responsable du personnel n'est pas de calculer des coefficients de corrélation, mais d'embaucher et de promouvoir des personnes qui satisferont aux exigences des postes à pourvoir, c'est-à-dire d'éliminer les mauvais choix et de ne pas rejeter les bons. Autrement dit, il lui faut réduire au minimum les « faux positifs » (erreurs de recrutement, d'affectation ou d'orientation) et les « faux négatifs » (rejet de candidats qui auraient été des succès). Il se trouve donc placé dans une position où il peut évaluer le coût du recueil et du traitement des informations qui permettent ou permettraient de les éviter, donc de calculer **l'utilité** des différentes méthodes pour rassembler des informations, les traiter et prendre une décision.

Et des aspects économiques

Réfléchir aux aspects économiques de l'évaluation est aussi nécessaire qu'étudier la rentabilité de tout autre investissement. Mais il s'y ajoute un aspect humain essentiel et non chiffrable : nous avons déjà insisté à diverses reprises sur l'idée qu'une évaluation bien faite rend service à l'agent ou à l'employé évalué, en évitant de lui confier des responsabilités qui risquent de le placer en situation d'échec ou, au contraire, en mettant au jour un potentiel non mobilisé et que lui-même peut-être ne soupçonnait pas. Se préoccuper de l'utilité financière de l'évaluation dans l'entreprise ne dispense pas de veiller à sa qualité humaine : toute décision doit être communiquée à l'intéressé au cours d'un entretien où il pourra poser des questions et demander toutes les explications qu'il souhaite recevoir. Aucune évaluation ne devrait être faite sans que les candidats puissent s'informer, s'ils le souhaitent, des décisions qui sont en jeu, comme des études qui justifient le choix des techniques utilisées. De fait, l'expérience montre que tout le monde est demandeur d'information sur soi et prêt à tirer parti de la présence d'un interlocuteur compétent et discret avec qui il est possible de discuter de ses problèmes de carrière et d'emploi.

Mais cette utilité humaine de l'évaluation, pour primordiale qu'elle soit, ne dispense pas de réfléchir à son utilité financière : nous avons vu combien la construction et la validation de techniques d'évaluation peut être longue et donc coûteuse ; nous avons vu également que la construction de ces techniques s'est ralentie en France, au point que des méthodes non valides prennent le pas sur les techniques fondées et exigeantes. Comment peut-on évaluer l'évaluation, calculer son utilité financière, voire comparer, de ce point de vue, différentes méthodes d'évaluation ?

Utilité des méthodes d'évaluation

Le rapport coût/utilité

Toute décision a un coût (le prix payé pour recueillir des informations et en faire la synthèse). Toute décision a aussi une utilité, caractérisée par le bilan ultérieur des effets de la ou des décisions. Les décisions concernant le personnel peuvent être prises en utilisant des méthodes variées. Comparer l'utilité de ces méthodes représente une démarche essentielle pour décider de leur utilisation. Cette démarche suppose que plusieurs conditions soient remplies. D'abord, il faut pouvoir comparer différentes méthodes ou différents processus servant de base à la décision et ceci, même si on compare à la méthode actuelle une simulation qui aurait consisté à tirer les noms au hasard. Il faut, également, qu'on possède sur chaque méthode des données précises (validité, nombre de personnes concernées, coût). Il faut, enfin, qu'on élabore des données concernant l'importance, pour l'organisation, de la qualité des décisions, importance traduite, si cela est possible, en termes financiers. En d'autres termes, l'analyse de l'utilité d'une méthode d'évaluation ne se borne pas à estimer la validité de cette méthode, représentée par la corrélation entre un « prédicteur » et un « critère ». Certes, si la méthode n'a aucune validité, elle est inutile. Mais l'inverse n'est pas vrai : ce n'est pas le fait d'être valide qui la rend forcément utile parce que d'autres facteurs, que nous allons décrire, entrent en jeu pour déterminer son utilité.

L'analyse de l'utilité peut être faite chaque fois que l'organisation doit prendre des décisions de sélection : recrutement de personnel candidat à l'embauche, décision de retenir certains membres du personnel présent pour un cycle de formation, promotion. Ce type d'analyse a évidemment de l'intérêt chaque fois que les décisions concernent un grand nombre de personnes, chaque fois qu'elles coûtent cher et qu'elles ont des chances de se répéter.

Une méthode simple...

La méthode la plus simple (mais pas la plus réaliste) pour calculer l'utilité consiste à faire passer l'examen d'évaluation dont on veut connaître l'utilité, sans se servir des résultats, à attendre pour pouvoir obtenir des données sur le travail des nouveaux embauchés et à dessiner un tableau à double entrée mettant en relation le prédicteur et le critère. Un exemple en est donné dans la figure 4-1 qui représente la position d'un groupe de sujets en ce qui concerne le prédicteur (tests passés à l'embauche, par exemple) et le critère (unités de production, par exemple). Sur la figure, une barre verticale trace la frontière entre ceux qu'on aurait rejetés et ceux qu'on aurait retenus si le prédicteur avait été utilisé. Une barre horizontale indique la limite qui distingue les personnes dont le travail a été ensuite jugé satisfaisant et les autres. Le simple décompte de ceux qui sont en dessous de la barre critère donne la précision de la sélection sans utilisation du prédicteur. Sur la figure 4-1, elle est de 53 %. On peut ensuite décompter le nombre de ceux qui auraient été acceptés si le prédicteur avait été utilisé et, sur ces acceptés, le nombre de recrues satisfaisantes. Dans l'exemple de la figure 4-1, ce taux de recrutement réussi est de 70 %. L'utilité du prédicteur est donc facile à chiffrer : le pourcentage de « bons » recrutements est passé de 53 % (sans prédicteur) à 70 % (avec prédicteur).

Le même genre de tableau peut évidemment être établi pour d'autres décisions. Si, par exemple, le problème posé concerne l'entrée dans une session de formation et si le critère est constitué par la réussite à l'examen qui clôt cette formation, on pourra comparer le taux d'échec lorsque la décision est prise sur avis du chef de service au taux d'échec lorsque la décision représente la synthèse de l'avis de la hiérarchie et des notes obtenues à une batterie de tests. En outre, le coût de la formation étant connu, il sera possible de chiffrer le bénéfice éventuellement associé à une meilleure sélection et de le comparer au coût de l'examen utilisant la batterie de tests. Bien évidemment, il ne s'agira là que du bénéfice financier. Celui qui résulte des échecs évités et de la prise en compte de leurs effets psychologiques démotivants sur les individus ne peut faire l'objet d'une estimation précise, mais ne doit pas être oublié pour autant.

... mais pas pratique

Ce travail est fastidieux, et difficile à faire dans la pratique. Et pour calculer l'utilité d'une décision, on peut remplacer le tableau représenté sur la figure 4-1 par le coefficient de corrélation entre le prédicteur et le critère. En fait, le problème est ailleurs : il concerne les conditions dans lesquelles l'évaluation a été faite, conditions qui déterminent l'utilité des méthodes employées. Pour préciser ce qu'on entend par là, prenons un autre exemple. Sur la figure 4-2, pour simplifier la lecture, nous n'avons plus représenté chaque personne par un point correspondant à sa position sur l'axe des abscisses (prédicteur) et sur l'axe des ordonnées (critère), et nous nous sommes contentés de dessiner les contours du nuage de points.

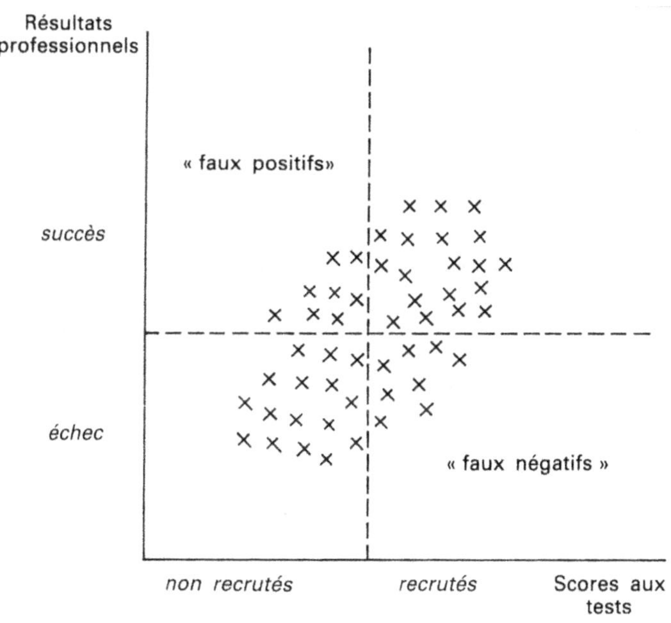

Figure 4-1. Comparaison prédicteur et critère

Supposons que la validité du prédicteur (représentée par un coefficient de corrélation avec le critère) soit de .50. Supposons également que le taux de réussite dans l'emploi soit de 50 %, c'est-à-dire que lorsqu'on n'utilise pas le prédicteur dont on veut calculer l'utilité, une décision sur deux est mauvaise. Il est évident qu'en rejetant les candidats dont le score pour le prédicteur est inférieur à Xa, on diminue le taux de mauvaises décisions. Mais l'examen de la figure montre également que le choix du seuil est important : si on est plus exigeant et que le seuil de rejet est à Xb, il n'y a plus du tout de mauvaises décisions. Par ailleurs, si le taux de réussite dans l'emploi, sans utilisation d'une méthode d'évaluation, est très faible (Yb sur la figure 4-3, correspondant à 20 % de réussite seulement), le nombre de « faux positifs » augmente et le nombre de « faux négatifs » diminue pour un même seuil de score aux tests, et ceci sans que la validité de la méthode d'évaluation soit en cause.

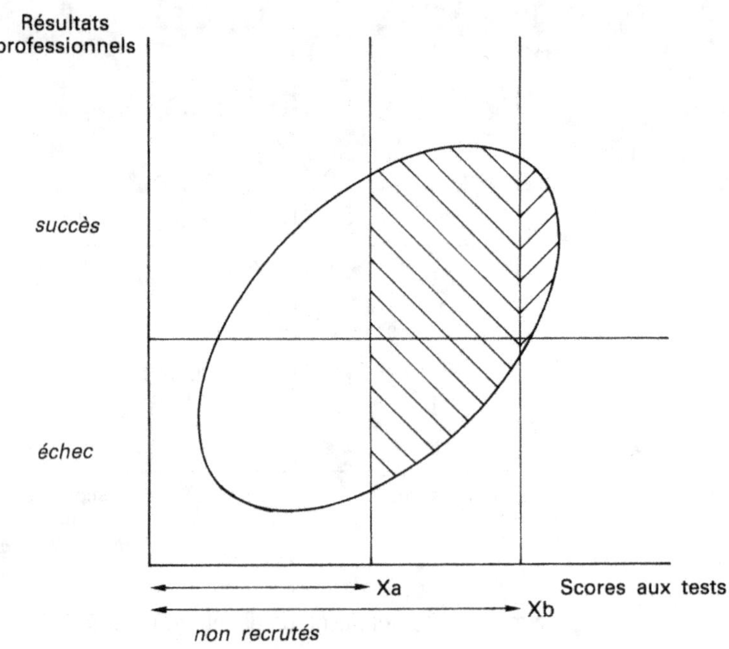

Figure 4-2. Validité du prédicteur et taux de rejet

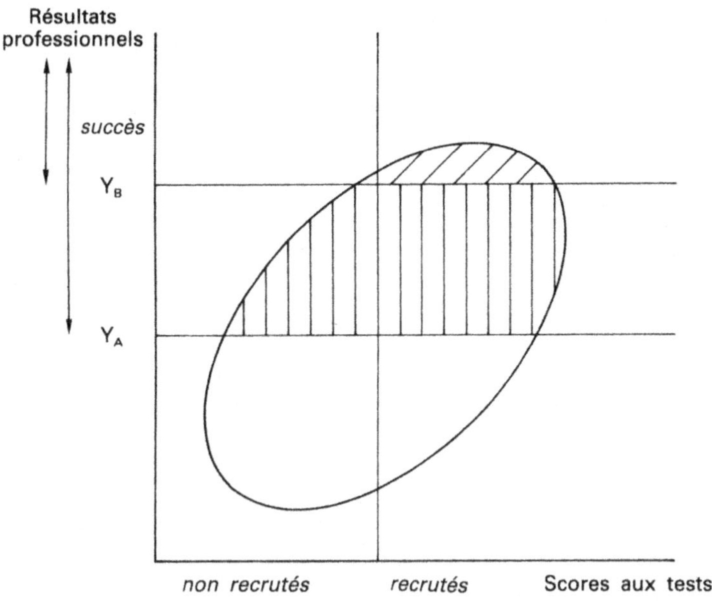

Figure 4-3. Validité du prédicteur et taux de succès dans le poste

Les facteurs de l'utilité

L'utilité d'une méthode d'évaluation est donc fonction de trois paramètres ;

1) la **validité** de la méthode généralement exprimée sous forme d'un coefficient de corrélation. L'utilité est nulle si la validité est nulle. Mais des méthodes de validité relativement faible peuvent être utiles, compte tenu des deux autres paramètres ;

2) le **pourcentage de bonnes décisions** prises sans utilisation de la méthode d'évaluation ou encore le taux de « succès » ou de « bonne » performance. Concrètement, qu'est-ce que cela veut dire ? Si toutes les recrues non sélectionnées sont généralement satisfaisantes, si toutes les décisions sont déjà sagement prises, ou encore, s'il n'y a pas grande différence entre le meilleur et le plus mauvais ouvrier, une méthode d'évaluation, même si elle est très valide, sera de peu d'utilité. En

revanche, elle sera très appréciée s'il existe des différences fortes entre les personnes employées et si l'absence de sélection préalable se traduisait par un fort taux d'échec ou des performances insuffisantes ;

3) le **nombre de personnes à retenir** par rapport au nombre de candidats. Par exemple, lorsque on examine 1 000 candidatures pour désigner les trois élus qui feront partie du prochain vol planétaire, la méthode de sélection (à validité équivalente) est plus utile que lorsqu'on doit retenir 90 % des candidats qui se présentent comme ingénieurs informaticiens. Même des méthodes dont la validité est inférieure à .20 peuvent rendre des services lorsque le taux de sélection est inférieur à 10 %.

Concrètement, cela signifie que **l'utilité d'une méthode d'évaluation sera d'autant plus forte que l'organisation disposera pour tout poste à pourvoir d'un grand nombre de candidats, et d'autant moins forte que ces candidats seront tous de bonne qualité**.

Utilité et validité

L'analyse qui précède montre que le seul coefficient de corrélation n'est pas un indicateur suffisant de l'utilité d'une méthode d'évaluation.

Utilité et corrélation

Ceux qui ont des connaissances en statistique confondent souvent l'utilité d'une méthode caractérisée par une corrélation prédicteur/critère r avec le coefficient de détermination r^2 qui indique le pourcentage de la variance du critère expliqué par le prédicteur. L'utilité est évidemment fonction de r, mais elle correspond à l'amélioration des valeurs du critère (quantité ou qualité de la production, par exemple) pour l'ensemble de la population considérée, telle qu'elle est représentée sur la figure 4-4, et pas de la capacité du prédicteur à annoncer à l'avance un classement entre eux des « bons » recrutés. La confusion vient des paradigmes expérimentaux où le chercheur souhaite expliquer avec précision les variations individuelles. Ce n'est pas le cas pour les décisions en matière de personnel : l'utilité d'une méthode doit seulement refléter sa capacité à prendre le maximum de bonnes décisions.

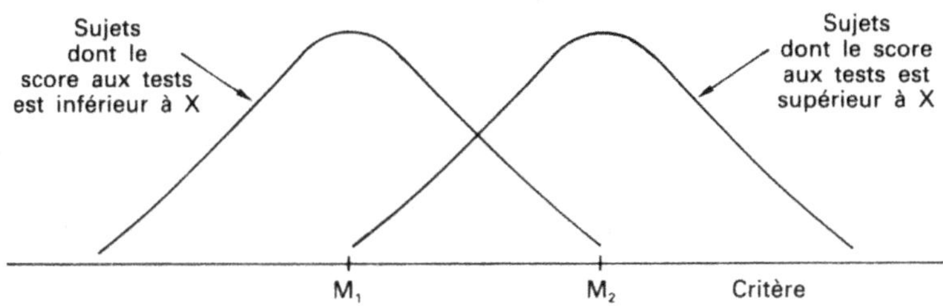

Figure 4-4. Amélioration des valeurs du critère.
Distribution des résultats professionnels de deux groupes
ayant des notes différentes aux tests

Le mode de calcul que nous venons de décrire est évidemment utile lorsqu'on hésite à mettre en place ou à modifier un système de prise de décision. En outre, il existe depuis longtemps des tables qui permettent de lire directement le pourcentage de bonnes décisions en fonction de la validité du prédicteur, du taux de sélection et du taux de succès sans intervention du prédicteur. Ces tables montrent comment est affectée la qualité de la décision lorsqu'on déplace le seuil de rejet (X sur la figure 4-2) ou lorsque varie le taux de succès (Y sur la figure 4-3). Elles ont l'avantage, par rapport au décompte direct des bonnes et des mauvaises décisions décrit précédemment, de ne pas avoir besoin de tenir compte des « faux négatifs » sur lesquels on n'a généralement pas d'informations puisqu'ils n'ont pas été retenus. Elles permettent donc de calculer l'utilité sans se livrer à des expériences « pour voir » dès lors qu'on connaît la validité prédicteur/critère.

Validité et gain de performance

On peut faire encore mieux. Cette façon de faire, comme le calcul direct, présente, en effet, des inconvénients. Tout d'abord, dichotomiser un groupe d'ouvriers, d'employés, voire de cadres, en séparant les « bons » des « mauvais » constitue souvent une simplification exagérée de la réalité. Productivité ou qualité se présentent plutôt comme des variables continues et il est difficile de tracer une frontière stricte entre les « bonnes » et les « mauvaises » décisions.

Naylor et Shine (1965) ont remédié à cette difficulté en construisant des tables donnant le gain de performance en fonction de la validité du prédicteur, du taux de sélection et de la variance de la performance représentée par le rapport entre la production du meilleur et du plus mauvais employé. Ghiselli et Brown ont encore simplifié l'utilisation de ces tables en les présentant sous la forme d'un diagramme (reproduit sur la figure 4-5). Pour utiliser ce diagramme, il faut repérer le taux de sélection (nombre de personnes à retenir par rapport au nombre total de candidats) sur l'axe horizontal, projeter le point obtenu, cette fois-ci verticalement sur l'axe indiquant le rapport entre la performance du meilleur et celle du plus mauvais.

Calculer le gain

Malheureusement, il n'est pas toujours possible de mesurer objectivement la production en termes de nombre de pièces fabriquées ou de durée des opérations, et il est souvent difficile de caractériser objectivement la valeur d'un membre du personnel pour l'organisation. Le problème de la traduction en termes financiers du gain à attendre de bonnes décisions concernant le personnel a donc été repris dans une perspective différente par Brogden dès 1946, Cronbach et Gleser ensuite (1965), Schmidt, Hunter et Pearlman (1982) puis Boudreau plus récemment (1989).

Brogden propose de calculer le gain lié à l'utilité d'une procédure d'évaluation en tenant compte des quatre valeurs suivantes :

r = validité représentée par le coefficient de corrélation prédicteur/ critère ;

y = écart-type de la productivité du personnel ;

z = niveau moyen des candidats sélectionnés exprimé en notes standard pour le prédicteur ;

C = coût de l'examen d'évaluation par candidat ;

P = pourcentage de personnes admises, promues ou recrutées par rapport au nombre de candidats examinés.

Ce qui se traduit par la formule suivante représentant l'utilité incrémentielle du prédicteur :

$$\text{gain} = (r.y.z)\,\frac{C}{P}$$

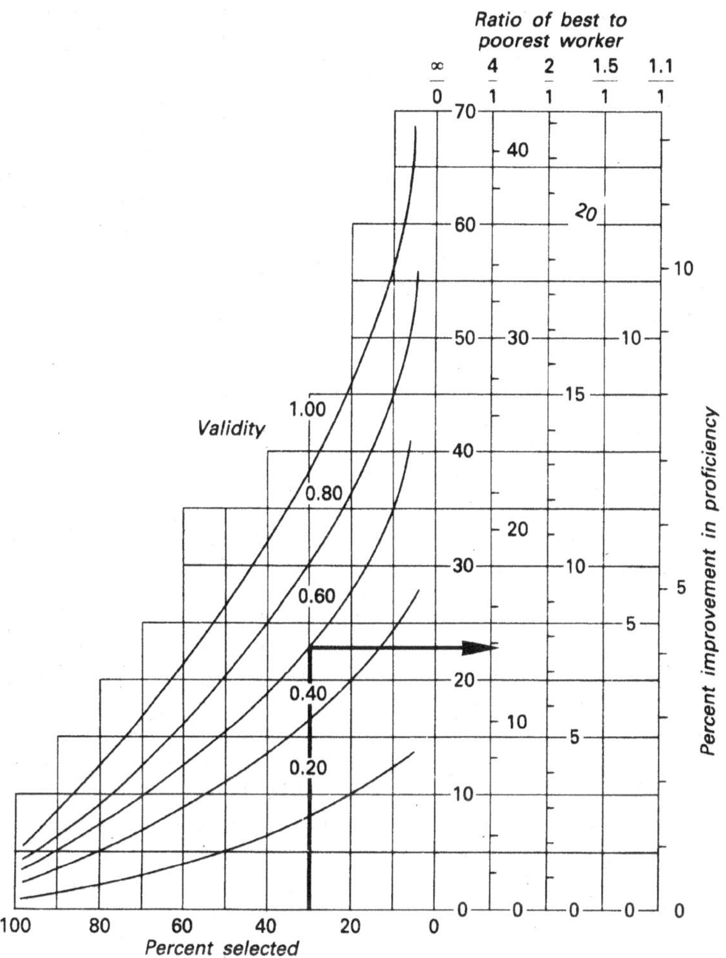

Figure 4-5. Diagramme de Ghiselli et Brown (1)

(1) Source : Ghiselli E.E. et C.W. Brown, *Personnel and Industrial Psychology*, McGraw-Hill, 1955.
Légende :
Ratio of best to poorest vorker = rapport de productivité entre le meilleur et le plus mauvais agent
Percent selected = taux de sélection
Percent improvement in proficiency = amélioration de la productivité en %
Validity = validité
Comment utiliser le diagramme : repérer le taux de sélection sur l'axe horizontal et projeter cette valeur sur la courbe correspondant au coefficient de corrélation représentant la validité. Projeter sur l'échelle verticale indiquant le rapport de productivité.

Un exemple est donné sur le diagramme (flèche noire). Il correspond à une validité de .50, un taux de sélection de 30 %, et un rapport de productivité de 4/1.

Cette formule n'a pendant longtemps suscité qu'un intérêt académique sans être suivie d'applications. En effet, elle permet tout au plus de poser des questions du genre suivant : est-il raisonnable de dépenser plus de 9 000 euros par an pour examiner, en vue d'un recrutement, 50 personnes afin d'améliorer d'un écart-type la productivité par rapport à ce qu'elle serait sans examen ? Sans parler du fait que beaucoup de directeurs de personnel ne savent peut-être pas exactement ce qu'est un écart-type, il est difficile de transformer un gain mesuré en écart-type sur un critère théorique en gain financier.

Utilité, coût et validité

Le modèle de Brogden a pourtant le mérite d'attirer l'attention sur ce que nous avons dit rapidement plus haut : un test peut avoir une réelle utilité, même s'il a une validité relativement faible, à condition qu'il ne soit pas l'occasion de frais d'examen importants. En d'autres termes, la décision d'employer telle ou telle méthode doit être prise en fonction de ses qualités métriques propres, et également, en fonction des caractéristiques de la situation de l'emploi, du contenu des tâches et de leur difficulté. En outre, une telle décision doit être le fruit d'une comparaison entre différents processus de prise de décision. Une méthode donnée vaut toujours la peine d'être employée si les autres méthodes possibles présentent une utilité moindre.

Il montre également l'intérêt qu'il y a à connaître de manière aussi réaliste et concrète que possible la valeur de chaque employé pour l'organisation, la répartition de ces valeurs et leur variance pour des groupes de postes ou d'emplois homogènes. Pendant longtemps, l'évaluation financière attribuable au fait d'avoir du personnel performant était réputée impossible à calculer. Ce qui fait que les psychologues n'étaient pas en mesure de démontrer l'utilité financière de leurs méthodes.

Une autre façon de calculer l'utilité

Évaluer la productivité...

Une nouvelle façon de faire ce calcul a été proposée par Schmidt et Hunter (1982). Ils sont partis de l'idée que la hiérarchie responsable de l'encadrement pour une catégorie de postes donnés est tout à fait capable d'évaluer la productivité du personnel placé sous sa responsabilité, ainsi que les différences existant entre les meilleurs et les moins bons de ses subordonnés. Ils ont donc, dans un premier temps, demandé à l'encadrement de donner une évaluation financière de la valeur d'un employé moyen, d'un employé excellent et d'un employé médiocre. Si cette évaluation était peu habituelle pour les personnes interrogées, le questionnaire leur suggérait de réfléchir au coût que supporterait l'organisation si elle devait acheter à l'extérieur les biens ou les services fournis par le personnel évalué. En outre, pour aider l'encadrement dans cette estimation, les excellents employés étaient définis comme appartenant aux 15 % meilleurs, et les médiocres, comme appartenant aux 15 % les plus mauvais, dans un classement par rang de tous les employés placés sous leurs ordres. Pourquoi ces chiffres ? Parce qu'ils correspondent aux valeurs égales à la moyenne plus ou moins un écart-type dans une distribution normale (voir figure 3-1). De telle sorte qu'il sera possible, avec ces données, de calculer l'écart-type caractérisant la dispersion des « valeurs financières » d'une catégorie d'employés pour l'organisation.

... et la valeur d'un bon recrutement

Les estimations données par l'encadrement font l'objet de moyennes qui permettent de calculer la valeur financière attachée à un meilleur recrutement. Par exemple, Schmidt *et al.* (1980) ont fait ce travail pour des programmeurs et ont montré que la différence de valeur financière pour l'organisation entre un excellent programmeur et un programmeur moyen, comme entre un programmeur moyen et un médiocre, était de 10 000 dollars par an. D'une manière plus générale, sur la base de plusieurs études de ce type, et pour permettre de faire une estimation approchée de l'utilité d'une méthode d'évaluation, Schmidt et Hunter indiquent que l'écart-type (c'est-à-dire ce qui différencie en termes financiers l'employé excellent de l'employé moyen, ou encore le médiocre du moyen) est compris entre 40 et 70 % du salaire concerné, et la différence entre le médiocre et l'excellent est approximativement équivalente à la totalité du salaire. Boudreau (1989) conteste ce chiffre sur la base de plus de soixante recherches relevées dans la littérature et pour lesquelles l'écart-type est beaucoup plus varié puisqu'il va de moins de 20 % à plus de 100 %. Il serait sûrement utile de conduire sur ce point une méta-analyse, et, également, de réaliser le même type d'études hors des États-Unis.

Ces estimations ont aussi été critiquées parce qu'elles reposent sur des bases trop subjectives. Pourtant une recherche récente a comparé des estimations concernant des vendeurs d'assurances avec leurs chiffres de vente réelle et montré que les deux indices sont très voisins (Bobko et Karren, 1983). Une autre recherche, faite également dans une compagnie d'assurances, a comparé les estimations concernant les chefs des services qui traitent les dossiers de demandes d'indemnisations avec les données objectives concernant leur productivité et confirmé, là encore, la pertinence des estimations (Ledvinka et Simonet, 1983).

Les diverses recherches faites par Schmidt et Hunter à l'aide de leur méthode d'estimation donnent des résultats impressionnants. Par exemple, ils ont calculé le gain que ferait la police de Philadelphie si on y utilisait des tests psychologiques et l'ont estimé à 18 millions de dollars par année. La même méthode appliquée par ces auteurs au gouvernement fédéral des États-Unis aboutit à une économie de 16 milliards de dollars par an...

Réfléchir à l'utilité

L'intérêt soulevé par les travaux de Schmidt et Hunter a relancé la réflexion sur les modèles économiques et les procédés de mesure de l'utilité des examens d'évaluation. Par exemple, Boudreau (1989) note qu'il faudrait tenir compte des effets que peut avoir l'utilisation d'une méthode plus rigoureuse de sélection sur la taille et les caractéristiques des populations de candidats. En outre, le modèle proposé serait trop sommaire. Notamment il ne comptabilise pas le fait que l'accroissement de la productivité peut entraîner des coûts secondaires – achat de matières premières plus important, primes plus élevées, par exemple. Il omet également l'impact fiscal sur un bénéfice plus élevé. Enfin, il ne suffit pas de considérer le retour de bénéfice sur une cohorte d'employés pendant une seule année, et Boudreau propose un modèle dynamique qui intègre la durée moyenne de renouvellement du personnel : les programmes de prise de décision concernant le personnel sont faits pour être appliqués plusieurs fois, pendant un certain nombre d'années, et pas une seule fois, de manière ponctuelle, et ils concernent du personnel qui est présent dans l'organisation pendant plus d'un an.

On peut retenir...

Que peut-on retenir de ces efforts de formalisation et d'estimation rationnelle ? Au moins trois points.

Tout d'abord, il n'y a pas incompatibilité entre le fait d'avoir une politique de relations humaines soucieuse du bien-être et de la satisfaction de son personnel et le souci de prendre des décisions concernant ce personnel qui soient aussi pertinentes que possible, et de ne pas les prendre à un coût exagéré pour le profit qu'on en tire. C'est là un domaine pour lequel les objectifs individuels et ceux de l'organisation peuvent se rejoindre : échecs individuels, mauvaise orientation, incapacité à assumer les responsabilités sont aussi nuisibles à la marche de l'organisation qu'à l'équilibre et à la confiance en soi des individus.

Deuxièmement, il est possible d'élaborer des données relativement précises et objectives sur la contribution de chacun à l'organisation et de calculer le coût et le profit tiré de l'usage de méthodes qu'on a, par ailleurs, validées avec soin. Choisir une méthode d'évaluation parce qu'elle est bon marché, ou parce qu'elle semble intuitivement valide, sans se soucier de son efficacité est une preuve de mauvaise gestion. Et, de ce point de vue, il ne faut pas oublier de prendre en compte le prix de revient des entretiens traditionnels. Même s'ils sont confiés à des cadres non spécialisés qui mènent ces entretiens en plus de leur travail normal, ils prennent du temps et coûtent de l'argent à l'entreprise.

Enfin, il faut se méfier des affirmations non prouvées de tel ou tel inventeur de méthode d'évaluation miracle. Une des raisons de la mode actuelle des méthodes les plus farfelues vient, sans aucun doute, de l'aplomb avec lequel leurs inventeurs « vendent » leur marchandise en affirmant sans preuve ses qualités et ses vertus. Pendant ce temps, certes, les psychologues élaborent péniblement des méthodes d'estimation compliquées. Ce n'est pas une raison pour ne pas suivre leurs efforts d'objectivité et leur souci de la preuve : la responsabilité morale qui accompagne toute décision en matière de personnel devrait rendre particulièrement soucieux de rigueur ceux qui en sont chargés.

L'évaluation individuelle

Faire la synthèse des informations...

Une des qualités d'un test, c'est d'être « fidèle », c'est-à-dire de fournir des résultats indépendants de la personne qui le fait passer. Mais pas forcément de la personne qui va interpréter ces résultats pour réaliser une évaluation individuelle dans un contexte spécifique, et à la lumière d'autres informations. Même si on dispose de normes adéquates, ce qui permet de situer l'individu par rapport à son groupe de référence, il reste à faire un travail de synthèse, c'est-à-dire à intégrer les différents résultats, travail qui n'est plus régi par des contraintes psychométriques. De ce point de vue, il ne faut pas confondre la validité des instruments utilisés et la validité de la décision qui est fondée sur un ensemble d'informations, tests psychologiques, mais aussi résultats d'entretiens, éléments biographiques, carrière antérieure, références, etc. Comme le remarquent J. et R. Hogan (1998), toute décision de cet ordre repose sur une inférence par rapport à l'avenir. Pas seulement par rapport au comportement professionnel futur, également et surtout par rapport à ce que sera le critère permettant de juger la qualité de la décision, à savoir la manière dont la personne évaluée sera décrite.

... pour prendre une bonne décision

L'important, pour prendre une « bonne » décision, c'est donc de savoir comment la hiérarchie de l'organisation va évaluer les sujets qui obtiennent des scores faibles et élevés dans un test donné. Ce qui signifie, à la limite et selon ces auteurs, que la décision ne doit pas être prise en fonction de la signification du test mais en fonction de ce que le décideur sait du comportement de ceux qui l'ont passé et de la manière dont ils sont perçus par leur entourage professionnel. C'est une conception peut-être trop cynique de l'intervention du psychologue, qui se trouve ainsi réduit à un rôle passif de prédicteur, ce qui le conduit à entériner les opinions, voire les préjugés, de l'entreprise, sans avoir jamais l'occasion de les remettre en question. Mais, au plan concret, cette analyse montre bien la différence qui existe entre la validité de construction d'un instrument, qui fait sa solidité, et la validité prédictive d'une décision, qui dépend de facteurs situationnels.

La fidélité des décisions

Peut-on appliquer la notion de *fidélité* aux décisions concernant un individu et fondées sur un ensemble d'informations ? Théoriquement, oui. Et c'est particulièrement important en France où il est fréquent de multiplier les entretiens de recrutement. Mais quel aspect de la fidélité ? L'accord entre notateurs ? Sur quoi ? Sur la décision finale ? Sur les résultats des différentes méthodes ? Sur leur interprétation ? Sur les recommandations qui accompagnent généralement la décision ? Sur les descriptions qui la justifient ? En fait, les recherches sur la fidélité de la décision sont aussi rares que les données sur la fidélité des tests sont abondantes. Et celles qui existent ne donnent pas de résultats encourageants. Ryan et Sackett ont fait évaluer trois candidats à un même poste par trois décideurs différents, disposant des mêmes informations. Les descriptions sont nettement contradictoires. Ainsi, un des candidats est dépeint comme indépendant par l'un, très dépendant par le deuxième, opposant par le troisième. De même, l'un des candidats est décrit comme ayant peu confiance en lui par l'un des évaluateurs, et très sûr de lui par un autre. Et il n'y a pas accord sur celui qu'il faudrait choisir pour le poste à pourvoir. Ce qui donne crédit à la confidence inquiète d'un chargé de recrutement de cadres débutants d'une de nos grandes entreprises nationales : « Il m'arrive souvent de me dire que si le candidat que je viens de refuser avait été interviewé par un de mes collègues, il aurait été retenu. » Dans une autre recherche (Ryan *et al.*, 1990), neuf rapports de synthèse concernant trois personnes, soit trois rapports pour chaque personne, sont donnés à trois évaluateurs avec la charge de les regrouper… Aucun n'y parvient !

La fidélité inter-notateurs de la décision concernant un individu pose, en fait, deux questions distinctes. En premier lieu, est-ce que les évaluateurs sont d'accord sur tel ou tel trait ou qualité qui caractérise le candidat ? En second lieu, donnent-ils la même signification et la même importance à ce trait en tant que prédicteur du succès dans le poste concerné ? L'expérience montre qu'ils sont souvent d'accord sur un trait ou sur une qualité mais pas sur les inférences qu'ils font à partir de ce trait ni sur la décision finale. Dans le meilleur des cas, ils sont du même avis en ce qui concerne l'embauche mais pas sur le comportement qu'on peut attendre du candidat. Or la fiabilité des descriptions qui accompagnent les décisions est de plus en plus utile à une époque où le contenu des postes évolue rapidement, ce qui donne plus d'importance à une description nuancée des conduites à attendre dans les différentes situations qui peuvent se présenter à l'avenir.

Les causes de désaccord

Hammond (1996) résume la situation en énumérant les multiples causes de désaccord entre les évaluateurs : l'incompétence de l'un ou l'autre d'entre eux, le fait qu'ils défendent des idéologies correspondant aux groupes auxquels ils sont affiliés et, enfin, la manière dont chacun organise l'information. Ajoutons que les erreurs éventuelles se répètent parce que les évaluateurs reçoivent peu d'informations ultérieures sur la justesse de leurs évaluations.

Une évaluation valide ?

Dans ces conditions, peut-on réellement parler de *validité* du processus d'évaluation individuelle ? C'est forcément grâce à un jugement personnel que seront combinés les résultats de tests, les observations faites à la suite des entretiens et les autres informations. Chaque évaluateur donne un poids spécifique aux différentes informations et les relie entre elles selon un schéma qui lui est propre. S'interroger sur la validité, c'est examiner ce processus, et se poser deux questions distinctes : les informations recueillies sont-elles appropriées aux objectifs de l'évaluation ? L'intégration des informations est-elle adéquate ? Interrogations difficiles à faire aboutir dans la mesure où le critère n'est jamais totalement fiable. Il y a probablement des individus qui triomphent de toutes les situations… Mais le rôle des opportunités et des obstacles imprévus, des bouleversements techniques ou économiques, des affinités entre collègues, etc., ne peut être nié. En outre, si le progrès ultérieur dans la hiérarchie de l'entreprise constitue le seul critère par rapport auquel valider les décisions, il existera un risque important de contamination dans la mesure où les conseils du décideur peuvent avoir influencé les promotions. Enfin, lorsqu'il s'agit d'évaluations individuelles faites à des niveaux élevés, c'est souvent une description et un plan de développement qui sont demandés, plutôt qu'une simple décision. Les commentaires qui accompagnent la synthèse des informations sont plus utiles que la prédiction du succès dans la mesure où l'organisation demande des conseils sur la manière de gérer son personnel et des avis sur les responsabilités à donner à chacun.

... ou des conseils ?

Il est certain que les paramètres psychométriques classiques et les obligations déontologiques s'appliquent aussi bien à l'évaluation individuelle qu'aux évaluations en grand nombre. Pourtant, la nature des processus qu'implique l'évaluation individuelle rend difficiles leur étude et leur contrôle. À part les recherches qui portent spécifiquement sur « *l'assessment center* » et dont il sera rendu compte dans le chapitre sur les tests de situation, très peu de bilans et d'études se sont intéressés à l'évaluation individuelle. On doit donc se contenter pour le moment des conseils judicieux que donnent les praticiens qui ont pris le temps de les expliciter et qu'il est possible de résumer par les cinq points suivants :

1) l'analyse de poste, destinée à faire préciser les qualités requises, qui reste impérative. Elle implique d'abord une définition des résultats que l'organisation attend du candidat, aujourd'hui et dans l'avenir. Et, ensuite, une liste des compétences nécessaires pour obtenir ces résultats ;

2) le choix des outils nécessaires (tests, entretiens, observations) pour rassembler les informations qui permettront de prendre une décision ;

3) la mise en œuvre de ces outils, et l'interprétation des résultats obtenus ;

4) l'intégration des données pour arriver à la conclusion demandée. Conclusion dont la nature est variée. Il peut s'agir de recommandations concernant une sélection, une mutation ou une promotion ; de conseils de développement de carrière ou d'actualisation de potentiel ; ou encore d'avis d'orientation dans l'organisation prenant en compte l'adaptation à la culture de l'organisation, à ses différents secteurs et la capacité à collaborer avec d'autres ;

5) la restitution des résultats à la personne évaluée, restitution qui doit se faire au cours d'un entretien et comporter les démarches nécessaires pour justifier les résultats et pour l'aider à en tirer parti. On ne peut, en effet, totalement opposer démarche de sélection et aide au développement individuel. En principe, toute évaluation doit représenter une expérience positive pour l'évalué. Elle peut aussi en être l'objectif principal, lorsqu'il s'agit, pour l'individu, de chercher les meilleurs chemins pour progresser. C'est là l'objet du prochain chapitre.

Deux exemples chiffrés en application de la formule de Brogden pour calculer le gain à attendre d'une méthode d'évaluation (par recruté et par an)

1er exemple

Y (soit la dispersion de la distribution du critère de succès professionnel, ou encore, dans le cas présent, la différence, en euros, entre la production d'un agent moyen et celle d'un très bon agent) .... 1 500 €

r (coefficient de corrélation exprimant la validité des tests par rapport au critère de succès professionnel) .... .40

Z (moyenne en note standard des scores des candidats recrutés)............... 7

C (coût d'un examen par candidat) .... 90 €

P (taux de sélection)..50 %

Gain = (1 500 € × .40 × 7) – (90/.50) = ... <u>4 020 €</u>

2e exemple

Y (soit la dispersion de la distribution du critère de succès professionnel, ou encore, dans le cas présent, la différence, en euros, entre la production d'un agent moyen et celle d'un très bon agent) .... 760 €

r (coefficient de corrélation exprimant la validité des tests par rapport au critère de succès professionnel) .... .30

Z (moyenne en note standard des scores des candidats recrutés)............... 6

C (coût d'un examen par candidat) .... 90 €

P (taux de sélection)..50 %

Gain = (760 € × .30 × 6) – (90/.50) = ... <u>1 188 €</u>

CHAPITRE 5

Le développement individuel

Les chapitres précédents ont considéré l'évaluation du point de vue de l'organisation et des informations dont a besoin le décideur chargé de gérer les ressources humaines. C'était, il y a encore peu de temps, l'objet principal, voire exclusif, des méthodes d'évaluation. Ce n'est plus vrai aujourd'hui. Pourquoi ? Essentiellement parce que la notion même de carrière a changé. Même les grandes organisations qui se vantaient d'offrir à leurs recrues des carrières à vie ont été obligées de licencier. Surtout, l'idée d'une carrière représentée par une échelle dont on gravit des étapes prévues bien à l'avance est aussi périmée que la représentation de la structure organisationnelle comme une pyramide qui permettrait à chacun d'atteindre un niveau donné et aux meilleurs de monter aux échelons les plus élevés.

Les carrières ont changé

Le concept traditionnel de carrière est démodé et la situation actuelle pose des problèmes inédits à l'évaluation. Dans le schéma ancien, l'évaluation individuelle prenait place au moment de l'orientation pour répondre aux questions que se posaient les adolescents : quels sont mes intérêts ? À quelle activité professionnelle correspondent-ils ? Et quelles sont mes aptitudes ? Quelle formation suis-je capable de maîtriser ? Ensuite, une fois mis sur les rails, l'individu ne se posait plus ce type de questions et c'est l'organisation qui se chargeait de gérer les informations concernant ses talents et ses difficultés éventuelles. Dans ce contexte, aller voir un psychologue pour avoir des informations sur soi, une fois passée la période d'orientation, relevait du pathologique, et représentait, au mieux, une démarche insolite.

Cette évolution pose de nouveaux défis aux individus pour la conduite de leur vie professionnelle (Herriot, 1992). Les carrières ont changé parce qu'elles s'inscrivent dans un contexte dynamique, et parce qu'elles impliquent un développement continu qui concerne les compétences individuelles. Il y a peu de temps encore, l'expérience passée, la sienne et celle des autres ayant suivi le même type de formation représentaient une source solide de références pour planifier et prévoir sa carrière. Ce n'est plus vrai : les bouleversements du monde économique, la rapidité du progrès technique créent constamment de nouvelles opportunités et tarissent des voies de carrière traditionnelles. Le passé n'est plus un bon guide pour l'avenir et seuls ceux qui ont conscience de ce dynamisme et savent s'y adapter ont des chances de « faire carrière ».

Les organisations s'en soucient

Reste que la majorité des carrières s'inscrit dans un contexte organisationnel. Et que savoir tirer le meilleur parti possible de leurs ressources humaines est devenu un impératif pour les organisations. Pourtant elles ont encore tendance à considérer que le déroulement des carrières individuelles n'est pas leur affaire. De fait, elles ne se préoccupent de soutenir les plans de carrière que lorsque les circonstances économiques les obligent à placer les membres de leur personnel dans une situation critique. C'est le cas de l'aide à « l'outplacement » – encore ce soutien a-t-il des justifications plus économiques que culturelles. Et elles ne s'intéressent au déroulement individuel des carrières que lorsqu'il s'agit de catégories que leur nouvelle structure rend difficiles à gérer, par exemple la gestion des fins de carrière des cadres de plus de 50 ans qui pose problème dans des organisations à niveaux hiérarchiques en nombre réduit. Cette opposition entre la gestion organisationnelle des ressources humaines et la gestion individuelle de sa propre carrière ouvre la voie à des solutions diverses dont le bilan de compétences est un exemple à la française. D'une manière générale, un « contrat psychologique » (pour reprendre le terme de Herriot) se crée entre l'individu et l'organisation ; il s'agit d'un contrat implicite d'intérêt mutuel, qui doit être renégocié au fur et à mesure que l'environnement économique et technologique de l'organisation lui impose des stratégies nouvelles – donc des besoins en compétences différentes. Dans ce contexte, la carrière devient la suite des étapes qui résultent de ces négociations successives.

De ce fait, les organisations en viennent actuellement à considérer différemment le développement des individus. Avec l'idée que l'acquisition de nouvelles compétences représente à la fois une nécessité pour l'évolution de la carrière individuelle et une obligation pour l'entreprise qui doit être capable de constamment remodeler et redistribuer son stock de compétences en fonction d'objectifs en évolution rapide. Mais la gestion de ce développement des compétences n'a plus rien à voir avec la manière dont on a conçu pendant des années la formation des adultes. Il s'agissait, auparavant, d'enseigner au personnel actif des connaissances nouvelles au cours de périodes de formation qui étaient autant de parenthèses se situant en dehors du contexte du travail. Alors que, actuellement, l'idée s'impose de la possibilité – et de la nécessité – d'un développement individuel continu par l'activité professionnelle elle-même.

Ce qui crée une relation dynamique...

À partir du moment où la relation entre l'individu et l'organisation se concrétisent par une gestion dynamique des carrières, fondée sur la négociation entre les besoins stratégiques et les capacités d'évolution individuelle, il devient nécessaire pour l'organisation de formuler ces besoins, et pour l'individu de savoir si il (ou elle) est capable de les satisfaire. La gestion de la carrière répond alors à deux impératifs simultanés : pour l'organisation, évaluer les compétences actuelles de chacun et anticiper les compétences dont elle va avoir besoin ; pour l'individu, faire le point des compétences acquises et de la capacité à en acquérir d'autres, donc gérer sa carrière en cherchant des expériences professionnelles qui représentent des occasions de développement, et qui tiennent compte de l'évolution des stratégies organisationnelles.

L'évaluation acquiert donc un nouvel objectif. Elle est nécessaire à l'individu pour gérer sa carrière – ou plutôt les négociations qui vont lui permettre de la gérer. Jusqu'à maintenant, il lui suffisait de dire : j'ai fait ceci depuis longtemps, je le ferai mieux encore, utilisez les compétences que m'a données une expérience ancienne et renouvelée. Alors qu'il lui faut maintenant dire : mon passé professionnel a prouvé que je maîtrisais telle ou telle mission dont j'ai été chargé, donc que j'ai acquis telle ou telle compétence. Quelle autre compétence utile suis-je capable d'acquérir à travers des expériences et des responsabilités nouvelles ?

... et soulève de nouveaux problèmes

Quelles informations sur lui-même l'individu recherche-t-il pour participer activement à la gestion de sa carrière ? Quelles réponses les méthodes d'évaluation sont-elles capables de lui apporter ? Cette double question soulève, en fait, deux problèmes distincts. En premier lieu, de quelles **méthodes** disposons-nous pour répondre à ces demandes ; existe-t-il des méthodes spécialement dédiées au développement ou bien faut-il utiliser des méthodes classiques d'une manière différente ? Et, deuxièmement, comment doit se faire la **communication des résultats** ? Doit-elle prendre la forme d'un conseil actif ? Ou d'informations à travailler par soi-même pour en tirer un plan de développement ? Et quel est l'effet de ces indications nouvelles sur des personnes qui sont à la recherche d'informations sur elles-mêmes mais qui ont déjà eu amplement l'occasion dans leur activité professionnelle antérieure de construire d'elles-mêmes une image bien structurée ?

Une ou des évaluations ?

Ce n'est que récemment, à la suite notamment des travaux du Center for Creative Leadership, qu'on a réalisé combien sont diverses les évaluations d'une même personne lorsqu'elles sont données par les différents membres de son entourage professionnel. Non seulement cette constatation a donné lieu à la création d'instruments dits « à 360° », mais elle nous montre que toute évaluation des compétences – ou des incompétences – faite par observation directe est tributaire de la situation dans laquelle l'évaluation a été faite. Ce qui implique qu'aucun programme de développement des compétences ne doit se faire sur une unique évaluation.

Des méthodes spécifiques ?

Tout ce qui a été dit sur les qualités métriques des méthodes d'évaluation s'applique évidemment au choix des instruments susceptibles d'être utilisés. Mais l'évaluation elle-même et la manière dont les résultats vont être gérés sont forcément différentes. Alors que l'évaluation comme préalable à la décision revient à collecter des informations pour prédire le degré d'adéquation entre un individu et un poste donné, le diagnostic qui sert de base à la gestion de carrière doit se traduire par un plan de développement. Ce **plan de développement** a deux caractéristiques.

D'une part, il ne sera réaliste que s'il est fait en concertation voire en négociation entre l'individu et l'organisation ou, plus précisément, la hiérarchie et le département des ressources humaines. D'autre part, il ne sera réalisé que s'il correspond à une volonté réelle de l'individu. De ce double point de vue, le plan de développement est dépendant du cadre social dans lequel se déroule la carrière, donc des opinions que les « autres » ont sur l'individu concerné, et des informations sur lesquelles ces opinions sont fondées.

Cela signifie que, outre le recours à des instruments classiques d'évaluation, ceux que nous énumérerons, catégorie par catégorie, dans la deuxième partie de cet ouvrage, il est nécessaire, pour établir un plan de développement, d'avoir accès à des données concernant l'environnement organisationnel dans lequel la carrière va se dérouler. De quel type d'informations s'agit-il ? Tout d'abord de données concernant l'avenir de l'organisation, les activités ou produits nouveaux, les marchés, les forces qu'elle possède ou qu'elle va développer. Ensuite, sa culture, et plus précisément les qualités qui sont valorisées et qui représentent des atouts dans un développement de carrière. Enfin, et peut-être avant tout, le statut de l'individu dans l'organisation, c'est-à-dire la manière dont celui-ci est perçu par son environnement de travail.

Des méthodes adaptées

Il y a donc des instruments spécifiquement adaptés à l'élaboration des plans de développement – même si le recours à des méthodes classiques est souvent nécessaire simultanément. Trois aspects caractérisent ces méthodes. D'une part, elles concernent aussi bien la description de l'individu lui-même que la description de son environnement, en ce sens qu'elles prennent en compte la culture de l'organisation et ses stratégies, de manière à ce que le plan de développement puisse définir les voies à privilégier. D'autre part, elles utilisent des informations venant de plusieurs niveaux hiérarchiques. Les notations professionnelles sont traditionnellement données par les supérieurs. Mais la vie active met en jeu d'autres partenaires. Et la manière dont ces autres observateurs décrivent le même individu apporte des informations précieuses. De fait, plusieurs recherches ont montré que les subordonnés savent mieux prédire les chances de succès de leurs cadres que les supérieurs – ce qui n'est pas étonnant quand on réfléchit au fait qu'ils ont plus d'occasions de les voir agir et plus d'angles différents pour les évaluer.

Ce qui justifie le développement, déjà important aux États-Unis et actif actuellement en France, d'instruments dits « à 360° » qui apportent, en utilisant le même questionnaire, des descriptions individuelles venant de la hiérarchie, des collègues et des subordonnés (Lévy-Leboyer, 2003). La plupart de ces approches multi-évaluateurs donnent aussi des indications sur la manière dont chacun d'entre eux décrit les stratégies de l'organisation du point de vue des compétences prioritaires (Van Velsor *et al.*,1991).

La comparaison des descriptions fournies par les uns et les autres, d'une part, et le rapprochement avec l'autodescription, d'autre part, donnent une possibilité d'agir sur trois plans :

- d'abord intervenir pour rectifier un manque d'information des autres sur des compétences mises en œuvre durant des périodes antérieures de la carrière ;

- ensuite, confronter ses intentions et ses valeurs avec la perception qu'en ont les autres et faire éventuellement des plans pour mettre plus en conformité la manière dont on est perçu et la manière dont on souhaite être perçu ;

- enfin, faire des choix concernant les objectifs de développement et les conduites nécessaires pour les atteindre.

Et des méthodes classiques

Les instruments d'évaluation que nous venons de décrire ne sont pas exclusifs de l'utilisation simultanée d'autres méthodes. De fait, c'est ce qui caractérise les « centres de développement », variante des centres d'évaluation que nous décrirons plus en détail au chapitre 9, qui ont précisément pour objectif de développer les compétences individuelles requises par les stratégies organisationnelles. Comme les centres d'évaluation classiques, les centres de développement associent des outils généraux d'évaluation destinés à mesurer les aptitudes et à décrire la personnalité à l'aide de tests de situation et d'instruments 360°. Ils sont gérés par des psychologues et par des représentants de la hiérarchie et du service ressources humaines de l'organisation. Et leur valeur vient du fait qu'ils représentent une occasion de donner aux participants une conscience plus aiguë de leurs atouts et de leurs handicaps, de prévoir le développement de leurs compétences d'un point de vue réaliste et conforme aux attentes de l'organisation, et d'avoir l'occasion d'amorcer la mise en œuvre de leur plan de développement en le discutant directement avec les personnes compétentes. S'il est bien conduit, le centre doit aussi permettre aux participants de mieux comprendre la nature des différentes compétences et leur importance. Mais le centre de développement ne constitue en aucune manière une occasion pour l'organisation de donner des indications autoritaires aux participants. Au contraire, le fait de se sentir seul maître de ses choix de développement et d'avoir la charge de les argumenter face à la hiérarchie représente une condition essentielle pour assurer la motivation nécessaire à leur mise en œuvre. Une activité de conseil peut, certes, soutenir les efforts de planification et de passage à l'action, et être le fait d'un des observateurs du centre de développement – ce qui signifie que le conseil commence dès le début du déroulement du centre, à travers les retours d'information qui sont faits après chacun des exercices qui composent le programme du centre.

Pour mesurer quoi ?

Nous avons insisté dans les chapitres précédents sur les qualités métriques qui doivent caractériser de bons outils d'évaluation. Ces exigences correspondent à un objectif clair : serrer la **vérité** de près, autrement dit fournir une description des individus aussi exacte que possible. Les instruments de développement que nous venons de décrire ont un objectif différent : dépeindre avec le plus d'exactitude possible la **réalité** des perceptions réciproques et des rapports sociaux qu'elles entraînent dans une organisation donnée et une situation spécifique. Vérité dans un cas ; réalité dans l'autre. Mais la réalité peut être décrite avec exactitude et le souci de cohérence des dimensions et des paramètres décrits reste impérieux dans les deux cas.

Évaluer pour développer

Il faut donc souligner la différence essentielle qui existe entre ces instruments et ceux qui servent à évaluer en vue de prendre une décision d'embauche ou d'affectation. Dans le cas présent, en effet, ce qu'on cherche, c'est donner à la personne qui planifie son développement des informations sur la situation réelle, y compris la manière dont elle est perçue par les autres, et ceci même si la représentation des uns et des autres n'est pas totalement exacte. En effet, lorsqu'on utilise des instruments qui permettent de recueillir des informations sur la culture de l'organisation, sur les compétences importantes ou encore sur les compétences qu'on possède soi-même, les descriptions données par chacun des interlocuteurs possibles ne coïncident pas forcément entre elles. En d'autres termes, il existe des points de concordance et d'unanimité et, également, des désaccords. Toutes ces informations sont utiles, à condition qu'elles amorcent un travail de réflexion, travail que seule la personne concernée, qui connaît ses interlocuteurs et son entreprise, est à même de faire.

La validité prédictive est essentielle lorsqu'il s'agit d'informations préalables à une décision, et elle est tributaire non seulement des qualités métriques propres à l'instrument mais également de la pertinence de son choix, pertinence fondée sur l'analyse de poste qui permet de définir les qualités requises. Dans le cas des méthodes d'évaluation qui servent de point de départ à un plan de développement, c'est la cohérence (la validité de contenu), la signification des résultats obtenus et le travail d'appropriation et d'analyse fait sur ces résultats qui ont de l'importance.

Rester proche de la réalité

En outre, les descriptions qui sont faites par ces instruments sont plus proches de la réalité professionnelle en ce sens qu'il s'agit plus de compétences que d'aptitudes ou de traits de personnalité. Cela n'est pas étonnant : les compétences représentent une manière directe d'évaluer le fait que les personnes actives se sont plus ou moins bien tirées des missions dont elles étaient chargées. Ce sont donc des concepts plus faciles à utiliser lorsqu'on fait appel à l'observation. Pourtant, les outils d'analyse du travail portent sur les activités et en déduisent les qualités requises sous forme d'aptitudes ou de traits de personnalité. Quelles relations entre ces caractéristiques psychologiques et les compétences ? Sur quoi porte le développement personnel ? Nous avons décrit ailleurs en détail (Lévy-Leboyer, 2004) la manière dont se construisent les compétences. Dans le contexte qui nous intéresse ici, deux points sont à retenir. Premièrement, les compétences représentent une intégration d'aptitudes, de traits de personnalité et de connaissances acquises. Deuxièmement, les compétences ne peuvent se développer qu'à travers et grâce à l'activité professionnelle. En d'autres termes, l'expérience est une condition essentielle du développement individuel et, de ce point de vue, gérer sa carrière n'est pas seulement aménager une série d'étapes, c'est aussi un moyen d'avoir accès à de nouvelles expériences afin de développer ses compétences. Mais l'expérience n'est pas tout : il y a des individus qui ne tirent pas parti des expériences qu'ils traversent parce qu'ils ne possèdent pas les aptitudes ou la personnalité requise. Le développement passe donc aussi bien par un bilan de compétences que par une évaluation des caractéristiques individuelles nécessaires pour développer ces compétences.

Quels sont les effets de la restitution des résultats ?

Il est certain – et tous ceux qui ont eu l'occasion de travailler dans une organisation le savent bien – que le besoin d'information sur soi est fort, même à un niveau élevé de la hiérarchie. D'une manière générale, on peut retenir l'idée, d'ailleurs démontrée expérimentalement par Schuler *et al.* (1993), que les participants à un tel centre sont favorables à cet apport d'informations nouvelles. Ceci dit, un centre de développement comporte diverses étapes et on ne peut pas affirmer que cette attitude positive soit constante ni qu'elle concerne également tous les instruments utilisés. Il est vraisemblable que le fait de participer à des exercices dont l'objectif est transparent et dont les conditions se rapprochent des situations de travail crée des attitudes favorables, dans la mesure où les participants ont le sentiment d'être jugés sur leurs aptitudes réelles et sur des aspects liés à leurs objectifs. Ce qui n'est pas à négliger parce qu'il semble bien que l'image de soi n'est modifiée par les informations fondées sur des tests de situation que lorsque les attitudes vis-à-vis de ces exercices sont favorables et que le participant s'y est senti à l'aise.

Comment restituer les informations ?

Il est donc légitime de s'interroger sur la manière de faire une restitution d'informations et un suivi de cette restitution de façon à ce que l'impact du centre de développement sur les projets et également sur leur mise en œuvre soit optimal. De fait, il faut savoir qu'il y a bien des raisons pour que la notion même de développement soit rejetée, créant ainsi des blocages à l'intégration de nouveaux éléments d'évaluation. La première est d'ordre perceptive : le participant au centre de développement ne voit pas où est le problème et ne juge pas utile de s'intéresser à un développement éventuel. La seconde est affective : le participant se sent menacé par ce qu'il va apprendre sur lui – voire par ce que d'autres vont dire de lui, et les risques impliqués par une activité de développement, ses aspects imprévisibles, les échecs possibles lui semblent trop importants pour qu'il veuille s'engager dans un tel processus. Le blocage peut également être cognitif et fondé sur des expériences antérieures de formation qui sont restées sans effet, laissant le participant convaincu qu'il ne possède pas les aptitudes requises pour acquérir de nouvelles compétences. Il peut y avoir également des obstacles contingents – l'organisation n'offrant pas de possibilités pour gérer un développement, ou le participant n'en trouvant ni le temps ni la possibilité et ayant, de surcroît, le sentiment que son supérieur immédiat n'est pas favorable à un tel projet.

Et tenir compte du contexte

C'est dire que le retour d'information n'est pas une simple communication de données et doit tenir compte de l'environnement organisationnel et également des informations reçues avant et ailleurs, informations qui ont permis à chacun de construire une image de soi forcément résistante. Toute personne souhaite, en effet, avoir des informations sur elle, et si elle n'en reçoit pas suffisamment, elle va en chercher activement en interprétant une série de « messages » pas toujours destinés à cela et venant des autres, des collègues, des supérieurs, des subordonnés… Plus le rôle professionnel est ambigu, plus la relation entre performance et récompense est confuse, et plus seront fréquentes les interprétations erronées de messages implicites. C'est pourquoi les informations données à partir des outils objectifs d'un centre de développement vont avoir d'autant plus d'effet qu'ils sont argumentés et fondés sur des résultats interprétables et sur des comportements précis survenus pendant les tests de situation. Et elles seront d'autant plus efficaces pour modifier l'image de soi que le participant concerné a besoin de données claires sur lui. Par ailleurs, il faut prendre soin de donner des informations spécifiques, fondées sur des comportements précis et qui sont de nature constructive, c'est-à-dire articulés ou susceptibles de l'être par rapport aux objectifs individuels. La possibilité de développer des compétences faibles, de modifier des comportements inadéquats doit accompagner l'information, en même temps que le rôle de l'expérience et de l'effort planifié est mis en évidence. Enfin, il ne faut pas négliger le rôle de deux facteurs clés : l'estime de soi et le soutien de son supérieur hiérarchique. Les personnes dont l'estime de soi est faible et celles qui ont un patron qui ne les soutient pas tirent peu parti des leçons que leur apporte l'expérience. De ces deux facteurs, le rôle du patron est primordial.

Quand le patron apporte un réel soutien, cela compense une estime de soi faible.

Au total, les activités de diagnostic et de conseil qui accompagnent et soutiennent l'élaboration d'un plan de développement et d'une bonne gestion de sa carrière sont tributaires aussi bien de la qualité des instruments utilisés par le praticien que de sa compétence et de sa connaissance de l'entreprise et du secteur professionnel. Mais qu'il s'agisse de données élaborées pour être communiquées à un individu et pour l'aider à prendre lui-même des décisions pertinentes, ou de données choisies pour permettre à l'organisation de prendre des décisions, elles aussi pertinentes, les qualités métriques des instruments utilisés constituent une exigence fondamentale d'efficacité et de respect de l'éthique professionnelle.

EN RÉSUMÉ

* Les outils d'évaluation peuvent aussi servir de base au développement individuel.

* Ce développement doit être planifié par l'individu lui-même sur la base des informations que les outils d'évaluation lui permettent d'obtenir.

* Le plan de développement se concrétise dans le cadre d'une négociation entre l'individu et l'organisation où il travaille.

* Les méthodes classiques d'évaluation peuvent être utilisées en vue d'élaborer un plan de développement. S'y ajoutent des méthodes spécifiques, essentiellement les questionnaires à « 360° » et les « centres de développement ».

* La restitution d'informations venant des méthodes d'évaluation doit être spécifique, être fondée de manière précise sur des comportements observés ou sur des résultats concrets, et être présentée sous une forme positive, dans le contexte des objectifs individuels.

* L'évaluation des compétences faite par plusieurs personnes donne des résultats différents. Il faut donc tenir compte des situations dans lesquelles ces évaluations ont été faites

---

DEUXIÈME PARTIE

Quelles méthodes d'évaluation ?

La première partie a été consacrée à un exposé des principes et des méthodes qui permettent d'apprécier les qualités d'une méthode d'évaluation. L'objectif, qu'il faut garder en mémoire, est bien d'atteindre dans différentes situations l'adéquation entre les caractéristiques de l'individu et les exigences du poste de travail. Pour cela, il est évident que les décisions doivent être fondées sur des méthodes fiables et valides. Mais ces méthodes ne peuvent pas être utilisées de manière automatique, comme si la décision devait sortir d'un ordinateur. L'évaluation est un processus qui se déroule dans le temps, qui comporte des acteurs, qui utilise une série d'informations. Elle implique autant l'individu que l'organisation parce qu'il faut à la fois que les décideurs de l'organisation évaluent l'individu et que l'individu se construise une image complète de ce que l'organisation attend de lui et de ce qu'il peut, en retour, attendre d'elle.

De ce point de vue, il faut souligner que ni le processus d'évaluation ni ceux qui en sont responsables ne sont au service exclusif de l'organisation. D'une part parce que toute évaluation et toute décision en matière de carrière comporte une part d'orientation et de conseil individuel et, d'autre part, parce qu'une erreur de décision est aussi coûteuse pour l'organisation que pour l'individu qui subit un échec. En outre – et aucun de ceux qui ont participé à ce type d'action ne nous contredira – tout individu cherche des informations sur lui-même et accueille volontiers l'occasion de discuter avec une tierce personne informée, compétente et neutre son potentiel, de ses expériences et de son avenir. Les recherches sur le développement de la « maturité professionnelle » ont bien montré quel était le résultat d'une double exploration de la réalité sociale et professionnelle d'une part, et de soi-même, d'autre part, exploration qui se réalise au fil des expériences de travail et qui se fonde sur l'observation et l'interprétation des résultats obtenus.

L'évaluation, un dialogue

L'évaluation des individus et les décisions en matière de carrière représentent un processus à plusieurs étapes, et impliquent un dialogue entre l'organisation et l'individu. Ce dialogue doit être l'occasion de contacts personnels avec la hiérarchie. Cela n'empêche pas que l'ensemble du processus n'aura de valeur que s'il repose sur des méthodes fiables, valides et transparentes, c'est-à-dire dont la signification et la valeur peuvent être démontrées et, si besoin est, expliquées à celui qui s'y soumet. De plus, les méthodes utilisées doivent être objectives, c'est-à-dire qu'elles ne doivent pas introduire d'arbitraire dans les jugements et les décisions ni de biais qui conduiraient à privilégier sans justification tel ou tel groupe social. Quand il s'agit de diagnostic médical, tout patient comprend bien qu'il faut au médecin des informations fiables et objectives sur les paramètres biologiques pertinents. Aucun n'accepterait l'idée que le nombre de ses globules rouges ou blancs varie, selon qu'ils sont décomptés par la méthode X ou Y, ou encore que c'est monsieur Z ou mademoiselle W qui en font le compte. En outre, la synthèse de ces informations biologiques requiert du médecin des qualités personnelles et de l'expérience. Il en est de même lorsqu'il s'agit de faire le diagnostic du potentiel individuel. La qualité du diagnostic dépend autant de la qualité des informations que de l'usage qui en est fait. Nous décrirons donc dans cette seconde partie l'arsenal des méthodes à notre disposition, et ce qu'on sait de leur pertinence, de leurs qualités métriques et de leurs conditions d'utilisation.

Le rôle de la motivation

Toute évaluation a trois catégories d'objectifs, essentiellement le bilan des aptitudes, des compétences et de la personnalité. Ce sont, bien évidemment, trois groupes de caractéristiques individuelles importantes pour la réussite professionnelle. Mais il faut souligner qu'elles ne servent à rien si la motivation est absente. Nous avons rappelé (Lévy-Leboyer,

1994) que la valeur du travail, l'effort et le désir de réussir représentent des conditions *sine qua non* de l'efficacité professionnelle. Or la motivation des individus au travail ne se mesure pas comme une caractéristique individuelle ; elle se construit. Recruter des personnes motivées ou tenter de pronostiquer leur motivation à venir a peu de sens. Chacun de nous est motivé pour certaines activités et par certains objectifs, mais pas « motivé » tout court. Et tel individu que le travail ne motive pas sera, par contre, un sportif ou un collectionneur acharné, ou encore se dépensera sans compter pour une activité politique.

Les facteurs de la motivation

On peut aller plus loin dans cette analyse. Même si ce n'est pas l'objet de cet ouvrage, rappelons que nous avons montré ailleurs, en nous appuyant sur la « théorie de l'instrumentalité », que la motivation au travail dépend de trois facteurs, chacun jouant un rôle irremplaçable : il n'y a motivation, donc effort et action, que si l'expectation, l'instrumentalité et la valence sont présents (Lévy-Leboyer, 2006).

Expectation : c'est la conviction pour l'individu qu'il est capable, s'il s'en donne la peine, d'atteindre l'objectif qui lui a été assigné. Sans expectation, pas d'effort, puisque cet effort serait perçu comme stérile et condamné à l'avance.

Instrumentalité : c'est la représentation qu'a l'individu de ce que va lui apporter (salaire, avantages financiers, prestige, opportunités, etc.) la réussite dans le travail qu'il fait pour l'organisation.

Valence : c'est la valeur, toujours pour chaque individu, de ce que le succès professionnel lui apporte.

Il est évident qu'aucun travailleur ne sera motivé s'il ne perçoit pas clairement la manière dont sont reliés son travail et ce que l'organisation lui donne en échange. « Donne » au sens le plus large possible : avantages matériels, promotions, mais également satisfactions de tous ordres, sentiment de se réaliser dans son travail, estime de soi acquise à travers le travail réalisé. Il est évident également que si l'organisation « donne » dans cet échange autre chose que ce que souhaite la personne qu'elle emploie, la motivation s'en trouvera stérilisée.

La motivation se développe et s'entretient à travers les « récompenses internes et externes » que l'organisation distribue. Tout le monde l'admet. Mais elle dépend aussi fortement de ce que nous avons appelé plus haut l'expectation et qui concerne l'image de soi, la confiance en soi de chacun. Nous construisons nos expectations (c'est-à-dire la manière dont nous percevons nos aptitudes et nos compétences) au fil de nos expériences, de nos réussites et de nos échecs. Les évaluations reçues, de manière formelle ou informelle, de la part des autres, de la hiérarchie, des collègues, jouent un rôle central dans ce processus. D'où l'importance qu'il faut attacher au « retour » des informations recueillies dans toute évaluation. Qu'il s'agisse d'un examen d'embauche, d'une recherche de potentiel ou d'une évaluation en cours de carrière, le fait même d'évaluer quelqu'un n'est jamais un processus neutre à ses yeux. Un commentaire des résultats rassemblés, fait à l'occasion d'un entretien postérieur à l'évaluation, représente donc non seulement une obligation éthique pour le psychologue chargé de l'évaluation, mais également une nécessité pour l'organisation si elle veut développer la confiance en eux de ses membres.

La motivation, un facteur essentiel

L'organisation doit donc construire les motivations de son personnel. Donner à chacun des tâches suffisamment exigeantes pour que la réussite lui permette d'élaborer une image de soi valorisante ; assurer les formations nécessaires ; mettre en évidence les réussites : tout cela favorise le développement d'expectations adéquates.

Dans le cadre des problèmes qui nous intéressent ici, il faut retenir que la motivation joue un rôle *sine qua non* comme déterminant de l'effort, de la volonté de réussir, donc des résultats du travail, et que c'est à l'organisation de créer des conditions favorables à son développement. Ce n'est malheureusement pas toujours le cas. Pour paradoxal que cela puisse paraître au premier abord, il n'est pas impossible que des individus bien recrutés, chargés d'exécuter des tâches qu'ils peuvent maîtriser, se trouvent démotivés par les conditions de travail et par le climat organisationnel, au point d'être improductifs. De ce fait, la validité représentée par la corrélation entre le prédicteur et le critère est modulée par les capacités de l'organisation à utiliser le potentiel individuel latent, tel qu'il est décelé par les prédicteurs. Au total, le meilleur des prédicteurs ne servira à rien si le personnel n'est pas placé dans des conditions optimales. S'il est vrai que le mauvais ouvrier a toujours de mauvais outils, il faut ajouter que, sans bons outils, le meilleur des ouvriers ne peut pas faire de bon travail.

Et il faut retenir que les sources de motivation au travail peuvent être très différentes selon les individus. Sans en faire un inventaire complet, on peut en citer quelques-unes :

- la réputation de l'entreprise et la valeur sociale de la fonction ;
- l'autorité et l'influence réelle impliquées par le poste ;
- la richesse et la diversité du contexte social ;
- les possibilités de développement personnel ;
- les conditions matérielles du travail ;
- la rémunération et les avantages liés au poste.

Le choix des « prédicteurs »

Ces différentes réserves étant faites, nous pouvons aborder l'objectif central de cette seconde partie : quels prédicteurs sont utilisés, et comment savoir la confiance qu'on peut faire aux informations qu'ils apportent ? Autrement dit, quelles sont leurs qualités métriques et quelle est leur signification, au sens que nous avons donné à ces mots dans la première partie ? Il faut savoir que la recherche en France, sur ces problèmes, est très pauvre. Alors que beaucoup d'efforts sont consacrés, à juste titre d'ailleurs, à l'élaboration d'outils diagnostiques en psychopathologie et aux méthodes destinées à décrire le développement du bébé et du jeune enfant, aucun laboratoire du secteur public ne se consacre à ce type de problèmes en ce qui concerne l'adulte au travail. Certes, les services de psychologie des grandes organisations du secteur public ou privé réalisent des recherches, construisent et valident les instruments dont ils ont besoin, mais, bien évidemment, ne publient pas leurs résultats et gardent leurs méthodes confidentielles. Il est vrai également que les éditeurs de tests font le maximum pour recueillir et contrôler des données sur l'étalonnage et la validité des techniques qu'ils mettent sur le marché. Mais la plus grande partie des méthodes utilisées en France ne constitue que des recettes empiriques qui ne reposent sur aucune recherche fondamentale et sont trop souvent des traductions de techniques élaborées ailleurs, le plus souvent aux États-Unis, sans que leurs qualités métriques aient été contrôlées pour des populations différentes.

Quelles sources d'information ?

En outre, et qu'il s'agisse de recrutement interne ou externe, l'évaluation repose, dans la plupart des cas, sur un petit nombre de sources d'information : un ou plusieurs entretiens, des références sur le comportement dans les postes antérieurs, le cas échéant, et un questionnaire ou un dossier sur le *curriculum vitae* du candidat. Il arrive souvent que les décideurs responsables de la gestion des carrières aient le sentiment que les informations dont ils disposent sont insuffisantes. Le plus souvent, cette impression vient d'un cas particulier, d'une erreur qui les a impressionnés plus que d'un contrôle systématique de la fiabilité et de la validité des informations sur lesquelles ils fondent leurs décisions. Ils cherchent alors à compléter les données dont ils disposent en faisant appel à d'autres types d'informations qui leur paraissent intuitivement séduisantes, l'examen de l'écriture, le signe astrologique, la date et l'heure de naissance, voire des paramètres biologiques comme les groupes sanguins, ou anatomiques comme la morphologie du crâne et du visage. La valeur diagnostique et prédictive de toutes ces données ne repose sur rien, sinon sur la ferme conviction exprimée par leurs adeptes. Mais aucune conviction n'a de valeur démonstrative. Il ne suffit pas que des informations permettent de différencier les individus entre eux pour qu'elles permettent de prédire leur comportement ultérieur. Et l'usage de méthodes qui ne reposent sur aucun modèle théorique, dont les qualités métriques n'ont pas été démontrées et dont les auteurs indiquent qu'elles ne peuvent pas se prêter à des contrôles expérimentaux soulève des problèmes aussi bien sur le plan de l'efficacité que sur le plan éthique.

Que penser de la graphologie ?

L'analyse graphologique constitue de ce point de vue un problème particulier. D'abord parce qu'elle est, comme on l'a vu dans l'introduction, largement utilisée, en France tout au moins (Smith *et al.*, 1992 ; Huteau, 2004 ; Roe *et al.*, 2003). Ensuite parce que l'écriture est le résultat d'un comportement, et qu'elle diffère selon les individus : rien ne s'oppose, en principe, à ce que le produit de ce comportement qu'est l'acte d'écrire soit l'objet de classifications précises et à ce que ces classifications servent de base à des diagnostics, voire à des pronostics individuels. Encore faudrait-il expliciter les raisons qui font penser que l'écriture est porteuse d'informations sur la personnalité. Surtout, cette hypothèse sur la signification de l'écriture ne dispense certainement pas d'étudier la fidélité et la validité de l'analyse graphologique. Les rares études qui ont été faites sur ce problème ont fait l'objet de revues et de bilans (Bruchon-Schweitzer, 1987, 2001 ; Huteau, 2004), qui ne justifient pas une conclusion optimiste. La fidélité inter-notateurs, ou accord entre des graphologues à qui a été soumis le même échantillon d'écriture, n'est élevée que s'ils appartiennent au même courant graphologique (école des traits, école gestaltiste, grapho-analyse). Sur les 26 études citées qui ont exploré les relations entre personnalité et écriture, 5 seulement dégagent des liaisons intéressantes. Il est possible qu'un regroupement systématique des signes graphiques, obtenus dans des conditions constantes, effectué à l'aide d'outils de traitement de données comme l'analyse factorielle ouvre une voie prometteuse. Dans l'état actuel des choses, ce travail n'est pas fait et rien ne justifie le très large usage de la graphologie. Sur les quatre études citées qui mettent en rapport l'analyse de l'écriture et différents critères de succès professionnel, trois montrent que l'analyse graphologique n'a aucune validité, et la quatrième est non fiable dans la mesure où le graphologue disposait d'une autobiographie des sujets.

Une méta-analyse faite en 1989 (Neter *et al.*) porte sur 17 études, impliquant au total 63 graphologues et 51 psychologues, et 1 223 écritures. Les résultats indiquent une absence de validité prédictive, les psychologues donnant cependant des indications meilleures que les graphologues, probablement parce que leur formation en analyse de contenu leur a permis de tirer parti des textes eux-mêmes. En outre, diverses comparaisons entre l'analyse graphologique et les résultats de tests de personnalité montrent la supériorité des tests (Bushnell, 1996).

Enfin, un article (Driver *et al.*, 1996) fait une synthèse exhaustive des hypothèses qui sont à l'origine de l'utilisation de l'écriture comme méthode diagnostique, des recherches scientifiques qui montrent toutes, sans exception, son inutilité, et souligne la contradiction qui existe entre ces données indiscutables et la vogue croissante de cette méthode. Il en donne deux explications : d'abord la confiance intuitive dans la signification des différences observables entre les écritures et l'existence d'anecdotes favorables ; ensuite, le fait que les chercheurs ne se sont pas donné la peine de présenter de manière convaincante leurs résultats aux praticiens. Les auteurs de cet article ont examiné 70 manuels ou traités concernant la gestion des ressources humaines et ont constaté que la graphologie n'y est, en général, pas mentionnée, ou, s'il en est question, les recherches qui montrent son absence de validité ne sont pas présentées avec force. Nous pouvons ajouter deux raisons supplémentaires : le fait que l'analyse graphologique est acceptée par les candidats à un recrutement parce qu'elle peut être faite… par correspondance, ce qui épargne le contact avec le recruteur ; et son coût relativement faible par rapport à un examen psychologique complet. Ce sont là de bien mauvaises raisons qui ne justifient ni d'un point de vue éthique ni d'un point de vue scientifique le recours à la graphologie comme méthode d'évaluation.

Des méthodes plus fiables

En revanche, il existe, aux États-Unis et en Europe, en très grand nombre, des recherches sur les tests psychologiques et sur ces méthodes classiques que sont l'entretien, les questionnaires biographiques et les essais professionnels. Certains de ces travaux sont théoriques : analyse de la structure des aptitudes, modèles des relations entre les comportements observés et ce qui explique ces relations, par exemple. D'autres recherches ont été développées à l'occasion de problèmes pratiques, lorsqu'il a fallu trouver des solutions pour réaliser des recrutements, internes ou externes, faire des bilans de potentiel ou organiser des cycles de formation. Ces recherches ont beaucoup progressé dans la dernière décennie et beaucoup des leçons qu'elles apportent sont généralisables à d'autres pays que ceux où elles ont été conduites.

Nous essayerons de présenter une synthèse de ces travaux et d'en faire le bilan dans les quatre chapitres de cette seconde partie. Il aurait été commode pour le lecteur de trouver un chapitre sur les aptitudes, un autre sur les compétences et leurs mesures, un troisième sur la personnalité. Malheureusement, aucune méthode ne couvre strictement l'un ou l'autre de ces objectifs que sont la mesure des aptitudes, des compétences et la description de la personnalité.

Nous avons donc préféré commencer par ce qui est le plus souvent utilisé : le « trio classique » que constituent les références, les *curriculum vitae* et les entretiens. Nous tenterons de montrer que les références sont rarement fiables, de décrire les conditions dans lesquelles les entretiens sont utiles, et comment on peut rendre pertinentes les informations sur le passé professionnel.

Un deuxième chapitre sera consacré à la mesure des aptitudes, tests de fonctionnement cognitif dont on connaît maintenant l'importance et la validité générale, tests d'aptitudes spécifiques dont nous montrerons qu'ils ne mesurent jamais une seule aptitude.

Un troisième chapitre examinera ce qu'on a coutume de rassembler sous le terme commun de « tests de personnalité ». Il s'agit de questionnaires où les sujets sont invités à se décrire eux-mêmes et à répondre à des questions sur leur comportement habituel, et de tests dits « projectifs ». Nous montrerons que, malgré les réserves qui ont pu être faites antérieurement à leurs sujets, les questionnaires sont susceptibles d'apporter des informations précieuses, à condition que l'analyse du travail ait bien précisé la nature des qualités requises. Notamment, les travaux récents sur le modèle des « cinq facteurs » ont fait progresser l'étude théorique des processus mis en jeu par l'autodescription de sa personnalité, et la description de la personnalité d'autrui. Par contre, les techniques projectives, utiles en psychologie clinique, n'ont pas fourni de résultats intéressants, encore que quelques pistes devraient donner lieu à des recherches nouvelles.

Un quatrième chapitre portera sur les différentes catégories d'essais professionnels, allant des simulations directes aux tests de situation plus sophistiqués et aux centres d'évaluation qui réunissent dans un même programme des méthodes différentes.

En guise d'introduction à cette partie, il faut citer le tableau synthétique récemment proposé par M. Smith (2005) sur la base des travaux de Schmidt et Hunter (1998), et de Robertson et Smith (2001). Il résume les conclusions des méta-analyses sur les recherches effectuées... depuis près d'un siècle. Les corrélations entre la performance professionnelle et les différentes méthodes d'évaluation sont de :

- 63 pour la mesure de l'intelligence jointe à un entretien structuré ;
- 51 pour la mesure de l'intelligence seule ;
- 51 pour un entretien structuré seul ;
- 48 pour les connaissances utiles dans le poste considéré ;
- 40 pour un questionnaire de personnalité ;
- 37 pour un *assessment center* ;
- 31 pour le trait de personnalité *conscientiousness* (fiabilité) ;
- 26 pour les références ;
- 10 pour les intérêts professionnels.

Le dernier chapitre sera prospectif. Le monde du travail change doublement : les demandes faites aux méthodes d'évaluation par les gestionnaires des ressources humaines sont plus diversifiées et plus nombreuses. Dans le même temps, les progrès de la technologie de l'information ouvrent la voie à des applications concrètes différentes qui soulèvent des problèmes éthiques, théoriques et méthodologiques inédits. Quel avenir pour les méthodes d'évaluation ? C'est la question difficile que tentera d'aborder le chapitre 10.

CHAPITRE 6

Le trio classique : références, CV, entretiens

L'utilisation de tests psychologiques, et celle d'autres techniques destinées à décrire les capacités et les caractéristiques des candidats à un poste de travail, varie fortement selon les pays, selon les entreprises, voire selon les services à l'intérieur d'une même organisation. Mais trois sources d'information sont utilisées pratiquement par tous et partout : les références, les *curriculum vitae* ou questionnaires biographiques, et les comptes rendus d'entretiens individuels.

L'attitude des candidats

Les candidats sont, d'ailleurs, favorables au recueil et à l'utilisation de ce type d'informations. Plutôt que de se soumettre à des tests dont ils comprennent souvent mal le principe ou à d'autres méthodes qu'ils jugent discutables, ils préfèrent que leur futur employeur soit informé de ce qu'ils ont déjà accompli et qu'il s'entretienne avec eux pour se faire une opinion « directe » et sans intermédiaire. C'est aussi, pour les candidats et leur employeur, une occasion précieuse d'échanger des informations : de ce point de vue, le classique « entretien d'embauche » doit être considéré comme un dialogue et pas comme un interrogatoire où les informations ne passeraient que dans un seul sens. Enfin, il faut ajouter que les personnes qui sont chargées dans l'organisation de prendre des décisions concernant le personnel souhaitent, à juste titre, disposer de données concrètes et ne pas avoir à fonder leurs décisions sur quelques résultats d'examens, voire quelques scores chiffrés…

Un « *trio classique* »

Références et informations biographiques prennent une grande importance dans les périodes de fort taux de chômage. En effet, les appels de candidatures entraînent fréquemment un nombre élevé de réponses qui nécessitent un premier tri. Celui-ci est, le plus souvent, fait sur dossier, c'est-à-dire essentiellement sur les informations écrites accompagnant la candidature. Dans beaucoup de cas, les candidats qui ont « survécu » à ce premier tri sont convoqués pour un entretien qui joue, éventuellement, le rôle de second barrage. Il est évident que si ces sélections successives sont mal faites, c'est-à-dire si elles rejettent les candidatures les meilleures et les plus adaptées aux emplois à pourvoir, la qualité des dernières étapes de l'évaluation ne permettra jamais de rattraper les erreurs passées. Il est donc important de savoir si ces sources d'information sont pertinentes, de connaître leur validité et d'analyser leur signification avec autant de soin qu'on en apportera pour les méthodes plus sophistiquées élaborées par les psychologues dont il sera question dans les chapitres suivants.

Cette évaluation du « trio classique » (Cook, 1988) que représentent les références, les informations biographiques et les entretiens est d'autant plus importante que, sous une même étiquette, il s'agit d'informations qui sont, en réalité, diversement obtenues. Les personnes qui les fournissent, les interprètent et prennent des décisions ont rarement des consignes précises à appliquer. Cela ne les empêche pas d'avoir, en général, une idée de la façon dont ces informations doivent être traitées, idée qui n'est ni explicitée ni discutée avec leurs collègues dans le but d'élaborer une philosophie commune.

Une base théorique

Références, biographie et entretiens doivent être considérés comme toutes les autres techniques utilisées pour évaluer et pour prédire le succès professionnel du triple point de vue de leur validité (qualité *sine qua non*), de leur faisabilité (en tenant compte des biais non souhaitables et des conséquences perverses) et de leur signification (on a vu dans la première partie qu'il ne suffit pas de constater la validité d'une technique, il faut également savoir à quoi cette validité est due). Et l'analyse critique de ces techniques et de leur valeur devra également tenir compte de leur rôle dans les processus sociaux que constituent l'embauche, la mutation, l'envoi en formation, etc.

En outre, chacune de ces sources d'information repose, même si ceux qui les emploient s'en soucient peu, sur une base théorique qu'il faut expliciter et, éventuellement, remettre en question.

Toute **référence** est, en effet, le résultat d'une impression élaborée par un individu sur un autre. Il faut donc se demander comment se construit cette perception d'autrui et notamment quelle est la part de la capacité de la personne évaluée à se faire bien voir des autres, à être populaire, et quel est le rôle de l'appartenance à des groupes sociaux communs.

L'**entretien** est une situation sociale où les deux protagonistes apportent leurs préjugés personnels et leurs représentations des qualités nécessaires pour réussir. En outre, il a presque toujours deux fonctions. D'une part, recueillir des informations spécifiques sur le candidat, d'autre part, se faire sur lui une opinion globale. Dans quelle mesure l'évaluation qui en découle peut-elle être objective ?

Utiliser des **informations biographiques**, donc concernant le passé du sujet, pour prendre une décision relative à son avenir implique qu'on suppose l'existence d'une cohérence interne du comportement. En d'autres termes, on admet que les conduites passées représentent une bonne base pour la prédiction des conduites futures. Qui a bu boira : dans quelle mesure ce proverbe peut-il être retenu comme la base d'une décision ? C'est un domaine qui a fait l'objet de procédures et de recherches intéressantes, stimulées par le souhait de traiter les faits biographiques de manière systématique en tentant de mieux comprendre leur signification.

Mais peu de recherches

Toutes ces questions méritent d'être posées et doivent faire l'objet de recherches précises. Malheureusement, et en dépit du fait que références, entretiens et dossier biographique sont très largement utilisés, les chercheurs ne se sont intéressés que récemment aux problèmes que nous venons de poser. La majorité des données existantes nous viennent des pays anglo-saxons. Une exception récente à ce désintérêt général : les recherches de Desrumaux *et al.* (2000, 2001 et 2002). Ces auteurs ont montré que de nombreux biais interviennent dans la décision de recrutement. Ils identifient trois « logiques » de recrutement. Une logique économique qui est fondée sur l'âge et la qualification, sur la tendance à recruter des jeunes qui vont recevoir des salaires moins élevés, et sur l'idée qu'une expérience antérieure est une garantie d'efficacité, même si la qualité de cette expérience n'est pas réellement contrôlée. Une logique subjective qui fonde la décision de recrutement sur des biais variés, le sexe, la première impression, le fait que le candidat endosse ses responsabilités en relatant sa biographie pendant l'entretien, l'apparence physique, les similarités entre interviewer et interviewé... et aussi le fait que les parents travaillent dans l'entreprise qui recrute. Une logique objective, qui a recours à des techniques de recrutement valides mais joue malheureusement un rôle peu important dans les décisions d'embauche.

Les références

Nous commencerons par examiner la valeur et les conditions d'utilisation des *références*, qui sont d'ailleurs employées dans au moins 90 % des décisions concernant le personnel. Il existe peu de recherches récentes sur ce sujet et ceci est vrai en Europe comme ailleurs, malgré la large utilisation des références dans la vie quotidienne des services de personnel et de recrutement, voire des universités et des écoles professionnelles. Aussi, la synthèse faite voici une vingtaine d'années par Muchinsky (1979) est toujours valable et nous l'utiliserons largement ici.

De quoi s'agit-il ? De recueillir des indications auprès de personnes qui connaissent bien le candidat (professeurs, collègues, ancien employeur, etc.). En fait, ces informations sont recherchées avec deux objectifs différents :

1) vérifier les renseignements donnés par le candidat sur ses diplômes, ses activités antérieures, etc. ;

2) obtenir l'opinion de quelqu'un qui le connaît bien sur ses chances de réussir dans le poste ou dans la formation auxquels il se présente.

Sur quel aspect du candidat recherche-t-on le plus souvent des informations ? Des enquêtes déjà anciennes mentionnent le besoin de recueillir des opinions sur la personnalité et, en particulier, sur l'honnêteté, sur les qualités sociales et la capacité à travailler avec d'autres. On espère que les références apporteront des indications sur le comportement quotidien du candidat alors que pendant l'entretien et pendant les tests on observe un comportement exceptionnel dans une situation stressante, et au cours de laquelle le candidat est vraisemblablement prêt à faire un effort inhabituel.

Quelles informations ?

Ces attentes sont-elles satisfaites ? Obtient-on des informations fiables ? Comment se construit réellement la perception d'autrui qui est exprimée sous forme de références ? Les recherches qui ont été faites sur ces questions apportent des conclusions inattendues. Une étude intéressante a été réalisée par Peres et Garcia (1962). Ces auteurs ont fait l'analyse de contenu de 625 lettres de références concernant des candidats à des postes d'ingénieurs. Ils ont utilisé les 170 adjectifs ainsi dégagés pour construire une liste qui a été envoyée à 200 cadres avec mission de cocher les adjectifs qui décrivent leur « meilleur » et leur « moins bon » ingénieur. L'analyse factorielle faite sur ce matériel a permis de dégager cinq facteurs distincts : coopération, rapidité mentale, urbanité, énergie et fiabilité. Il est intéressant de noter que ces cinq facteurs sont très voisins des cinq dimensions de la personnalité définies par des recherches plus récentes que nous décrirons au chapitre 8. Le facteur qui discrimine le mieux les « bons » des « moins bons » est la rapidité mentale, et les deux les moins discriminants, la coopération et l'urbanité. Les auteurs concluent que, lorsqu'on veut indiquer qu'un candidat est peu qualifié pour le poste auquel il prétend, on se limite le plus souvent à dire que c'est un brave garçon, sociable et bien élevé !

Des informations peu fiables

Les personnes qui fournissent des références ne savent donc pas toujours ce qu'on attend d'elles. De plus, elles respectent des règles sociales de tolérance et d'indulgence. La même incertitude concerne d'ailleurs le choix de la personne à qui on va demander des références : les collègues ? les anciens professeurs ? les cadres directs ? Deux recherches citées par Munchinsky indiquent que, en réalité, le choix importe relativement peu parce que la validité des prédictions formulées dans les références est uniformément faible. Il semble cependant que la validité la meilleure (même si elle reste toujours modeste) est obtenue lorsque les informations viennent du supérieur direct du candidat, probablement parce qu'il a eu de réelles occasions de l'observer dans des situations variées.

Dans une recherche sur la fidélité des références, c'est-à-dire sur l'accord des auteurs de références entre eux, Baxter *et al.* (1981) font des critiques plus précises. Ils ont comparé les références données par différentes personnes sur différents candidats et obtenu de plus fortes corrélations entre les références données par une même personne sur des candidats différents qu'entre les références données par différentes personnes sur le même candidat. En d'autres termes, les références en apprennent plus sur la personne qui les fait que sur la personne qu'elles concernent…

Rien d'étonnant dans ces conditions au fait que les études de validité rapportées par Munchinsky soient aussi décevantes, allant, selon l'expression de l'auteur, « de l'inacceptable au médiocre ». Cela s'explique par la faible fidélité des références mais également par leur variance réduite. Dans la plupart des cas, les évaluations sont entachées d'indulgence et les auteurs de références ont tendance à souligner les points forts du candidat et à passer sous silence ses points faibles. Le fait que, bien souvent, ce soient les candidats eux-mêmes qui choisissent et désignent les personnes à qui on peut demander des références sur eux n'arrange évidemment rien.

Comment les améliorer ?

Ces remarques critiques permettent de penser qu'on pourrait probablement améliorer les qualités prédictives des références en choisissant les personnes adéquates pour les faire et en leur fournissant des outils d'évaluation pertinents.

Trois conditions sont en effet essentielles pour obtenir des informations utiles. Il faudrait que des questions sur ces trois points figurent en tête de toutes les demandes de références de manière à ce que les personnes non compétentes ne se sentent pas obligées de répondre même si elles ne savent pas très bien quoi dire. En effet, il ne faut pas attendre de références fiables de quelqu'un qui n'a pas eu d'occasions suffisantes d'observer la personne concernée, ni de quelqu'un qui n'a pas la compétence technique nécessaire pour juger de ses résultats, ni enfin de quelqu'un qui n'a pas envie de fournir ces références ou n'est pas motivé pour le faire.

Le format des questions destinées à demander des références varie beaucoup et de manière non systématique. On peut poser des questions précises, fondées sur les informations biographiques rassemblées (par exemple : le candidat indique qu'il a quitté votre entreprise en juin dernier à sa demande. Est-ce exact ?). Ou on peut poser des questions plus générales (Pourquoi le candidat est-il parti ? Quelle est votre impression générale sur son travail ?). On peut fournir des listes à cocher plus précises où figurent des séries de traits à noter, voire (comme pour les fiches de notation décrites au chapitre 2) des situations et des comportements.

De plus, les références peuvent être sollicitées par lettre ou par téléphone. Il est évident que ces deux modes d'approche fournissent des informations différentes. On peut aller plus loin au téléphone parce que le dialogue est souvent poursuivi jusqu'à ce qu'on ait accès à l'information pertinente. En outre, les hésitations à répondre en disent long et peuvent servir de point de départ à une relation professionnelle plus personnelle (« Je sens bien que cela vous ennuie de me dire… Mais vous êtes sûrement comme moi confronté à ce problème… »).

Une recherche déjà ancienne montre bien que l'effort pour élaborer des fiches de références adéquates peut être très payant. Carroll et Nash (1972) ont construit une liste de descriptions de comportements destinée à réduire l'indulgence des références. Les descriptions étaient groupées par paires et on s'était assuré que les deux descriptions de chaque paire avaient la même cote de « désirabilité sociale » pour les donneurs de références. Chacun devait choisir une seule des deux descriptions de chaque paire. Le résultat, comparé avec les performances ultérieures de 122 employés de bureau, a permis d'obtenir une corrélation de .64 entre références et notations, corrélation bien supérieure aux médiocres .20 qui représente le maximum atteint dans toutes les autres études.

Quatre points à retenir

Quatre points doivent donc être retenus sur l'emploi des références comme source de décision en matière de gestion de personnel.

1) Elles sont nécessaires au moins parce qu'elles montrent au candidat que ses activités passées sont examinées avec sérieux.

2) Elles ne constituent une source pertinente d'information que si les méthodes employées sont élaborées avec soin et soumises au même type d'étude de validation que toutes les autres méthodes d'évaluation.

3) Il ne faut demander à chacun que ce qu'il sait et ce qu'il est motivé à dire ; dans certains cas, cette motivation peut être stimulée par une information sur l'utilité des références demandées.

4) En tout état de cause, les références devraient être utilisées plus pour éliminer les candidatures inadéquates que pour tenter de prédire plus finement la qualité et le niveau de la performance.

Le CV

Deuxième composante traditionnelle du « trio classique », le *curriculum vitae* est facile à obtenir et apparemment aisé à dépouiller. Il apporte des informations sur la biographie du candidat et sur ses réalisations passées. En fait, dans la plupart des cas, les personnes chargées de lire les CV et d'évaluer les candidatures n'ont à leur disposition aucune règle ni aucun principe qui leur permettrait de décider de la valeur de pronostic de telle ou telle information. Chacun développe alors des idées *a priori* ou fondées sur sa propre expérience, ce qui entraîne un double inconvénient : d'une part, un même CV lu par deux personnes différentes sera évalué différemment ; d'autre part, en l'absence d'analyse systématique de la validité prédictive des informations biographiques, il est impossible de savoir lequel des deux a raison.

Valider ces informations

Un effort vers l'objectivité consiste à valider les informations biographiques en les comparant à la performance et au comportement professionnel ultérieurs. Cette comparaison permet de développer des inventaires biographiques dont les réponses seront ensuite pondérées de manière à aboutir à l'attribution d'un « score biographique » correspondant à la prédiction d'un niveau donné de réussite professionnelle. Cette manière de faire est loin d'être nouvelle. Aux États-Unis, le Carnegie Tech Bureau of Salemanship a créé de cette façon un inventaire biographique pondéré pour le recrutement des vendeurs d'assurances-vie, inventaire qui a été repris et amélioré par le LIAMA (Life Insurance Management Association). La version 7 du questionnaire comporte une centaine de questions biographiques et le score qu'elle permet d'obtenir corrèle avec le niveau de vente ultérieur des agents recrutés (r = .40). Le LIAMA a récemment fêté son millionième inventaire biographique, sans cesser de poursuivre des études de contrôle et d'améliorer l'inventaire. Notamment, les recherches effectuées ont montré qu'un item isolé pouvait avoir une validité appréciable. C'est ainsi que le fait d'avoir soi-même souscrit une assurance-vie avant l'embauche corrèle avec le volume de vente ultérieur. On a également constaté que la relation entre le critère de succès et l'information biographique peut être relativement complexe. Ainsi, la relation âge/succès professionnel est en général curvilinéaire, de même que la relation entre le niveau d'éducation et le succès, pour un emploi donné.

Cet exemple, démonstratif et bien connu, a été imité, mais moins peut-être qu'on aurait pu s'y attendre. Pourtant l'utilisation d'un inventaire biographique a au moins un avantage : les candidats ne peuvent pas savoir quel traitement sera réservé à leurs réponses et, de ce fait, ils ne peuvent pas tricher. En outre, ce type d'inventaire s'est révélé particulièrement valide et utile pour la prédiction du succès professionnel des vendeurs, et également de métiers très variés : employés de bureau, chercheurs, officiers de police, etc.

Construire des fiches

L'inventaire biographique pondéré est certainement un procédé meilleur que celui qui consiste à évaluer sans consigne précise des *curriculum vitae*. Mais c'est encore un instrument relativement grossier dans la mesure où il ne repose sur aucune analyse du travail et de ses exigences. On peut faire un peu mieux en construisant des **fiches biographiques** dans lesquelles chaque question, dite « fermée », est suivie d'une série de réponses à choisir. La mise au point de fiches de ce type exige une préparation attentive qui comporte six étapes :

1) choix du critère à prédire et par rapport auquel on va pondérer les réponses. Ce critère peut être, par exemple, le nombre d'accidents causés par des livreurs, la longueur de présence dans l'emploi, le volume de ventes, le nombre d'articles publiés, etc. ;

2) identification de groupes qui sont différenciés par le critère (par exemple, livreurs rarement accidentés, souvent accidentés, et très souvent accidentés ; employés qui ne vont pas au bout de leur contrat et qui vont au bout de leur contrat ; chercheurs en dessous de la moyenne des publications et au-dessus de la moyenne des publications, etc.) ;

3) choix raisonné des items de l'inventaire biographique qui semblent susceptibles d'être liés au critère ;

4) choix des réponses qui seront offertes aux sujets ;

5) analyse des réponses des différents groupes constitués selon le critère et pondérations des réponses en fonction des différences observées entre les groupes ;

6) contre-validation sous la forme d'une application expérimentale sur un nouveau groupe de sujets avec calcul d'un score global pour chaque sujet.

Les biodata

On peut encore aller plus loin. Les fiches biographiques constituent un progrès par rapport aux inventaires, mais elles manquent trop souvent de base théorique. Ce sont des procédures empiriques, au mieux fondées sur une analyse rapide du travail, sans réelle hypothèse sur ce qui peut expliquer la liaison entre les éléments isolés de la biographie et le comportement professionnel à venir.

Un modèle théorique...

Un chercheur américain, Owens (1976), a souligné qu'il était nécessaire d'aller au-delà de la simple constatation d'une corrélation et de comprendre pourquoi il existe des relations entre les informations biographiques et le comportement professionnel ultérieur. Il a proposé un modèle théorique pour justifier l'utilisation des informations biographiques. Intuitivement, nous pensons que la meilleure façon de prédire la manière dont un individu va se comporter dans un nouvel emploi, c'est de savoir comment il s'est comporté avant. En d'autres termes, nous imaginons, à tort ou à raison, qu'il existe une cohérence comportementale et que chacun continue à se conduire comme il l'a toujours fait. Owens essaye de faire encore mieux en faisant remarquer que les informations biographiques (ou « biodata ») ne sont pas seulement une collection de données isolées mais qu'elles représentent une banque de données organisées qui permet de définir l'individu à travers les événements de sa vie passée et, ensuite, d'utiliser cette définition pour prédire des conduites futures. Et que ces échantillons de comportement, s'ils sont bien choisis et correctement évalués, seront à la fois plus prédictifs et mieux acceptés comme base de prédiction du succès professionnel ultérieur que les « signes » révélateurs des aptitudes et de la personnalité que sont les tests et autres épreuves ponctuelles.

Un bon exemple de cette approche est fourni par une recherche de Neiner et Owens où les auteurs ont tenté de montrer qu'il y avait une continuité intelligible entre la typologie dégagée à partir des éléments biographiques caractéristiques d'une promotion d'étudiants et les éléments biographiques recueillis sur eux sept ans plus tard. La comparaison des deux séries d'informations montre leur cohérence, notamment en ce qui concerne l'orientation religieuse, les rôles sociaux, les intérêts et les relations interpersonnelles, tout en soulignant la nature dynamique de ces informations : à mesure que l'existence permet l'accès à de nouvelles activités, la biographie individuelle se développe et intègre ces nouvelles données. Ainsi peut-on parler plutôt de stabilité ou de cohérence que de prédiction parce qu'on observe, à travers le temps, non pas une répétition mais une continuité des mêmes types de comportements et d'attitudes.

Une application exemplaire

Hough (1984) a été encore plus loin dans cette direction en développant une méthode d'évaluation fondée sur des comptes rendus, faits par les candidats eux-mêmes, de leurs réalisations passées. Pour prédire la réussite dans une profession juridique, cet auteur utilise à la fois une analyse du travail faite avec la méthode des incidents critiques de Flanagan, et destinée à dégager les dimensions principales de l'activité professionnelle liées à la qualité du travail, et l'évaluation systématique d'événements de leur vie passée racontée par les sujets. Elle a procédé de la manière suivante : un groupe de 33 juristes a rédigé des descriptions d'incidents « critiques », caractéristiques d'un comportement efficace ou d'un comportement inefficace dans leur travail. Ces incidents ont été soumis à une analyse de contenu de manière à dégager des dimensions générales. Un contre-examen a permis de vérifier la pertinence de ces dimensions (faire des investigations, utiliser ses connaissances, planifier et organiser, écrire, communiquer oralement, plaider avec assurance, travailler de manière indépendante et être motivé par son travail). Ce qui a servi à développer un inventaire dans lequel les sujets étaient invités à décrire des réalisations passées montrant leurs capacités et leurs aptitudes, pour chacune des dimensions concernées.

Ces descriptions ont ensuite été évaluées par des « juges » indépendants à qui étaient fournis des descriptions précises et concrètes de la signification de chaque dimension ainsi que des exemples de descriptions correspondant à différents échelons de la fiche de notation. Les résultats obtenus ont montré qu'il y avait un très bon accord entre les évaluateurs. En outre, les évaluations ne sont pas liées aux mesures psychologiques traditionnelles qui avaient été obtenues indépendamment pour les sujets, et elles corrèlent avec une évaluation ultérieure de leur réussite professionnelle ($r = .25$). Même si cette corrélation ne paraît pas très élevée, le fait que les indications fournies soient indépendantes des résultats aux tests classiques laisse penser que l'inventaire est susceptible d'augmenter la validité de ces techniques.

On peut donc retenir que l'utilisation d'informations biographiques, lorsqu'elles sont interprétées de manière objective et après une étude de validité, apporte des éléments sérieux pour la prédiction de la réussite professionnelle et la prise de décision en matière de gestion du personnel.

Les items de biodata qui se sont révélés utiles couvrent des domaines très différents. On peut citer : les intérêts professionnels, les activités de loisir, les expériences scolaires, les groupes et associations auxquels appartient le candidat, mais aussi des questions concernant l'optimisme, la connaissance de soi, l'adaptabilité, le style de travail… Il y a donc des catégories différentes d'items de biodata : items vérifiables parce qu'ils correspondent à des faits qu'il serait possible de contrôler et items non vérifiables qui concernent notamment des opinions, des attitudes, etc. Ces derniers items sont les plus utilisés dans les biodata destinés au personnel qualifié parce que les autres informations que les biodata seraient susceptibles d'apporter sont, en fait, obtenues par des moyens différents.

Avantages et réserves

Plusieurs bilans des recherches qui ont tenté d'utiliser ce type de méthodes et d'en apprécier l'efficacité confirment cette position. L'avantage premier des inventaires biographiques, c'est le fait qu'ils sont bien acceptés, faciles à faire remplir, peu coûteux à interpréter, une fois les études préalables effectuées. On a toutefois critiqué leur usage en mettant en doute la sincérité des sujets. Il est vrai que la plupart des candidats tenteront vraisemblablement d'apparaître sous leur meilleur jour et que leurs réponses risquent d'être déformées dans le sens de la « désirabilité sociale ». De fait, plusieurs recherches montrent que les candidats ont tendance à allonger la durée de leurs emplois précédents, et à indiquer des salaires passés supérieurs à la réalité. Une recherche a même mesuré le taux de « triche » en introduisant une question piège : dans un inventaire destiné à des électriciens, on leur demandait s'ils connaissaient un appareillage… inexistant. Un tiers a répondu oui. De telles questions peuvent servir d'« échelles de mensonge ». En outre, il faut se souvenir que les candidats ne savent pas quel est le poids prédictif des différentes questions ni même quelles sont celles de leurs réponses qui seront prises en considération, ce qui rend toute déformation des réponses difficile pour eux.

Cet effort de validation systématique de tous les éléments biographiques se retourne quelquefois contre les bonnes intentions de ses auteurs. En effet, la prise en compte de variables comme l'âge, l'état civil ou le sexe des candidats introduit une discrimination abusive et critiquable. À la limite, on ne devrait retenir comme élément de prise de décision que ceux qui sont « modifiables » : c'est, en tout cas, la position qui prévaut aux États-Unis où toute autre procédure est condamnée comme génératrice d'une inégalité fondamentale devant l'emploi. Même si on ne porte pas, en France, ce genre de délit devant les tribunaux, il est difficile de défendre l'idée que des femmes ou des personnes relativement âgées, par exemple, soient systématiquement écartées de tel ou tel emploi. À la rigueur, et s'il est prouvé qu'une catégorie de personnel réussit rarement dans ce poste, on peut leur déconseiller de maintenir leur candidature mais pas les en écarter de manière systématique.

Quelle validité ?

Cette position prudente est d'ailleurs justifiée par la validité des inventaires biographiques. La synthèse la plus récente (Reilly et Chao, 1982) résume 58 recherches solides du point de vue méthodologique et fait état d'un coefficient de corrélation moyen de .35, tous critères et professions confondus. Les corrélations les plus élevées sont obtenues pour prédire la survie dans l'emploi d'employés de bureau et de cadres moyens.

Au total, que peut-on retenir ? D'abord que les questionnaires biographiques apportent certainement des informations pertinentes. Des recherches sur la « cohérence comportementale » devraient être poursuivies. Notamment, il semble possible de construire des items biographiques suffisamment robustes pour qu'ils soient généralisables à différents métiers et à différentes situations (Hunter et Hunter, 1984, Rothstein *et al.*, 1990). Toutefois, leur utilisation ne peut être valable qu'à certaines conditions. D'abord, toute validation d'items biographiques prend du temps et il ne faut l'entreprendre que pour de grands nombres de candidats et des postes dont le contenu ne risque pas de changer dans un avenir proche. Ensuite, le poids de chaque donnée recueillie doit être apprécié au moyen de recherches objectives et le dépouillement des réponses doit être fait sur la base de règles très précises. En outre, il faut s'attendre à ce que ce type de prédiction évolue dans le temps et un contrôle régulier de la validité doit être assuré.

De plus, les données biographiques ne devraient jamais être utilisées seules comme base de décisions. D'abord parce que leur validité, même si elle est appréciable, n'est pas suffisante pour cela ; ensuite parce qu'il ne faut pas les prendre en considération sans essayer de mieux comprendre leur signification. Et c'est précisément la prise en compte simultanée d'informations fondées sur des méthodes différentes qui peut permettre d'exploiter les données biographiques non pas « à l'aveugle », mais de manière cohérente. Enfin, il ne faut pas écarter le recueil d'informations biographiques dans tous les cas où il s'agit de qualités difficiles à évaluer autrement, comme les qualités sociales, par exemple.

Comment construire un inventaire biographique ?

Les inventaires biographiques posent des questions sur des événements et des comportements passés. Ils sont fondés sur l'idée que le comportement passé est le meilleur prédicteur du comportement futur. Mais, dans la mesure où ces questions peuvent aborder des attitudes ou encore des sentiments, elles risquent de se confondre avec les items des questionnaires de personnalité. Il est donc utile, pour éviter une mauvaise interprétation, de bien définir les limites des inventaires biographiques en respectant les règles suivantes (Mael, 1991) :

1) les questions doivent avoir un caractère historique, c'est-à-dire se référer à des événements qui ont eu lieu dans le passé, ceci même s'ils continuent à se produire actuellement. Ces événements doivent s'inscrire dans le temps, de manière précise ;

2) elles doivent concerner des actions observables par d'autres personnes, et qui peuvent éventuellement impliquer les autres ;

3) le domaine couvert par un inventaire biographique doit rester objectif, c'est-à-dire n'appeler que des réponses factuelles, sans interprétation ;

4) il doit s'agir de faits sur lesquels la personne qui va répondre a pu exercer un réel contrôle, et de faits qui sont associés aux activités professionnelles ;

5) enfin, les questions ne doivent pas constituer une invasion de la sphère privée de chacun.

Ces règles gouvernent la rédaction des items. Par ailleurs, afin de se donner les chances de construire un inventaire qui aura une réelle validité prédictive par rapport aux critères de succès professionnel, il est bon d'avoir une idée claire de ce qu'on veut mesurer, idée soutenue par une analyse des qualités requises. Il est utile, quand c'est possible, de procéder à une analyse factorielle des réponses sur un échantillon expérimental, de manière à regrouper les réponses sur des thèmes bien identifiés, comme la sociabilité, la participation à des activités de groupe, les responsabilités, la prise en compte des dimensions éthiques…

L'entretien

Le troisième élément du « trio classique » est constitué par l'**entretien**. C'est certainement la plus utilisée de toutes les méthodes d'évaluation. La moins bien connue également. Même s'il existe de nombreuses recherches (la plupart anglo-saxonnes) sur l'entretien, sa signification et sa validité, nous savons mal ce qui se passe en réalité dans la majorité des entretiens d'évaluation et surtout nous ne connaissons qu'une faible partie des méthodes réellement utilisées pour juger les candidats dans un entretien, et pour aboutir à une décision.

Les procédures d'entretien sont très variées. Certains ne dureront que cinq minutes, d'autres, une ou deux heures. Certains sont individuels ; dans d'autres, le candidat est face à deux ou plusieurs personnes. Quelquefois, la personne qui interroge est amicale et cherche à mettre son interlocuteur à l'aise ; dans d'autres cas, elle est délibérément indifférente et agressive, pour placer son interlocuteur dans une situation stressante. Il arrive que l'interviewer reçoive de son organisation une liste de questions à poser ou une liste de points sur lesquels il lui faut juger le candidat. Il se peut aussi qu'on ne lui demande qu'un avis sur l'embauche. Ce qu'on attend de l'entretien est également varié : une impression générale ou une description plus détaillée. Dans d'autres cas encore, les interviewers se partagent la tâche et abordent chacun un domaine différent.

Pourquoi utilise-t-on l'entretien ?

L'entretien a d'ailleurs deux fonctions distinctes : d'une part, obtenir des informations précises sur le candidat (et dans ce cas, il complète le questionnaire biographique ou le *curriculum vitae*), d'autre part, se faire une « impression » sur lui, de manière à prendre une décision le concernant.

De manière générale, le large usage de l'entretien semble tout à fait insolite lorsqu'on prend en considération le grand nombre de recherches qui montrent ses faiblesses comme instrument de pronostic du succès professionnel : sa faible fidélité, son manque de validité, sa forte sensibilité aux biais et aux distorsions. Les recherches sur la validité de l'entretien se font rares tellement on est persuadé que son manque de validité n'est plus à démontrer.

Pourquoi, dans ce cas, continue-t-on à l'utiliser pratiquement chaque fois qu'il y a une décision à prendre concernant le personnel ?

Quatre réponses peuvent être faites à cette question.

1) L'entretien est réellement *valide*, mais il ne l'est que pour des aspects précis de l'évaluation et notamment pour ceux que les tests classiques cernent mal (comme les qualités sociales). De ce point de vue, l'entretien constitue un échantillon de comportement, et il faut le considérer comme tel.

2) L'entretien n'est *pas valide*, mais il reste très *populaire* parce qu'il remplit d'autres fonctions que celles de prédiction, notamment faire préciser les données biographiques, permettre aux candidats de poser des questions sur l'entreprise et l'emploi, établir avec le candidat une relation personnelle et, éventuellement, lui « vendre » le poste à pourvoir. Il ne faut pas négliger le cas, en effet, où c'est autant le candidat qui sélectionne un emploi que l'entreprise qui choisit un individu.

3) L'entretien n'est *pas valide*, mais les personnes qui l'utilisent n'en sont pas convaincues. Dans ce cas, il faut savoir comment s'explique cette illusion de validité et faire en sorte que les interviewers reçoivent une formation adéquate sur les méthodes d'évaluation et plus d'information sur la validité de leur jugement. Il est d'ailleurs tout à fait possible qu'on observe une inégalité des validités « individuelles » ; en d'autres termes, que certaines personnes portent des jugements plus valides que d'autres. Cela aussi vaut la peine d'être analysé, afin d'en tirer parti.

4) Outre les variantes concernant la pratique des entretiens, il existe *différentes méthodes* d'entretien. On distingue trois éventualités. En premier lieu, l'entretien non structuré, qui est mené par l'interviewer selon ses intérêts, ou encore en fonction de ce qui lui semble important. L'entretien « structuré », en revanche, comporte un guide d'entretien, sous la forme d'une série de questions à poser, et, bien souvent, une grille d'évaluation avec une liste clairement définie des points à évaluer. Enfin, l'entretien « en situation » consiste, comme son nom l'indique, à faire réagir la personne interrogée devant des situations construites à

l'avance de manière à permettre un échantillon pertinent de comportements professionnels.

Les recherches les plus récentes ont tenu compte de ces différentes remarques puisque plusieurs méta-analyses ont permis de comparer la validité de différentes versions de l'entretien, et puisque l'intérêt s'est porté sur les processus de décision fondée sur l'entretien, recherches qui utilisent les données apportées par la psychologie sociale en ce qui concerne la perception d'autrui. Même si leurs conclusions ne sont pas unanimes, les résultats de ces travaux permettent d'améliorer la valeur de l'entretien classique. Nous commencerons donc par résumer les données concernant la fidélité et la validité de l'entretien, pour décrire ensuite les analyses portant sur la prise de décision et le jugement sur autrui. Nous terminerons par les règles à suivre pour améliorer l'entretien.

Fidélité et validité de l'entretien

Une faible fidélité

La faible fidélité des jugements fondés sur l'entretien n'est pas une idée neuve. Dès 1911, Binet signale le désaccord entre les évaluations de l'intelligence faites à partir d'entretiens menés par trois enseignants différents avec le même enfant. Les revues de question plus récentes sont en harmonie avec cette opinion pessimiste. Wagner (1949) analyse 25 articles dans lesquels sont données des informations sur la fidélité de l'entretien, mesurée par la corrélation entre les évaluations de différents interviewers. Il cite des coefficients allant de .23 à .97 avec une médiane de .57. Quinze ans plus tard, Ulrich et Trumbo (1965) signalent des fidélités faibles, surtout lorsque l'entretien est non structuré, c'est-à-dire lorsque l'interviewer ne dispose pas d'un schéma préétabli pour guider les questions à poser. Cette diversité des résultats s'explique probablement par le fait qu'ils ne portent pas sur le même type de données. Dans les recherches où on compare les descriptions du sujet par différents interviewers, les coefficients de fidélité sont élevés. Par exemple, Reynolds (1979) a fait noter les candidats interrogés oralement par trois interviewers différents sur sept points précis. Les corrélations vont de .54 à .66. Mais le résultat est différent lorsqu'on demande aux interviewers d'évaluer ces candidats de manière plus qualitative que descriptive. Pour prendre un exemple concret, on obtiendra probablement un bon accord sur le fait que le candidat est actif dans plusieurs organisations extérieures à son travail. Mais si le jugement demandé fait intervenir l'opinion de l'interviewer sur la valeur pronostique, favorable ou défavorable, de ces activités, le désaccord est important, probablement parce que le jugement demandé met en cause une théorie implicite sur les causes du succès professionnel.

Pourquoi des désaccords ?

Le désaccord entre les interviewers est donc d'autant plus prononcé qu'on leur demande un jugement et pas une description. D'autres sources de variance expliquent la faible fidélité. Guion (1965) en distingue trois : la situation dans laquelle on met le candidat ; l'expérience de l'interviewer ; et la méthode utilisée pour mener l'entretien. Le candidat peut, en effet, être mis à son aise ou, au contraire, stressé par la manière dont il est accueilli, et plus ou moins motivé par l'attitude de l'interviewer à son égard. Par ailleurs, les interviewers peu expérimentés sont souvent moins cohérents dans leur façon de mener l'entretien, et ils sont relativement influençables. Par contre, les interviewers expérimentés développent des stratégies personnelles non validées pour juger leurs « clients ». Ainsi, l'un d'entre eux, cité par Guion, avait l'habitude d'enlever tous les sièges dans son bureau. Des différents comportements possibles (dire qu'il n'y a pas de chaise, attendre sans rien dire, sortir pour chercher une chaise ailleurs, ou s'asseoir sur le coin du bureau), l'interviewer considérait que le dernier était « le meilleur ». Certes, mettre les personnes interrogées dans une situation standardisée et observer leur comportement représente une stratégie valable. Mais donner *a priori* une valeur positive à l'un des comportements ne peut reposer que sur un *follow-up* systématique, pas sur l'intuition de l'interviewer, ni sur une analyse superficielle des motivations qui justifient les différents comportements. Enfin, la procédure utilisée, le type et le contenu des questions, l'ordre dans lesquelles elles sont posées, etc., influencent certainement la nature des résultats.

Avec Guion (1998), on peut résumer ainsi les caractéristiques d'un bon interviewer :

1) il doit bien connaître les postes pour lesquels il interviewe des candidats et, surtout, avoir une représentation bien structurée des exigences de ces postes ;

2) il doit avoir de l'expérience, expérience qui a fait l'objet d'une supervision et lui a permis de connaître un nombre important de postes différents ;

3) les interviewers doivent être intelligents et avoir de réelles capacités d'analyse ;

4) les interviewers doivent avoir en tête une représentation claire du candidat idéal. Ils doivent savoir jusqu'où ils peuvent s'éloigner de cet idéal.

En conclusion, on peut retenir que la fidélité inter-juges des entretiens évaluatifs est en général faible, parce que, dans la plupart des cas, rien n'est fait pour la rendre plus élevée.

Et la validité ?

Compte tenu de ces résultats sur la fidélité des jugements fondés sur l'entretien, on peut s'attendre à ce que leur validité varie beaucoup. Depuis 1984, pas moins de six méta-analyses sur l'entretien ont été réalisées – avec des résultats différents (Hunter *et al.*, 1984, McDaniel *et al.*, 1987, Wiesner et Cronshaw, 1988, Wright *et al.*, 1989, Marchese *et al.*, 1993, Huffaut et Arthur, 1994). À l'exception de la première de ces méta-analyses, toutes s'accordent sur deux points importants. La validité des entretiens est plus élevée qu'on ne l'a pensé jusqu'ici : les coefficients moyens indiqués par quatre de ces synthèses vont, après correction, de . 38 à . 63. En outre, les entretiens structurés sont beaucoup plus valides que les entretiens non structurés. Les décalages entre les résultats obtenus par des méthodes voisines s'expliquent probablement par le nombre des recherches qui ont fait l'objet d'une synthèse et par la manière dont elles ont été sélectionnées. Il faut ajouter que l'entretien est une méthode dont la validation est particulièrement difficile à faire de manière rigoureuse. Tout d'abord on ne valide jamais l'entretien seul, parce que l'interviewer a toujours un dossier sur la personne qu'il reçoit. De ce fait, les études de validation ne peuvent pas isoler ce qui a trait à l'entretien lui-même et ce qui a trait aux informations trouvées dans le dossier. Plus important encore, les critères de succès professionnel sont souvent eux-mêmes de faible fidélité.

Quelles stratégies ?

Une dernière recherche mérite d'être citée parce qu'elle a tenu compte des critiques méthodologiques décrites ci-dessus (Zedeck *et al.*, 1983).

En effet, les auteurs ont non seulement étudié les corrélations entre les évaluations fournies par 10 interviewers sur 131 sujets en utilisant la même grille de notations sur 19 dimensions, mais ils ont également réalisé des comparaisons détaillées des résultats fournis par chacun des différents interviewers. Ils ont ainsi pu montrer que tous les interviewers élaborent leur jugement en utilisant la même stratégie, en ce sens que tous ont fondé leur décision finale sur un petit nombre de dimensions. Mais les dimensions utilisées par chaque interviewer lui sont personnelles, ce qui explique probablement le faible accord entre les juges dans le cas des entretiens. La validité calculée par rapport à des notes professionnelles relevées 6 et 12 semaines après l'embauche n'est pas significative, et ceci malgré le fait que la corrélation entre ces deux séries de critères de succès professionnel est élevée (r = .51).

Ces résultats montrent bien que se limiter à calculer des validités globales sans essayer de comprendre ce qui se passe pendant l'entretien et surtout sans analyser le processus cognitif qui conduit à l'évaluation et à la prise de décision ne permet ni de progresser ni de définir des procédures qui soient susceptibles d'améliorer l'entretien ou, éventuellement, de limiter son rôle à ce qu'il est capable de prédire avec efficacité. En d'autres termes, il est fort possible que certaines descriptions recueillies pendant l'entretien soient pertinentes et utiles. Mais comme, dans la plupart des cas, l'entretien est utilisé pour prendre une décision globale ou pour formuler un pronostic général sur les chances de réussite du candidat dans tel poste ou dans telle formation, il est souvent peu valide. Ce qui ne veut pas dire que l'entretien soit à rejeter. Mais si on veut savoir clairement quelle est sa valeur comme base de décision, il ne faut pas se contenter de constater sa validité inégale, il faut analyser le processus de prise de décision en tant que tel, chercher ce qui peut le fausser et, enfin, identifier la possibilité d'améliorer ce processus en y introduisant plus de rigueur, et en formant les interviewers.

Comment s'élabore le jugement sur autrui ?

Ce problème est d'actualité et de très nombreuses recherches, malheureusement, ici encore, rarement menées en France, lui sont consacrées. Les résultats de ces recherches sont d'autant plus intéressants qu'il est possible de les interpréter dans le cadre des modèles de « l'attribution ». En effet, l'entretien, même s'il vise une évaluation, constitue une interaction sociale qui implique des rôles précis et où chacun interprète le comportement de l'autre en lui attribuant des causes spécifiques, liées au caractère individuel ou à la situation. Analyser le mécanisme de ces attributions permet d'éclairer la genèse des opinions sur autrui qui s'élaborent au cours de l'entretien.

Ces travaux concernent trois aspects du processus d'entretien :

- la manière dont les informations sont traitées par l'interviewer ;
- le rôle joué par les attitudes et les sentiments personnels de chaque interviewer ;
- l'interprétation des comportements observés pendant l'entretien.

Il existe de nombreux examens récents de ces travaux, publiés dans des revues anglaises ou américaines. Nous renvoyons notamment le lecteur, pour plus de détails, aux synthèses de Schmitt (1976), d'Arvey et Campion (1982) et à l'article de Herriot (1981) sur la théorie de l'attribution appliquée à l'entretien de sélection.

Comment sont traitées les informations ?

Les recherches portant sur la manière dont sont traitées les informations recueillies pendant l'entretien, et dont ces informations sont intégrées pour arriver à une décision, ont porté sur trois aspects principaux :

- la succession des événements pendant la durée de l'entretien et, notamment, ce qui se passe avant et après le moment où la décision est prise ;
- le rôle respectif des informations verbales et non verbales ;
- et le rôle joué par le contraste éventuel entre les candidats qui se succèdent.

Contrairement à ce qu'on pourrait penser, la décision finale intervient tôt, souvent dans le premier tiers du temps d'entretien, quelquefois pendant les toutes premières minutes. Il semble que les décisions positives soient plus vite prises que les décisions négatives. Dans la genèse de cette évaluation globale qui justifie la décision, l'ordre selon lequel les différentes informations sont reçues par l'interviewer est important. On observe un effet de « primauté », ce qui signifie que les premières informations possèdent un poids relativement plus fort. En outre, les premières impressions pèsent plus dans la décision que les informations factuelles reçues pendant l'entretien. Enfin lorsqu'on observe de manière détaillée le comportement et les interventions de l'interviewer après qu'il a pris une décision, on peut noter qu'il fait moins attention, qu'il parle plus que le candidat et que, dans le cas où la décision est favorable, il consacre plutôt son temps à « vendre » le poste ou la formation à son interlocuteur.

Deux types d'informations

Les informations exploitées par l'interviewer sont de deux ordres. D'une part, les réponses faites par le candidat aux questions posées et, d'une manière générale, ce qu'il dit pendant l'entretien ; d'autre part, les informations non verbales. Les recherches existantes semblent montrer que les observations du comportement (non verbal) sont importantes, mais il existerait d'importantes différences individuelles sur ce point, différences susceptibles d'expliquer le faible accord inter-juges des évaluations fondées sur l'entretien. Les comportements qui sont pris en compte concernent la direction du regard (le fait de regarder son interlocuteur en face et droit dans les yeux est un facteur favorable), la présence de sourires et de mouvements de tête interprétés comme des signes de décontraction et le fait d'avoir une voix basse et peu modulée, qui serait révélateur d'une faible confiance en soi. Bien entendu, ce sont là des préjugés, peut-être fondés, mais que rien n'a confirmés même s'ils sont très répandus.

Dans la plupart des cas, les interviewers reçoivent une série de candidats les uns après les autres. Existe-t-il un effet de contraste ? En d'autres termes juge-t-on plus favorablement un candidat qui se présente après deux entretiens désastreux ? Et plus défavorablement un candidat qui a la malchance de succéder à un as ? La question reste posée : les résultats des recherches sur ce point ne sont pas clairs et il est d'ailleurs possible que les interviewers bien formés sachent résister à ce genre de biais.

Quel est le rôle des attitudes de l'interviewer ?

L'ensemble de ces remarques laisse penser que les décisions fondées sur des entretiens auraient une chance d'être plus valides si tous les entretiens étaient menés sur le même rythme et avec le même contenu et si une formation identique était donnée à tous les interviewers. Les attitudes et les sentiments personnels des interviewers semblent bien introduire des biais spécifiques dans leur notation et leur décision. On a pu noter qu'ils ont en général des préjugés contre les femmes, sauf lorsque celles-ci sont très qualifiées ou encore lorsqu'elles sont candidates à des postes majoritairement occupés par des femmes. Il est vrai que l'inverse se vérifie et que les hommes qui se présentent à des emplois tradition-nellement féminins sont également victimes d'un biais négatif. Les personnes handicapées sont évaluées avec un préjugé défavorable dû à leur handicap, tempéré par un préjugé favorable dû à la motivation qui leur est attribuée en dépit de leur handicap. Enfin, et surtout, il existe un effet de similarité qui introduit un biais positif envers toute personne qui présente des similarités (de sexe, d'âge, d'origine ethnique, de forma-tion…) avec l'interviewer.

... Et des normes ?

Les préjugés ne sont pas les seules causes de biais et d'inexactitudes dans les jugements portés pendant l'entretien. En effet, un grand nombre de recherches montrent que les interviewers élaborent des normes concernant les « bons » et les « mauvais » candidats. Et la plupart du temps, ces représentations du candidat idéal diffèrent selon les inter-viewers, ce qui peut également expliquer le faible accord entre eux. Cette image du « bon » candidat correspond d'une part à une représen-tation personnelle de la bonne façon d'exécuter le travail demandé et, d'autre part, à des théories implicites de la personnalité. En effet, parce qu'ils n'ont pas toujours d'informations assez précises sur le contenu et les contraintes des postes pour lesquels l'entretien est mené, les inter-viewers se forgent tant bien que mal une idée souvent inadéquate du travail à faire. En outre, leurs idées implicites sur la personnalité les amène à lier, d'une manière qui leur est propre, d'une part des compor-tements observables pendant l'entretien et, d'autre part, les comporte-ments professionnels attendus, ceci dans le cadre d'une classification des comportements et des traits de personnalité. Comme ces théories restent implicites, elles ne sont pas contestées et, en l'absence d'une enquête ou d'une formation spécifique sur ce point, les décalages entre interviewers restent invisibles. Ce qui contribue encore à accroître le désaccord entre les jugements.

Sur tous ces points, il est possible d'aller plus loin que la simple descrip-tion des biais et des contradictions. En effet, les recherches expérimen-tales en psychologie sociale ont permis de développer des modèles et de préciser des règles concernant la perception et l'évaluation d'autrui dans les situations sociales. Ces règles et ces modèles s'appliquent à la situation d'entretien et permettent de reconstituer le mécanisme de l'évaluation qui prend place (Herriot, 1981).

Comme nous l'avons vu plus haut, la perception d'autrui se fait à partir des observations du comportement dans une situation sociale selon un processus dit « d'attribution ». Cela signifie que chacun attribue le comportement qu'il observe chez les autres à des causes spécifiques. Ces causes peuvent être classées en deux catégories, selon qu'elles sont liées aux caractéristiques individuelles ou à la situation dans laquelle la personne se trouve. En d'autres termes, la perception d'autrui et les jugements portés sur lui résultent d'un double processus : la non-prise en considération des conduites considérées comme déterminées par la situation et, par contre, l'attribution de certains comportements observés à des causes individuelles, c'est-à-dire à des traits ou des dispositions qui sont inférés chez l'individu évalué.

À quoi sont attribués les comportements ?

De ce point de vue, il est évidemment important de savoir comment se fait, dans l'entretien, l'attribution du comportement à des causes situationnelles ou à des causes individuelles. Tous les comportements observés chez autrui sont perçus soit comme « normaux » compte tenu de la situation (c'est-à-dire comme explicables par les caractéristiques et les exigences de la situation), soit comme atypiques (c'est-à-dire comme explicables par les caractères singuliers de l'individu observé). Cela signifie que chacun se réfère, implicitement, à des attentes spécifiques concernant ce qui est normal ou rare et atypique dans une situation donnée. Ce mécanisme cognitif fonctionne dans les situations d'entretien où l'interviewer reçoit et questionne un candidat à un poste précis : sur la base de son expérience antérieure, de la culture de la compagnie, et de ses normes personnelles, il s'attend à ce que le candidat se comporte d'une certaine manière.

Les règles qui découlent de cette analyse ont été vérifiées au cours de nombreuses recherches expérimentales. Elles montrent bien que l'attribution se fait en fonction de ce qui est jugé comme relevant de l'individu ou de la situation et de ce qui est considéré comme normal ou comme atypique. Plus précisément, si le comportement de l'interviewé est jugé inhabituel, s'il n'est pas apparu fréquemment dans l'expérience que l'interviewer a de ce type d'entretien, il sera attribué aux caractères propres à l'individu et la perception du candidat sera inférée à partir du comportement observé. Par contre, si le comportement est jugé comme conforme au rôle de candidat, il ne sera pas retenu dans l'élaboration de la description de l'individu, parce que l'interviewer considérera que c'est la situation qui a induit ce comportement et pas la personnalité de l'individu. Cela est encore plus vrai du comportement non verbal, considéré comme étant plus spontané, et moins facilement contrôlé par l'individu. Par exemple, des recherches sur le contact oculaire ont montré que, d'une manière générale, le fait de regarder son interlocuteur dans les yeux est interprété comme un signe de confiance en soi. Mais cette attribution est modulée par ce qu'on attend du candidat : l'interviewer évalue comme plus basse la confiance en soi lorsqu'il s'agit de personnes de statut élevé qui fuient le regard de leur interlocuteur, que lorsque ce comportement est adopté par des personnes de statut modeste. De la même manière, on a pu montrer expérimentalement que si les premières attributions ont permis à l'interviewer d'esquisser une description de l'individu qu'il a en face de lui, il va, pendant le reste de l'entretien, privilégier les observations qui lui permettent de confirmer son hypothèse plutôt que le contraire.

Les dangers de l'entretien

Les études statistiques sur les évaluations fondées sur l'entretien ont montré le faible accord entre les notateurs, ainsi que leur validité prédictive réduite, dus au fait que les caractéristiques de l'interviewer influencent son jugement, qui perd ainsi beaucoup de son objectivité. On peut citer les sources de biais suivantes, sans prétendre en faire une liste exhaustive :

- un effet de halo qui consiste à chercher chez l'interviewé des caractéristiques qui se ressemblent ;

- une attribution erronée expliquant les comportements observés par des traits de personnalité ;

- la subjectivité des jugements qui consiste à faire des évaluations fondées sur ses propres valeurs ;

- l'observation d'informations non verbales que l'interviewer explique de manière subjective ;

- des effets de comparaisons entre candidats successifs.

Améliorer l'entretien ?

Trois raisons pour l'utiliser

Nous avons souligné, au début de cet exposé sur l'entretien comme moyen d'évaluation, qu'il y avait une contradiction apparente entre sa validité inégale et sa large utilisation. Trois raisons avaient été proposées pour expliquer cette contradiction. Il est évident que la première de ces raisons est valable : l'entretien reste utilisé parce qu'il a d'autres fonctions. Il représente la possibilité d'un contact social dans le processus de décision, contact qui humanise ce processus, donne l'occasion au candidat de s'exprimer, de s'informer et lui donne également l'impression d'avoir été jugé « sur lui-même », tel qu'il se présente, et pas à partir de signes ou de performances dont l'interprétation reste mystérieuse. En d'autres termes, l'entretien reste et restera utilisé parce qu'il a une forte validité apparente aux yeux des candidats. Il a aussi l'avantage d'être à la portée de tout le monde, en ce sens que converser avec quelqu'un et se faire une opinion sur lui représente une activité quotidienne et familière. Nous avons vu que l'élaboration du jugement, aussi habituelle qu'elle soit, n'en implique pas moins la mise en œuvre de préjugés, de systèmes de valeur et d'interprétation idiosyncratique qui font de l'évaluation d'autrui une procédure qui, pour être fréquente, n'en est pas moins peu objective.

La deuxième raison invoquée à l'appui de l'usage de l'entretien, c'est le fait qu'il est supposé capable de mesurer ce qui semble échapper aux autres techniques d'évaluation, à savoir les qualités sociales, les intérêts et la motivation. Il est difficile de se prononcer sur la validité de l'entretien en ce qui concerne ces points particuliers parce que les recherches que nous avons résumées ont tenté de valider la décision issue de l'entretien, mais pas l'évaluation de traits précis. Ceci étant, et même s'il était vrai que l'entretien soit valide sur ces aspects, il ne devrait pas être utilisé dans les conditions où il n'est pas valide, c'est-à-dire pour fournir un jugement global d'adéquation au poste, ni là où les qualités sociales, les intérêts et la motivation jouent un rôle secondaire dans le succès professionnel.

Reste la troisième explication, selon laquelle l'interview et les jugements qu'elle fonde sont considérés comme valides alors qu'ils ne le sont pas. C'est probablement vrai dans la plupart des cas. Ce qui revient à dire, si on veut conclure sur ce point, que l'entretien est nécessaire dans la procédure de prise de décision en matière de personnel, qu'il restera utilisé, et que, de ce fait, il importe de faire des entretiens dans les meilleures conditions possibles et de mettre en garde ceux qui en font et ceux qui en utilisent les résultats sur les limites des évaluations qui en découlent.

Comme Monsieur Jourdain parlait en prose sans le savoir, nous faisons quotidiennement des entretiens et des évaluations. Cela ne signifie pas que les processus qu'ils impliquent soient simples et transparents. Le diagramme suivant tente de représenter sous une forme abrégée tous les facteurs qui entrent en jeu et en interaction dans l'élaboration d'une opinion sur autrui au cours de l'entretien : il est évident que les facteurs « parasites », en ce sens qu'ils sont indépendants des qualités propres de l'individu jugé, sont nombreux, difficiles à dégager et impossibles à contrôler.

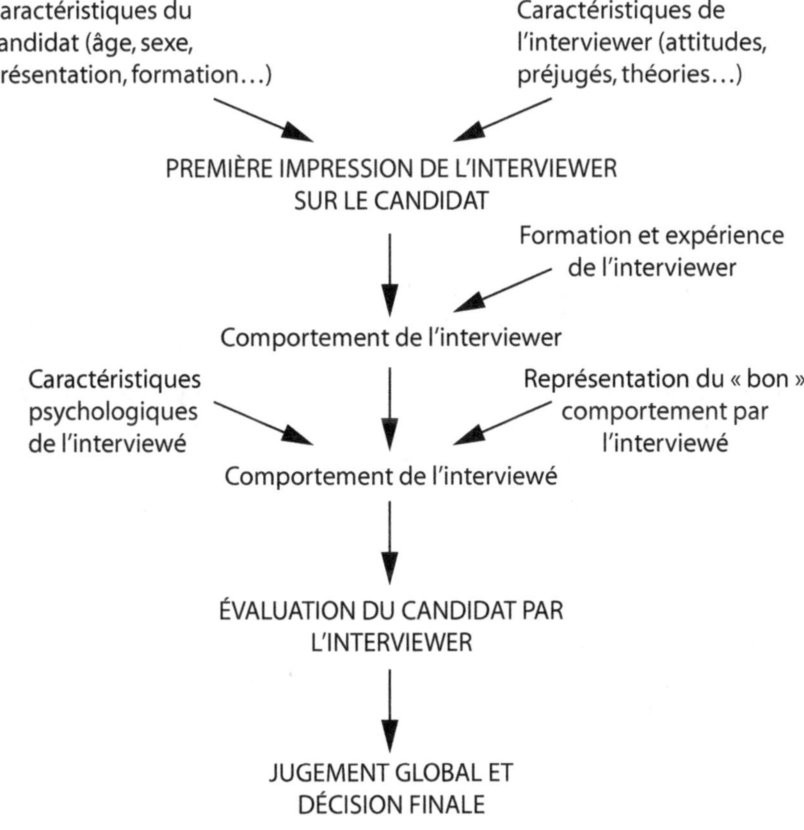

FACTEURS DE L'ÉLABORATION D'UNE OPINION SUR LE CANDIDAT DANS L'ENTRETIEN

Comment accroître objectivité et validité ?

Une représentation plus précise des processus sociaux et cognitifs actifs dans l'entretien permet cependant de formuler des conseils qui devraient lui donner une validité plus constante et améliorer l'accord entre les notateurs. Ces conseils concernent le choix et la formation des interviewers et les moyens qui leur sont fournis.

1) Il est souhaitable de « **sélectionner les sélectionneurs** ». Certes, cela n'est pas facile. Mais, au minimum, garder la trace des évaluations et les comparer à la réalité, de manière systématique, permettrait de ne pas continuer à confier la charge d'entretiens et d'évaluations à ceux qui se trompent lourdement et souvent.

2) Il est encore plus souhaitable de **former les interviewers** et de ne pas continuer à considérer que c'est la chose la plus naturelle du monde, qui n'a donc pas besoin d'être enseignée. En quoi consiste cette formation ? Tout d'abord, il faut que les personnes qui ont à réaliser des entretiens soient informées de la nature des biais et des déformations que nous venons d'exposer rapidement, ainsi que des processus cognitifs mis en jeu dans l'évaluation. Plus encore, il faut les faire participer à des jeux de rôle qui leur permettront de prendre conscience de leurs biais et de leurs préjugés personnels. Sur un plan plus technique, il est nécessaire de leur enseigner l'utilisation des fiches de notation, les défauts et les limites de ces fiches et la manière d'y pallier. Enfin, il faut leur apprendre aussi bien à écouter et à observer qu'à laisser le candidat s'exprimer et poser des questions.

3) Nous avons dit combien sont variés les moyens que les organisations donnent à ceux qui ont la charge de réaliser des entretiens avec le personnel. Il est souhaitable qu'ils reçoivent toutes **les informations** nécessaires. Le bon sens consiste à leur fournir une description exacte et précise des exigences du poste à pourvoir, ou de la formation pour laquelle on recrute, ainsi que des possibilités ultérieures de carrière. Il est évident, mais bien souvent oublié, que si tous les interviewers ne sont pas en possession de la même information, leur jugement sur les « bons » et les « mauvais » candidats seront en désaccord. Dans la même perspective, il faut fournir aux interviewers une liste des points à évaluer. Deux stratégies sont possibles : ou bien donner la même liste à plusieurs interviewers de manière à recouper leurs jugements ; ou bien répartir entre eux des thèmes différents, de manière à préparer une synthèse des observations. Dans tous les cas, il est important que

l'entretien soit aussi structuré que possible, c'est-à-dire que l'interviewer dispose d'une liste de points à couvrir, dans un ordre donné, voire une liste de questions à poser, même si ces questions ne sont pas présentées de manière fermée et si elles ne constituent qu'un simple guide d'entretien.

Entretiens structurés et situationnels

Toutes les recherches montrent (Cook, 1988, Balicco, 2001) que les entretiens sont plus fidèles et plus valides lorsqu'ils sont structurés. Qu'on les nomme « entretien centré sur les compétences », ou « entretien comportemental », ou encore « entretien situationnel », ils ont en commun plusieurs caractéristiques.

Quelles conditions ?

En premier lieu, ils doivent être précédés d'une analyse de poste précise et détaillée qui permet d'identifier les comportements essentiels à la tenue du poste concerné ; cette analyse peut utilement être faite avec des « incidents critiques » qui décrivent des situations réellement observées et caractérisant des comportements efficaces dans le poste à pourvoir. Ces incidents seront ensuite utilisés pour proposer à chacun des candidats des situations devant lesquelles il doit dire comment il réagirait et pourquoi. L'entretien lui-même se fera sur un canevas de questions, ou de situations concernant des compétences qui sont importantes pour le poste et qui différencient les bons professionnels des médiocres. Les candidats sont notés grâce à une fiche de notation ou, encore mieux, à un barème dont les points sont illustrés par des comportements précis. De manière à ce que les différents interviewers aient des repères équivalents, tous disposent d'un guide de notation. Dans la mesure du possible, ils n'ont pas accès à d'autres informations avant l'interview.

Enfin, les résultats de l'interview sont combinés de manière systématique avec les notes obtenues aux différents tests. Cette manière de faire a notamment le mérite de rendre l'interview plus rigoureuse, de ne pas laisser l'interviewer être influencé par son impression concernant des traits de personnalité qui sont mieux décrits par les questionnaires adéquats. En outre, le contenu de l'entretien correspond bien au poste à pourvoir, ce qui le rend plus acceptable par les candidats. Rien d'étonnant, donc, si les données expérimentales concernant cette procédure montrent qu'elle permet d'obtenir des notations dont la fidélité inter-notateurs est beaucoup plus élevée que celle qui caractérise l'entretien traditionnel, et également plus valide par rapport aux évaluations données par l'encadrement (Dipboye, 1997).

Les étapes

Avec Latham (1989), on peut décrire les étapes qui permettent de construire correctement un entretien situationnel :

1) faire l'analyse du poste à pourvoir en utilisant de préférence la technique des incidents critiques ;

2) choisir des situations, ou des incidents, qui correspondent aux caractéristiques du poste et donner une forme interrogative à la description des situations et des incidents (« qu'est-ce que vous feriez si… ») ;

3) élaborer une fiche d'évaluation pour chaque situation, fiche fondée sur les comportements qui correspondent aux caractéristiques personnelles recherchées ;

4) rédiger un guide d'évaluation sur les réponses données par les candidats à chaque situation, de manière à obtenir un accord maximum entre les interviewers ;

5) préciser la correspondance entre chaque situation et les caractéristiques recherchées de manière à faciliter la synthèse de l'interview ;

6) faire une étude pilote afin d'éliminer les situations pour lesquelles les candidats donnent la même réponse et celles pour lesquelles l'accord entre les interviewers est faible.

Un exemple

Un exemple intéressant qui combine l'entretien structuré et l'entretien en situation a été récemment développé et testé avec grand soin par Campion *et al.* (1988). Après une analyse du travail destinée à dégager les connaissances, les aptitudes et les capacités requises pour le poste à pourvoir, et après avoir fait apprécier leur importance relative par un panel d'experts, ils ont construit une série de questions qui ont été posées de manière identique à tous les candidats. Ces questions concernaient des connaissances nécessaires pour le travail à effectuer et des cas devant lesquels le sujet devait dire quel comportement il allait adopter. Les entretiens ont tous été menés par la même personne, associée à deux autres « juges » qui ne posaient pas de questions. L'accord entre les notateurs sur les points à noter est très élevé (r = .88) et la corrélation avec un critère de succès professionnel constitué par une échelle d'observations est de .40, et de .56 après correction pour la restriction de la dispersion et la non-fidélité du critère. En outre, il existe de bonnes corrélations entre les résultats de cet entretien et ceux obtenus avec des tests écrits d'intelligence et d'aptitude, ce qui permet aux auteurs de souligner la forte composante cognitive de ce type d'entretien.

Si cette méthode est efficace et si elle est supérieure à l'entretien traditionnel, pourquoi n'est-elle pas plus souvent utilisée ? C'est là une question symétrique à celle posée plus haut et concernant l'utilisation fréquente d'entretiens classiques. Comme précédemment, il y a bien des réponses à cette question… La confiance que nous avons pour les décisions intuitives, le fait que les preuves existantes de la supériorité des entretiens structurés ne sont pas assez convaincantes pour l'imposer, et également la préférence des candidats comme des interviewers pour un dialogue chaleureux, personnalisé, rassurant et donnant, en définitive, plus de pouvoir à l'interviewer. Il ne faut d'ailleurs pas négliger ces aspects et risquer en standardisant trop étroitement l'entretien de le rendre mécanique, voire d'en faire un biodata oral (Anderson, 1992).

Enfin, il faut signaler qu'il reste encore des scénarios d'entretien peu étudiés. L'un des plus intéressants concerne l'entretien de groupe qui consiste à faire interroger un candidat par un panel d'interviewers. Il a été utilisé avec l'espoir d'échapper aux préjugés individuels et aux notations idiosyncratiques. En fait, les méta-analyses existant actuellement sont peu optimistes : elles ont montré que ce procédé coûteux en temps n'améliore pas la validité (Wiesner *et al.*, 1988, Marchese et Muchinsky, 1993) ou est même moins valide que l'entretien individuel (Searcy, 1993, McDaniel, 1994).

Le « trio classique » – références, CV et entretien – restera longtemps encore la composante centrale des procédures d'évaluation en matière de gestion de personnel. Encore faut-il savoir ne pas trop leur demander et les utiliser de manière adéquate. Les organisations qui n'ont jamais cherché à valider leurs méthodes d'évaluation ne savent probablement pas dans quelle mesure on peut leur faire confiance et comment les améliorer. Elles ne savent pas non plus quelles sont les limites de ces méthodes ni comment on peut les compléter en ayant recours à d'autres techniques que nous allons décrire dans le chapitre suivant.

EN RÉSUMÉ

* CV, références et entretiens sont les méthodes les plus utilisées pour le recrutement.

* L'utilisation de données biographiques, interprétées objectivement et après une étude de validation, peuvent apporter des informations utiles pour les décisions concernant le personnel.

* L'entretien peut apporter des informations fiables à condition qu'il s'agisse d'un entretien structuré ou « en situation » et qu'il soit mené par des personnes formées à ce travail et conscientes des biais qu'il faut éviter.

CHAPITRE 7

Aptitude cognitive et aptitudes spécifiques

Un peu d'histoire aidera à faire comprendre les problèmes posés par la notion d'aptitude. En 1796, Maskelyne, astronome de l'Observatoire royal de Greenwich mit à la porte son assistant, Kinnerbrook, parce que ce dernier relevait les étoiles qui passaient dans le champ de son télescope une seconde plus tard que son patron. Un tel défaut ne pouvait être dû, selon Maskelyne, qu'à l'inattention. Vingt ans plus tard, un autre astronome du même observatoire, Bessel, nota également des différences entre les résultats obtenus par les membres d'une équipe d'astronomes chargés de faire les mêmes observations. Il s'aperçut que ces différences étaient stables et caractéristiques de chaque individu. Pour bien souligner leur nature, il les appela « équations personnelles » et il montra que la mesure de cette équation personnelle dans une situation-test permettait de prédire la qualité future des observations astronomiques. C'est bien là ce que nous cherchons à faire : mesurer des caractéristiques personnelles stables et qui soient prédictrices du comportement professionnel.

En fait, Bessel avait aussi observé qu'un même astronome avait des temps de réaction qui différaient légèrement d'un moment à l'autre, mais il avait décidé que ces variations étaient négligeables par comparaison avec les différences entre individus. Il faudra attendre cinquante ans encore pour que soient clairement distinguées les différences inter et intra-individuelles, pour que Galton présente le premier système rationnel permettant de classer les hommes selon leur « éminence » et qu'il montre que toutes les aptitudes humaines sont distribuées selon une courbe « normale », ce qui permet de caractériser chaque individu par son rang dans une distribution.

À la suite de Galton, dans le premier laboratoire de psychologie expérimentale créé par Wundt à Leipzig en 1880, des chercheurs tentèrent d'appliquer ces notions théoriques et de mesurer les différences individuelles concernant l'aptitude à apprendre. Dans la tradition de l'équation personnelle, et dans la perspective des travaux de psychologie sensorielle menés chez Wundt, ces premiers « tests mentaux » étaient des mesures de temps de réaction, de sensibilité tactuelle, visuelle et auditive, de force, et de rapidité motrice. Le choix non justifié des tests utilisés explique l'échec total de cette première tentative : les collaborateurs de Wundt ne réussirent pas à mettre en évidence des relations entre leurs tests psychomoteurs et sensoriels d'une part, et les résultats scolaires d'enfants et d'adolescents, d'autre part (Ebbinghaus, 1897).

Un pionnier français : Binet

Au même moment, Binet commençait ses recherches sur les enfants présentant des difficultés scolaires. Il s'élevait tout de suite contre l'utilisation de tests sensoriels et moteurs pour expliquer des activités mentales dont il soulignait la complexité. Insistant sur la nécessité d'étudier la mémoire, l'imagination, le raisonnement et l'attention, Binet entreprit d'analyser le travail scolaire, et de construire des tâches voisines de celles auxquelles l'enfant doit faire face à l'école. Les résultats obtenus l'amenèrent à penser qu'il était possible de mesurer l'aptitude mentale à l'aide de ces tâches afin de prédire les résultats scolaires des enfants examinés. En 1905, le premier test de Binet, trente tâches réunies sous le nom d'échelle métrique d'intelligence, a été publié et immédiatement utilisé dans les écoles parisiennes. Cette première tentative a suscité le plus grand intérêt de la part de la communauté scientifique internationale. Surtout, elle constitue la première étape dans le long et difficile parcours de la mesure des différences individuelles d'aptitude. La suite montrera que les Français, une fois de plus, ont été des pionniers mais n'ont pas su, ou pas pu, tirer parti de leur avance.

En quoi l'œuvre de Binet est-elle novatrice ? Avant tout parce qu'elle implique la définition du concept d'aptitude et qu'elle montre l'utilité de sa mesure. Les aptitudes sont des caractéristiques qui différencient les individus entre eux ; si on sait les mesurer, on pourra prédire les résultats ultérieurs dans l'apprentissage ou l'exécution d'une tâche qui les met en jeu. L'intérêt de cette approche ne se limite évidemment pas à la période scolaire. La vie professionnelle est faite d'apprentissages successifs ; et le progrès technologique n'a fait qu'accroître l'importance de la capacité à apprendre. C'est un des mérites de Binet d'avoir compris, à travers les difficultés qu'il a rencontrées pour mesurer les aptitudes mentales, que pour pouvoir s'exercer toutes les aptitudes doivent être développées par la formation et mobilisées par l'expérience. Les conséquences de ce fait sont capitales pour l'évaluation des potentiels humains dans le monde du travail. En effet, comme Binet l'a bien réalisé, on ne peut mesurer une aptitude indépendamment de la tâche qui l'utilise, donc indépendamment d'autres aptitudes qui entrent en jeu simultanément, ni indépendamment des acquisitions de l'apprentissage. De fait, les aptitudes jouent un triple rôle dans l'accomplissement des activités professionnelles. D'une part, elles interviennent dans la formation initiale dont elles représentent une des conditions essentielles ; d'autre part, elles facilitent l'acquisition progressive des connaissances apportées par l'expérience sur le terrain ; enfin, elles sont des facteurs importants de la bonne réalisation de ces tâches, dans la mesure où celles-ci supposent des activités mentales.

Une première application : l'Army Alpha

Le succès de Binet n'est pas dû seulement à la nouveauté de ses conceptions, mais également à la méthode qu'il a utilisée pour explorer cette *terra incognita*. Il a analysé avec soin les tâches scolaires et cherché systématiquement quels « tests » permettaient de différencier les bons élèves et les élèves à problèmes. Cela lui a permis d'avancer pas à pas, par essais et erreurs, en ne retenant que les épreuves, ou les mesures, qui corrélaient avec les résultats scolaires, et cela sans préjugés, c'est-à-dire en essayant tout ce qui lui paraissait susceptible d'être intéressant, aussi bien le volume du crâne que les caractères de l'écriture. Ce faisant, il s'est vite rendu compte que les élèves brillants étaient supérieurs pour tous les « tests », autrement dit que les résultats obtenus avec les épreuves qu'il mettait au point pour différencier bons et mauvais élèves étaient fortement intercorrélés, ou, pour dire les choses encore plus concrètement, qu'un même facteur, l'intelligence, intervenait de manière importante dans toutes les tâches scolaires et dans toutes les tâches-tests.

Les apports de Binet

Les premiers résultats obtenus par Binet restent fondamentaux. Tout d'abord, il a montré que les épreuves de jugement sensoriel comme celles mettant en jeu des fonctions simples telles que la vitesse de réaction n'étaient pas liées au fonctionnement mental (nous dirions maintenant au fonctionnement cognitif). Et il a proposé une définition de l'intelligence (pas seulement, selon sa boutade célèbre, « ce que mesurent les tests ») comme la capacité à adapter son comportement pour atteindre le but poursuivi, et à faire la critique de sa propre démarche. Avant Binet, l'intelligence était plutôt conçue comme un faisceau de « facultés » parmi lesquelles figuraient aussi bien le raisonnement, la mémoire, l'attention que la discrimination sensorielle, facultés sans liens évidents avec nos activités quotidiennes. Binet a constaté qu'il était impossible de mesurer ces différentes facultés isolément parce qu'une tâche met toujours en jeu plusieurs aptitudes. Aussi a-t-il résolu d'évaluer les aptitudes à travers les résultats observés dans l'exécution de tâches-tests, sans chercher à mesurer la contribution spécifique de chacune, mais avec l'idée que l'intelligence participe à la réussite de toutes les activités mentales.

Le succès de Binet, en France comme à l'étranger, en particulier aux États-Unis, a été immédiat et remarquable. Les tests qu'il avait mis au point avec ses collaborateurs ont été traduits, adaptés et étalonnés dans tous les pays. Mais quel rapport y a-t-il entre ces efforts d'un médecin confronté avec des difficultés scolaires et ce qui nous intéresse ici, c'est-à-dire la mesure des aptitudes des adultes ? Un rapport direct : lorsque les officiers américains ont été chargés, au début de la Première Guerre mondiale, de former et d'entraîner les civils mobilisés, et de répartir entre eux les tâches et les fonctions requises pour le bon fonctionnement d'une armée en guerre, ils se sont inspirés des tests de Binet pour créer une épreuve d'intelligence générale nommée « Army Alpha ». Outil d'autant plus utile que la grande majorité des hommes mobilisés étaient des immigrants récents de niveau de scolarité faible ou, dans le meilleur des cas, fort difficile à évaluer, et dont beaucoup ne connaissaient que quelques mots d'anglais.

Les succès de l'Army Alpha

L'Army Alpha est composé de questions concernant la culture générale, de raisonnements simples, de tâches mettant en jeu la capacité à exécuter des consignes et à manier des chiffres. Il a été utilisé sur une population très large, très diversifiée, et sur laquelle on possédait, dans l'ensemble, peu d'informations pertinentes en ce qui concerne les aptitudes et, par conséquent, bien peu de moyens pour prédire les chances de succès ultérieur. Nous avons vu, dans le chapitre 4, que d'autres facteurs que la validité déterminent l'utilité d'un test et, plus généralement, d'une épreuve d'évaluation. Il est évident que l'Army Alpha a été utilisé dans des conditions particulièrement favorables, parce qu'on possédait très peu d'autres informations permettant de prendre des décisions urgentes, et parce que la population concernée était très diversifiée. Il reste que, si la méthode elle-même avait été inefficace, l'ensemble de l'opération se serait soldée par un échec. Ce qui ne fut pas le cas : non seulement le test tint ses promesses, mais les comparaisons faites entre les résultats obtenus par des groupes professionnels variés permirent de constater des différences logiques et importantes entre ces groupes. Ces résultats furent largement décrits et commentés dans la presse et apparurent comme des preuves de la validité de ce test et des tests d'intelligence en général.

Cette expérience de l'utilisation d'un seul et même test sur une échelle et dans des conditions exceptionnelles a permis d'apporter deux données nouvelles : la preuve de l'efficacité des tests comme moyen de pronostic du succès professionnel et le fait que les résultats des tests d'intelligence générale sont très fortement dépendants du niveau d'éducation atteint par les sujets testés.

De retour dans la vie civile, les officiers qui avaient été témoins de ces efforts et de leurs succès en déduisirent que les tests d'intelligence pouvaient être extrêmement utiles pour prédire les résultats scolaires comme les résultats professionnels. D'où une série de travaux qui ont permis le développement de nombreux tests nouveaux, d'études sur leur signification et de recherches fondamentales et appliquées sur les aptitudes, leur structure, leur signification et la validité des méthodes qui permettent de les mesurer.

Une ou des aptitudes ?

De quels problèmes s'agit-il ? Pour le faire mieux comprendre, revenons encore un instant à l'histoire pour montrer comment des besoins sociaux impérieux (ceux des élèves de l'école primaire française d'abord, ceux des recrues de l'armée américaine, ensuite) ont forcé à mettre la charrue avant les bœufs, c'est-à-dire à fabriquer des instruments et à les appliquer avant de disposer d'un modèle théorique et de définitions claires sur ce qu'on entendait mesurer.

Un tableau complexe

Binet, on l'a vu plus haut, s'était aperçu que ses « bons » élèves réussissaient pratiquement toutes les tâches qu'il leur proposait, et que, inversement, les « mauvais » élèves n'en réussissaient aucune. D'où l'idée que, malgré leur diversité, les différentes tâches qui composent son test permettaient de mesurer une aptitude mentale fondamentale. Certes, il n'est jamais possible de ne mesurer que cette aptitude générale, mais l'idée restait que les autres aspects, inévitables, de la tâche, les autres facteurs de sa réussite étaient négligeables, et ne constituaient guère qu'un « bruit » dans la mesure. Après la guerre de 14-18, entraînés par la réussite décrite plus haut, les psychologues ont multiplié le nombre et la diversité des tâches-tests et les ont fait passer simultanément à des groupes importants d'adultes situés au seuil de la vie active ou déjà engagés dans celle-ci. Et on a bien dû constater que le tableau était plus complexe que celui présenté par Binet. D'une part, en effet, il a été confirmé qu'il existait des corrélations appréciables entre les résultats obtenus par les mêmes sujets à des tests d'aptitude différents. D'autre part, on a pu voir que ces résultats n'en gardaient pas moins une réelle indépendance, en ce sens que certains sujets pouvaient être très doués pour une tâche précise mais pas pour une autre.

Il est plus facile maintenant de dresser la liste des problèmes sur lesquels nous voudrions faire le point dans les pages qui vont suivre. Le rapide exposé historique que nous avons fait a montré comment les développements théoriques étaient stimulés par l'application pratique, et réciproquement. C'est encore vrai aujourd'hui, à tel point qu'il nous faudra, pour terminer, envisager les conséquences théoriques de l'utilisation des ordinateurs et de logiciels spéciaux pour faire passer des tests d'aptitude.

Quelles aptitudes ?

Quels sont ces problèmes ? Le premier et le plus fondamental du point de vue théorique concerne la structure des aptitudes. Existe-t-il une aptitude générale dominante et des aptitudes spécifiques de faible importance ? Avec quelles relations entre elles ? Ou bien des aptitudes spécifiques plus ou moins importantes, certaines se situant à mi-chemin entre l'aptitude générale et les aptitudes spécifiques à proprement parler ? Il faut que l'utilisateur de méthodes d'évaluation sache à quoi s'en tenir sur la structure la plus vraisemblable, même si on ne le fait pas entrer dans le labyrinthe des querelles méthodologiques, statistiques et conceptuelles.

Le deuxième point sur lequel nous souhaitons apporter des informations consiste à classer les méthodes disponibles, à expliquer les différences qui existent entre elles, leur raison d'être et leur justification. Cela conduit naturellement à s'interroger sur la validité des tests d'aptitude, et sur les variations éventuelles de ces validités pour différents types de métier et d'emploi.

Troisième point, si les méthodes qui mesurent les aptitudes sont valides, si (et c'est le cas) elles ont résisté à l'épreuve du temps et fait leurs preuves en termes de validité prédictive, il faut tenter de comprendre pourquoi. Et, bien évidemment, de relier ces analyses aux principes théoriques exposés dans la première partie.

Nous avons commencé ce chapitre par une introduction historique, parce qu'elle permettait de dégager les problèmes de fond posés par la mesure des aptitudes. C'était également une manière de montrer que, dans ce domaine, l'application et les problèmes de terrain ont dirigé la réflexion et orienté la recherche fondamentale. De ce point de vue, l'histoire de la mesure des aptitudes est loin d'être finie. Et une nouvelle page a été tournée avec le début du « CAT » (*computer assisted testing*) ou tests assistés sur ordinateur. C'est sur ce nouveau développement et sur les perspectives qu'il ouvre que nous terminerons ce chapitre.

La structure des aptitudes

Comment a-t-on étudié la structure des aptitudes ? Partons, comme point de départ, de la constatation faite par Binet et étayée ensuite par les résultats obtenus avec l'Army Alpha : dans toute tâche, la réussite dépend à la fois d'une aptitude « générale » (qu'on la nomme intelligence ou fonctionnement cognitif) et d'une ou plusieurs aptitudes spécifiques. L'identification de ces aptitudes puis leur classement ont été faits progressivement grâce à cette technique de traitement des données qu'est l'analyse factorielle. Cette analyse permet, après avoir fait passer les mêmes tests à un nombre important de sujets, d'étudier les intercorrélations entre les résultats obtenus, de préciser combien d'aptitudes l'ensemble des tests utilisés permet de mesurer valablement et de réduire les confusions dues au fait qu'on mesure la même chose sous des noms différents. L'analyse factorielle permet également de savoir quelles épreuves fournissent des résultats voisins et donc de clarifier la signification des différentes mesures d'aptitude comme des mesures d'intérêt et de personnalité ainsi que nous le verrons au chapitre suivant.

Quelles aptitudes sont identifiées ?

Quel est le résultat de cet effort d'analyse ? Tout d'abord, il faut noter que les aptitudes identifiées sont de portées variées. Elles peuvent être relativement larges, c'est-à-dire intervenir dans un grand nombre de tâches, ou, au contraire, très pointues, et ne jouer un rôle que dans la réalisation de tâches très spécifiques. Bien évidemment, les aptitudes à large portée sont peu nombreuses. On peut citer l'aptitude verbale qui intervient dans la réussite de toutes les tâches et activités impliquant le maniement de mots et de phrases, l'aptitude spatiale qui joue un rôle dans l'exécution de travaux qui requièrent une bonne perception des objets dans l'espace et la capacité à interpréter des représentations planes d'objets en trois dimensions, et l'aptitude numérique qui concerne le maniement des nombres et la facilité à accomplir des opérations sur ces nombres. On a également identifié de nombreuses aptitudes spécialisées comme la maîtrise du vocabulaire, la compréhension d'un texte écrit, l'exécution d'instructions présentées oralement, la fluidité des associations verbales, le maniement des symboles ou encore celui des représentations figuratives.

Quelles relations existe-t-il entre ces différentes aptitudes ? Les recherches faites pour répondre à cette question sont nombreuses. En outre, il existe plusieurs techniques d'analyse factorielle qui, appliquées aux mêmes données, fournissent des résultats légèrement différents les uns des autres. De plus, comme chaque recherche concerne des ensembles de tests différents, leurs résultats varient. De ce fait, les discussions entre psychologues spécialistes de la structure des aptitudes paraissent byzantines aux utilisateurs des techniques d'évaluation, et ils en ont retenu l'idée que les contradictions et les confusions restaient dominantes. Pourtant, il existe des conclusions sur lesquelles l'accord peut être considéré comme atteint et que nous allons nous efforcer de résumer clairement.

Une représentation hiérarchique

La représentation la plus vraisemblable de l'ensemble des aptitudes correspond à une structure hiérarchique. Cela a plusieurs significations.

- L'aptitude générale (encore dite aptitude mentale ou fonctionnement cognitif) joue un rôle dans toutes les tâches, qu'il s'agisse de tâches professionnelles ou de tests, et ce rôle est toujours important. Concrètement, cette aptitude générale représente environ 50 % de la variance des résultats des tests mentaux, et constitue un facteur déterminant de la réussite des tâches qui impliquent une activité mentale. Elle est constituée essentiellement par la capacité à dégager les aspects pertinents d'une situation, d'une tâche ou de données observées et d'identifier les relations qui existent entre ces aspects significatifs.

- Le reste de la variance est expliqué par des aptitudes indépendantes les unes des autres et qui sont plus ou moins larges (c'est-à-dire couvrant un grand nombre de tests ou de tâches) ou pointues et spécifiques (c'est-à-dire couvrant un nombre restreint de tests ou de tâches).

- La réussite à une tâche (ou à un test) donnée est donc toujours due à une aptitude cognitive générale, et à une ou plusieurs aptitudes à large portée (aptitude numérique, spatiale, verbale et numérique), ainsi qu'à une ou plusieurs aptitudes spécifiques.

Au plan pratique, cela signifie qu'il existe quatre catégories de tests d'aptitudes, selon qu'ils cherchent à mesurer :

- le fonctionnement cognitif d'une manière aussi « pure » que possible, c'est-à-dire aussi indépendamment que possible des autres aptitudes ;

- une des aptitudes fondamentales (quelquefois aussi dite « primaire ») ;

- un ensemble d'aptitudes relativement fondamentales, de manière à obtenir sur chaque sujet testé une évaluation de son fonctionnement général (présent dans tous les tests) et un profil représentant son niveau pour une gamme d'aptitudes précises ;

- une aptitude spécifique isolée, comme la fluidité verbale, ou la maîtrise du vocabulaire.

Peut-on mesurer l'aptitude cognitive générale ?

Le fonctionnement cognitif seul ?

Il faut souligner que les tests qui mesurent le fonctionnement cognitif général ne permettent d'obtenir que des notes qui sont, forcément, également tributaires de plusieurs autres aptitudes, et bien souvent de connaissances acquises. De ce point de vue, et malgré les prétentions de certains auteurs de tests, il n'existe pas de test d'intelligence (ou de fonctionnement cognitif) qui soit totalement indépendant de la culture et, à plus forte raison, du niveau d'éducation. Les tests dits « culture-free » reflètent, comme les autres, le niveau de connaissances acquises. Cela dit, des efforts ont été faits pour tenter de se rapprocher autant que possible de ce test parfait qui ne mesurerait que le fonctionnement cognitif. En particulier, un psychologue anglais, Charles Spearman, a consacré une grande partie de ses travaux à la recherche d'un type de tâches qui mesurent le fonctionnement mental et rien d'autre. Selon lui, les épreuves de raisonnement abstrait sont les meilleures mesures de ce qu'il a appelé le « facteur g », ou aptitude générale. Il a décrit ce facteur g comme étant un processus « d'éduction des relations et des corrélats », c'est-à-dire d'exécution de tâches abstraites qui consistent à faire des observations, à en tirer des principes ou des règles et à les appliquer. Plusieurs tests existants utilisent cette notion et sont constitués d'items qui ont tous même forme et même type de contenu. C'est le cas, par exemple, du test matrix de Raven où le sujet est confronté à des schémas qu'il doit compléter après avoir observé et compris les relations qui existent entre les éléments du schéma proposé. Tous les items sont bâtis sur le même principe mais ils varient en difficulté. La même idée a commandé la construction du test D 48, souvent dit des dominos, et également du test B 53 de Bonnardel.

Une autre manière de diminuer l'importance des aptitudes spécifiques dans la note d'un test d'intelligence générale consiste à varier la forme et le support des questions, afin que d'éventuelles lacunes sur une aptitude spécifique soient compensées par les talents pour une autre. Ces tests mélangent donc des problèmes arithmétiques, des questions de raisonnement abstrait ou concret, des séries à compléter, etc. C'est sur ce modèle qu'ont été construits, par exemple, l'Army alpha et, en France, le BV 9 de Bonnardel, ainsi qu'un des premiers tests d'intelligence écrit directement en français, le test IL 80 de Lahy.

Des batteries multi-aptitudes

D'autres tests, généralement appelés « batterie factorielle », mesurent un ensemble d'aptitudes importantes. Ils sont conçus pour fournir une série de scores représentant les aptitudes que leurs auteurs considèrent comme étant le plus fréquemment mises en cause dans l'apprentissage et dans l'exercice d'une profession. Ils reposent tous sur des analyses factorielles qui ont permis de dégager des aptitudes indépendantes les unes des autres et de préciser la meilleure façon de les mesurer. Toutes ces batteries ont été élaborées aux États-Unis et au moins trois d'entre elles ont fait l'objet de traductions en français.

Ces batteries multi-aptitudes comportent toutes un ensemble de tests qui mesurent chacun une aptitude relativement indépendante des autres. Mais la série d'aptitudes qu'elles couvrent ne sont pas les mêmes. Par exemple, la batterie PMA de Thurstone (« batterie d'aptitudes mentales primaires ») concerne, comme son nom l'indique, six aptitudes mentales jugées fondamentales par l'auteur, à la suite de nombreuses études factorielles : la compréhension verbale, la fluidité verbale, l'aptitude spatiale, l'aptitude numérique, la mémoire immédiate et le raisonnement. La batterie différentielle d'aptitudes (DAT) comporte huit tests, certains correspondant à des aptitudes fondamentales (raisonnement verbal, aptitude numérique, raisonnement abstrait, relations spatiales, raisonnement mécanique), d'autres à des tâches requérant plusieurs aptitudes mais dont les résultats sont susceptibles d'apporter des informations importantes en orientation ou en sélection professionnelle (orthographe, grammaire, exactitude et précision dans un travail de bureau). Enfin la batterie GATB (batterie de tests d'aptitude générale) comporte trois tests mesurant des aptitudes fondamentales (intelligence générale, aptitude verbale et aptitude numérique), deux tests d'aptitude spatiale (perception des formes, relations spatiales), une épreuve de collationnement et trois tests d'habileté motrice (coordination motrice, dextérité manuelle et des doigts). Cette batterie qui a été construite par le US Employment Service a été très largement utilisée aux États-Unis et ses auteurs ont tenté d'établir des profils caractérisant différents types d'emploi.

Les responsables de personnel auront peut-être l'impression, en consultant la liste des tests d'aptitude qui composent ces batteries, qu'elles concernent des qualités bien abstraites et très éloignées des activités professionnelles. C'est vrai. Mais le lien entre la série des aptitudes fondamentales et les activités du travail quotidien peut – et doit – être établi par l'analyse du travail. Nous avons vu, au chapitre 1, que le but de l'analyse du travail consiste précisément à mettre en évidence les aptitudes et les connaissances nécessaires à la bonne exécution du travail. De ce point de vue, les aptitudes différenciées par ces batteries peuvent servir utilement de point de départ pour l'analyse des exigences propres au poste pour lequel on constitue une méthode d'évaluation. Enfin, il faut souligner que lorsque cela s'avère nécessaire, pour un poste présentant une exigence particulière mise en évidence par l'analyse du travail, il peut être utile de construire un test qui concerne un aspect spécifique mais décisif de la tâche, comme, par exemple, la rapidité et la précision de la perception visuelle, ou l'aptitude à exécuter des consignes écrites, ou encore le codage d'informations selon une règle prescrite, etc.

En résumé, il existe **trois types de tests d'aptitude**, ce qui explique que le mot « aptitude » soit utilisé avec des acceptions différentes. On parle d'aptitude générale (ou d'intelligence générale, ou encore de fonctionnement cognitif) pour désigner cette aptitude fondamentale qui est mise en jeu dans toutes les tâches et qui est mesurée, peu ou prou, par tous les tests. Les tests dits de classification générale, ou d'intelligence générale, ou encore de facteur g, sont construits pour mesurer l'aptitude générale de la manière la plus pure possible. Par ailleurs, le même terme désigne également des aptitudes importantes et fréquemment utilisées, en particulier, les aptitudes verbale, spatiale et numérique qui représentent des facteurs de réussite dans un très grand nombre de tâches professionnelles. Enfin, c'est toujours le même mot qui est utilisé lorsqu'on parle d'aptitudes tout à fait spécifiques, entrant en jeu dans un petit nombre de tâches particulières et pour lesquelles on construit, en général, des tests spécifiques, assez proches, en définitive, des essais professionnels dont nous parlerons dans le chapitre 9.

Il existe de nombreux tests de ce dernier type, c'est-à-dire qui mesurent une aptitude étroite et bien définie ; par exemple, un test de classement permettant d'apprécier l'aptitude à classer des informations nouvelles dans des catégories prédéterminées, un test de précision visuelle, mesurant la capacité à voir de petites différences, ou encore un test d'orthographe. Rentrent également dans cette catégorie les tests d'aptitudes motrices, mesurées à travers des tâches motrices bien standardisées. Nous verrons, dans le chapitre sur les essais professionnels, que les recherches menées pour mesurer les aptitudes motrices ont clairement montré que ces aptitudes sont indépendantes les unes des autres. En d'autres termes, il n'existe pas de facteur général des activités psycho-motrices qui pourrait être comparé au facteur général des activités mentales.

Une liste d'aptitudes

Au total, il faut retenir que les tests d'aptitude existants correspondent à un modèle théorique décrivant les aptitudes mentales, les relations qui existent entre elles et les problèmes posés par leur mesure. Si on suit ce modèle, il est logique de penser que toute tâche (et également tout apprentissage) met en jeu :

l'aptitude générale

+

une ou plusieurs aptitudes principales

+

une ou plusieurs aptitudes spécifiques

Les résultats des analyses factorielles très nombreuses faites sur des épreuves, ou sur des tâches, mettant en œuvre le fonctionnement cognitif ont permis de dresser la liste des aptitudes cognitives spécifiques. Cette liste n'est sûrement pas définitive. Et différents auteurs en donnent des versions qui ne sont pas totalement identiques. On trouvera une liste détaillée, avec des exemples et des suggestions concernant les tests qui mesurent ces aptitudes, dans l'ouvrage de Fleishman (1995), traduit en français, avec des références aux instruments de mesure disponibles en France.

Les exemples suivants et leur définition, extraits de la liste des vingt aptitudes cognitives décrites dans l'ouvrage de Fleishman (1995), donnent une idée de leur variété et de leur diversité :

- compréhension orale : aptitude à comprendre le français parlé ;
- compréhension écrite : aptitude à comprendre des phrases et des paragraphes écrits ;
- expression orale : aptitude à utiliser des mots et des phrases en français de manière à être compris par d'autres ;
- expression écrite : aptitude à utiliser des mots et des phrases écrits en français de manière à se faire comprendre ;
- mémorisation : aptitudes à se souvenir d'informations ;
- raisonnement déductif : aptitude à mettre en application des règles générales ;

- raisonnement inductif : aptitude à combiner des informations distinctes ;
- flexibilité cognitive : aptitude à grouper des choses de manière différente ;
- rapidité de structuration : aptitude à structurer rapidement des informations ;
- souplesse de structuration : aptitude à identifier une forme connue ;
- rapidité de perception : degré selon lequel on sait comparer rapidement et avec précision ;
- attention sélective : aptitude à se concentrer sur une tâche.

Validité des tests d'aptitude

Ces tests sont-ils valides ? Comme ils mesurent, de la manière la plus pure possible, l'aptitude générale, les aptitudes principales et les aptitudes spécifiques, ils devraient prédire le succès professionnel à condition :

1) qu'ils possèdent les qualités de fidélité et de différenciation que nous avons définies au chapitre 3 ;

2) et qu'ils soient choisis de manière pertinente à la suite d'une analyse du travail telle que celles que nous avons décrites au chapitre 1.

Reste à vérifier si le modèle et la méthode sont effectivement valides, c'est-à-dire si les résultats obtenus à l'aide de ces différents tests permettent réellement de prédire la réussite professionnelle.

Les synthèses des recherches

Il existe, en fait, des milliers d'études, publiées ou inédites, qui ont mesuré la validité des tests d'aptitude. Ces recherches ont fait l'objet de synthèses nombreuses, surtout réalisées aux États-Unis. Dans un premier temps, ces synthèses étaient essentiellement narratives, parce que leurs auteurs ne disposaient ni des outils statistiques ni des outils informatiques permettant de faire une agrégation des coefficients de corrélation obtenus dans les études de validité qu'ils avaient rassemblées. Plus récemment, et en particulier à la suite des travaux de Hunter et de Schmidt sur la généralisation de la validité, dont nous avons parlé dans le chapitre 3, il a été possible de réaliser des « méta-analyses », après avoir corrigé les coefficients de validité pour tenir compte de la taille et de la dispersion des échantillons, et de la fidélité des tests et des critères. Dans l'état actuel de nos connaissances, les résultats de ces synthèses, qui portent sur de très grands nombres d'échantillons et de sujets, permettent d'affirmer un certain nombre de points que nous allons exposer maintenant.

Lorsqu'on utilise un ensemble pertinent de tests d'aptitude, dont le choix est fondé sur une analyse correctement effectuée du travail et de ses exigences, la moyenne des corrélations obtenues dans un ensemble d'études concernant plus de 30 000 personnes se situe au niveau de .50. Lorsqu'on considère isolément les seuls tests d'aptitude générale, les corrélations vont, selon les cas, de .25 à .45 (Smith et Robertson, 1989).

Une série d'études, toutes faites aux États-Unis, ont montré que les tests d'aptitude ont une validité constante à l'intérieur d'une même famille de métiers. Ces efforts de synthèse ont notamment été faits avec succès pour les métiers de bureau (Schmidt et Hunter, 1977), pour 35 métiers de l'armée (Schmidt et Hunter, 1978), les techniciens (Northrop, 1985) et les programmeurs (Schmidt *et al.*, 1980). Il en paraît régulièrement de nouvelles dans les revues spécialisées.

On peut donc retenir que l'information issue des tests d'aptitude est pertinente et qu'il est utile de faire passer des tests de ce type, particulièrement lorsqu'il s'agit d'une première entrée dans le monde du travail, c'est-à-dire lorsqu'on ne possède pas d'autres informations sur les candidats que la qualification qu'ils ont acquise dans le système scolaire. Et il n'est pas nécessaire de répéter des études de validité pour chacune des spécialités entrant dans la même famille de métiers puisque aussi bien les tests d'aptitude cognitive et d'aptitudes fondamentales permettent toujours d'obtenir une bonne prédiction du succès dans l'emploi, ceci même si le fait d'ajouter des tests plus spécifiques est susceptible d'accroître la qualité du diagnostic.

Des différences selon les métiers

Reste qu'il existe une réelle variation entre les validités observées pour des familles de métiers différentes. Hunter *et al.* (1984) apportent à ce fait une explication très intéressante. Ils ont utilisé les 515 études de validité faites en 35 ans par les services de l'emploi américains, toutes utilisant la même batterie de tests, le GATB, une des batteries décrites ci-dessus. Comme nous l'avons vu plus haut, le GATB comporte 12 tests dont les scores peuvent être regroupés en trois catégories qui correspondent à trois aptitudes fondamentales, une aptitude cognitive générale, une aptitude spatiale générale et une aptitude psychomotrice. Hunter *et al.* ont comparé les scores dans ces trois groupes d'aptitude avec la réussite pour différentes catégories d'activité professionnelle. Pour classer ces activités, ils ont utilisé un groupement par grandes catégories permettant d'ordonner les métiers en fonction de la complexité des tâches qu'ils comportent. Ce qui leur a permis d'agréger les données et d'obtenir le tableau que nous reproduisons ci-dessous.

Corrélations entre les scores aux trois groupes de tests du GATB et la réussite professionnelle pour trois niveaux de complexité *

Activités	R	AC	AS	AM
Organiser	.59	.56	.52	.30
Synthétiser et coordonner	.58	.58	.35	.21
Analyser et calculer	.53	.51	.40	.32
Comparer et copier	.50	.40	.35	.43
Manutentionner	.49	.23	.24	.48

* D'après Hunter *et al.* (1984). AC = aptitude cognitive ; AS = aptitude spatiale ; AM = aptitude psychomotrice ; R = coefficient de corrélation multiple.

On peut noter que les coefficients de corrélation obtenus sont tous appréciables, et que les coefficients de corrélation multiple sont tous élevés. Mais les coefficients caractérisant les différents groupes de tests varient et cette variation semble bien être fonction du niveau de complexité des tâches. La validité des tests d'aptitude cognitive croît à mesure que la complexité des tâches augmente. Et la validité des épreuves psychomotrices augmente en même temps que la complexité des tâches diminue.

Des différences selon les critères

Il peut exister une autre source de variabilité entre les coefficients de corrélation obtenus dans des conditions homogènes avec les mêmes tests dans le même type de métier ou d'activité professionnelle. C'est le type de critères utilisés pour décrire et mesurer le succès professionnel. Dans une recherche récente, Nathan et Alexander ont envisagé cette source de variation. Ils ont réalisé une méta-analyse des coefficients de validité obtenus avec des tests prédisant la réussite dans les emplois de bureau, et ceci, par rapport à cinq types de critères différents : notations professionnelles par la hiérarchie, classement fait par la hiérarchie, échantillons de travail, quantité de production et qualité de la production. Les résultats obtenus concernent sept types de tests : aptitude générale, aptitude numérique, aptitude verbale, rapidité perceptive, mémoire, aptitude spatiale et habileté motrice. Au total, 1 709 corrélations concernant ces cinq critères et ces sept types de tests ont été rassemblées. Quatre des cinq critères (notations, classement, quantité de production et essais professionnels) sont bien prédits par chacun des tests utilisés. Le caractère prédictif des notations et des indices de production est très homogène pour les tests d'aptitude verbale, d'aptitude numérique, de rapidité perceptive, de mémoire et d'aptitude spatiale. Mais les notations sont mieux prédites que les indices de production par les tests d'aptitude générale. Les critères pour lesquels les coefficients de corrélation sont régulièrement les plus élevés sont les échantillons de travail et les classements : ils vont de .51 à .54.

Un problème : prédire la qualité

En revanche, les indices de qualité de la production fournissent des coefficients de corrélation bas et qui varient fortement selon les tests employés. Ce point est d'autant plus intéressant qu'on sait l'importance attachée actuellement aux exigences de qualité. Comment expliquer les problèmes rencontrés avec ce critère particulier ? Les auteurs offrent trois explications qui retiennent l'attention. Premièrement, ils notent la difficulté à rendre opérationnels de manière uniforme les critères de qualité. Selon les cas, il s'agit de nombre d'erreurs, ou de pourcentage de travail correctement fait, ou encore d'erreurs par période de temps. Surtout, ils rappellent que les indices de qualité sont en général faiblement fidèles. En effet, dans la mesure où les erreurs sont relativement rares, il faut relever des données pendant une période de temps longue pour que des résultats significatifs, permettant de déceler les individus qui font plus d'erreurs que les autres, soient rassemblés. Enfin, il faut également rappeler que, bien souvent, la qualité du travail n'est pas contrôlable par le personnel. Si nous avons décrit cette recherche et ses résultats en détail, c'est parce qu'elle représente un excellent exemple des bénéfices retirés de toute recherche de validation et, *a fortiori*, des synthèses réalisées par la méta-analyse. Non seulement ces travaux permettent de dresser un tableau de résultats sur lesquels des applications ultérieures pourront s'appuyer, mais ils représentent une occasion de réflexion critique sur tous les paramètres mis en cause.

Plusieurs études ont soulevé le problème de la validité supplémentaire qu'apportent des tests d'aptitudes spécifiques à la mesure du fonctionnement cognitif général. En d'autres termes, le fait d'ajouter à une mesure du fonctionnement cognitif général des mesures plus spécifiques va-t-il accroître la validité du pronostic de succès professionnel ? Qu'il s'agisse de prédire la réussite en formation ou dans une activité professionnelle, l'accroissement de validité est tout à fait négligeable. Les gains de validité relevés par Salgado (2001), grâce à l'emploi de tests d'aptitude verbale, numérique, perceptive, spatiale ou de mémoire, vont de 0 à .02.

Un autre problème : la généralisation de la validité

La plupart des méta-analyses concernant la validité des tests d'aptitudes cognitives ont été faites aux États-Unis. Elles ont montré que ces tests sont des prédicteurs valides du succès professionnel et de la réussite des apprentissages, et que cette validité est généralisable, c'est-à-dire qu'elle se vérifie quels que soient les critères, les métiers et les populations concernés (Schmidt, 2002). Ces conclusions peuvent-elles valablement s'appliquer à l'Europe ? La question méritait d'être posée du fait des différences de méthodes de sélection entre l'Europe et les États-Unis, aussi bien que de la diversité des cultures en Europe. Une série de méta-analyses récentes (Salgado *et al.*, 2003) ont montré que la validité prédictive des tests d'aptitude cognitive se vérifie également dans tous les pays de l'Union européenne, atteignant .62 pour la réussite professionnelle et .54 pour la réussite en formation. Il faut souligner que les chiffres obtenus pour la réussite professionnelle sont en fait plus élevés que ceux obtenus aux États-Unis. En d'autres termes, la validité prédictive des tests d'aptitude cognitive, qu'il s'agisse d'épreuves spécifiques ou d'aptitudes cognitives générales, ne dépend ni de la culture, ni de la religion, ni de la langue, ni des conditions socio-économiques. Cette conclusion mériterait d'être vérifiée dans des pays autres que ceux de la zone européenne. Toutefois, du point de vue pratique, ces résultats confirment l'efficacité de l'utilisation des tests d'aptitude cognitive pour la sélection du personnel.

Que mesurent les tests d'aptitude cognitive ?

Savoir ce qu'on mesure est essentiel. Constater que ces mesures constituent des prédicteurs valides de la réussite professionnelle est tout aussi important. Mais cela ne dispense pas de chercher à mieux comprendre ce qui explique cette validité, c'est-à-dire à quoi sont dues les relations constatées entre tests et indicateurs de réussite.

À quoi est due la validité ?

On peut notamment se demander si le niveau d'aptitude représente une condition requise à l'entrée dans la vie professionnelle, mais dont l'importance devient de moins en moins forte à mesure que l'individu acquiert une expérience du travail. En d'autres termes, est-ce que le rôle des aptitudes comme déterminant de la réussite professionnelle vient surtout de leur importance dans les processus d'apprentissage qui permettent d'acquérir des connaissances et des savoir-faire essentiels au bon exercice des activités professionnelles ? Ou est-il dû principalement au fait que ces aptitudes interviennent directement dans ces activités ? La question est centrale à la fois sur le plan théorique et sur le plan pratique. En effet, si les aptitudes sont surtout importantes comme conditions nécessaires à l'apprentissage et à l'acquisition de l'expérience, on doit s'attendre à ce que les validités diminuent au fur et à mesure que l'expérience acquise, certes plus lentement et plus difficilement, égalisera les différences initiales. Ce débat sur le rôle des aptitudes est capital. Poursuivons la réflexion et supposons que le rôle des aptitudes se joue surtout comme clé pour l'acquisition des connaissances, et qu'il diminue, une fois les connaissances acquises. Dans une période où le bagage d'acquisitions techniques et de connaissances requises pour l'exercice d'un métier s'accroît sans cesse, il deviendra impératif de développer des méthodes de formation adaptées aux niveaux d'aptitude médiocre puisque, aussi bien, même les moins doués, une fois formés correctement, seraient capables d'exercer leur activité de manière satisfaisante.

Un outil précieux : la méta-analyse

La méta-analyse, ici aussi, permet d'apporter des éléments de réponse à cette question. Une première étude de Hunter (1983) faisant la synthèse de travaux civils et militaires a montré que l'aptitude mentale générale (le fonctionnement cognitif) corrèle effectivement avec les connaissances professionnelles acquises (.66 pour les civils, .55 pour les militaires), lesquelles corrèlent, à leur tour, avec les essais professionnels (.53 pour les civils, .56 pour les militaires) et avec les notations professionnelles (.31 pour les civils, .30 pour les militaires). Et Hunter attribue la différence observée entre métiers du civil et du militaire au fait que l'apprentissage dans l'armée donne beaucoup d'importance aux exercices et à l'apprentissage systématique. Cela voudrait dire que les individus les plus intelligents sont de meilleurs travailleurs surtout parce qu'ils apprennent plus vite et plus à fond ce qui concerne leur travail.

Une autre recherche plus récente (Schmidt *et al.*, 1988) modère ces premiers résultats. Elle examine trois hypothèses. Selon la première, les différences de performance entre individus à fort potentiel cognitif et individus à faible potentiel cognitif s'accroîtraient à mesure que ceux-ci accumulent de l'expérience professionnelle ; selon la deuxième, c'est le contraire qui se produirait : les différences entre doués et moins doués diminueraient à mesure que l'expérience s'acquiert ; enfin, selon la troisième, les différences de performance resteraient constantes dans le temps. La première hypothèse entraînerait un accroissement de la validité des tests mentaux dans le temps ; la deuxième, une diminution de cette validité ; et la troisième, une validité constante. La recherche de Schmidt a porté sur des données concernant quatre métiers militaires pour lesquels on possédait des évaluations professionnelles (notations et observations) obtenues après 4, 11, 16, 22 et 60 mois. Tous les sujets de l'étude avaient passé le test de qualification de l'armée américaine (AFTQ) au moment de leur entrée dans l'armée et ils ont été régulièrement soumis à des tests de connaissances professionnelles fondés sur une analyse détaillée du travail. Les résultats sont en faveur de la troisième hypothèse : la validité des tests de fonctionnement cognitif est restée constante pendant les cinq années de l'étude. Les coefficients de corrélation exprimant la validité sont très élevés lorsque les tests sont mis en relation avec les observations professionnelles (.59 à .74) et avec les résultats aux tests de connaissance professionnelle (.69 à .92), et moins élevés pour les critères représentés par les notations professionnelles (.32 à .57).

Validité des aptitudes spécifiques

La majorité des recherches sur la validité prédictive des aptitudes a concerné le fonctionnement cognitif, probablement à cause de leur très large spectre de validité, alors que les aptitudes perceptives et motrices ne concernent qu'un nombre limité de fonctions et de tâches, et que les épreuves qui les mesurent sont, en fait, relativement peu utilisées dans les entreprises. Les analyses factorielles ont montré que les *aptitudes physiques* sont corrélées entre elles et que les tâches professionnelles mettent en jeu trois aptitudes fondamentales, la force musculaire, la résistance cardio-vasculaire et la qualité des mouvements (J. Hogan, 1991). Comme on pouvait s'y attendre, les épreuves physiques prédisent l'évaluation des performances dans les activités qui demandent des qualités physiques avec des corrélations de l'ordre de .30 (Salgado, 1999). Et il faut noter, d'une part, que la validité prédictive de ce type d'épreuves diminue à mesure que la complexité des tâches augmente, et d'autre part, qu'elles ajoutent peu de validité prédictive supplémentaire à la prédiction apportée par les tests de fonctionnement cognitif. En ce qui concerne les aptitudes perceptives, les quelques recherches existantes indiquent une validité de l'ordre de .30 avec le succès dans les emplois de bureau. Mais il s'agit de recherches relativement anciennes et qui concernent des emplois que le développement de l'informatique a rendus obsolètes.

En conclusion

Au total, et dans l'état actuel de nos connaissances, on peut formuler deux conclusions distinctes.

1) Les tests de fonctionnement cognitif prédisent le succès professionnel parce qu'ils mesurent une aptitude nécessaire à l'acquisition des connaissances requises pour faire correctement son travail. On peut distinguer deux types d'acquisition, selon qu'elle se déroule dans un environnement de formation, initiale ou continue, ou qu'il s'agit de l'acquisition de connaissances et d'expériences sur le terrain. Dans le premier cas, les connaissances à assimiler sont présentées de manière didactique. Et on sait depuis longtemps que le niveau d'aptitude mentale joue un rôle déterminant dans la facilité à apprendre. Mais, dans le second cas, le rôle de l'aptitude générale est encore plus important. En effet, pour tirer un parti profitable de l'expérience de terrain, il faut d'abord effectuer le travail cognitif nécessaire à l'identification et à la formulation des données pertinentes à partir des nombreuses informations constamment offertes sur le terrain.

2) Les tests de fonctionnement cognitif prédisent le succès professionnel parce qu'ils mesurent une aptitude directement utile dans l'exécution quotidienne du travail. Et ceci est encore plus vrai lorsqu'il s'agit d'une tâche ou d'un emploi exigeant un effort d'adaptation de ses connaissances à des situations qui se renouvellent, ou un effort d'innovation pour élaborer des solutions à des problèmes qu'il faut analyser avant de pouvoir les maîtriser.

3) Sauf pour les tâches très peu qualifiées, qui sont d'ailleurs de plus en plus confiées à des machines, les épreuves motrices et perceptives n'apportent qu'une validité supplémentaire très restreinte par rapport aux épreuves cognitives.

Comment et quand utiliser les tests d'intelligence ?

Le monde du travail est complexe et varié. Même si la validité prédictive des tests d'intelligence est indiscutable, il faut en respecter les conditions d'utilisation. En premier lieu, si on veut vérifier la corrélation entre les scores aux tests d'intelligence, d'une part, et la réussite en formation ou en activité professionnelle. D'autre part, il faut que ces deux variables soient suffisamment dispersées. Ce qui signifie qu'aucune corrélation significative n'apparaîtra si les membres du groupe testé obtiennent des scores très proches, ou encore si leurs résultats en formation sont voisins.

Par contre, la validité des tests d'intelligence a été vérifiée (Salgado *et al.*, 2003) dans tous les pays d'Europe et pour toutes les activités professionnelles, même si elle est d'autant plus élevée que cette activité est complexe.

Quels progrès à venir ?

L'outil informatique

L'histoire des tests d'aptitude ne s'arrête pas là. Nous avons montré comment les progrès de l'analyse statistique et les possibilités de traitement de données offertes par l'informatique ont fait repenser l'ensemble de la théorie des aptitudes. Le développement de l'informatique ouvre également de nouveaux horizons à la mesure des aptitudes. L'évolution technologique qui a mis à la disposition des utilisateurs du matériel de moins en moins encombrant, de moins en moins cher et de plus en plus facile à utiliser devrait multiplier l'utilisation de l'informatique comme support de test et remplacer les questionnaires et tests « papier-crayon ». Comme on peut le penser, ces développements nécessitent des efforts classiques de création de software coûteux. De ce fait, ils ne se font que lentement et n'ont concerné dans un premier temps que les organisations où les effectifs justifient des efforts importants, comme l'armée et la marine américaines et l'armée allemande.

Cependant il existe maintenant des logiciels de test qui sont commercialisés et les réalisations sont assez nombreuses pour que des recherches et des bilans aient été publiés (Hackel, 1986 ; Murphy, 1988). Les premiers résultats disponibles montrent que, lorsqu'on transpose un test sur ordinateur, les résultats obtenus corrèlent fortement avec ceux de la version sur papier, et leur validité reste intacte. De plus, les sujets apprécient ce mode d'examen, et la standardisation de l'administration des tests est strictement respectée.

Ce sont là des avantages matériels indéniables mais qui ne représentent pas de changement fondamental dans la méthode même de l'évaluation. Les progrès en cours se situent ailleurs et concernent quatre points, deux aspects techniques et deux autres aspects plus fondamentaux. Le progrès le plus évident vient de la possibilité de rendre les tests dynamiques : en utilisant les ressources graphiques et typographiques de l'écran, on peut faire bouger, renforcer, changer de couleur, etc., un item de test. Par ailleurs, le fait de traiter les réponses au moyen d'un logiciel permet de s'affranchir de la dichotomie traditionnelle bonne/mauvaise réponse et de mettre au point des corrections plus fines soit parce qu'elles tiennent compte de la qualité de la réponse, soit parce qu'elles calculent des scores différents, selon la contribution de chaque réponse à des dimensions différentes.

Des tests sur mesure ?

Bouleversant beaucoup plus profondément les habitudes, l'utilisation de l'ordinateur permet aussi de faire des tests adaptés à chaque sujet, des tests sur mesure (*adaptive testing*). De quoi s'agit-il ? Jusqu'à maintenant, tous les sujets se voient proposer les mêmes questions et problèmes. Tout au plus dispose-t-on, pour certains tests, de versions dont la difficulté est différente, de manière à ce que les scores soient classants pour des groupes de niveaux de scolarité plus ou moins élevés. L'ordinateur ouvre de nouvelles perspectives. Il est possible de lui faire utiliser des processus statistiques qui tiennent compte de la difficulté de chaque question, de son pouvoir discriminant ainsi que de la probabilité, pour chaque sujet, de fournir la réponse correcte, compte tenu des réponses qu'il a données aux questions précédentes. Cela suppose que l'ordinateur ait en stock non seulement des informations sur la difficulté des questions, mais également une banque de questions de difficulté variée, et qui, bien évidemment, ne seront pas toutes utilisées pour chaque sujet. Dans ces conditions, le programme permet, après chaque réponse, de calculer un score provisoire, et de choisir la question suivante de manière à ce que la réponse donnée par le sujet à cette nouvelle question apporte le maximum d'informations. Si les tests d'aptitude utilisaient tous cette possibilité, la durée de l'examen serait réduite, et les informations concernant la difficulté des items ainsi que leurs interrelations s'enrichiraient continuellement par le simple fait que des sujets passeraient les tests sur ordinateur.

La prise en compte des processus

Mais le progrès le plus important à attendre de l'utilisation de l'informatique vient de la possibilité qu'elle offre de ne pas limiter l'évaluation à la prise en compte du résultat du travail et de l'étendre au processus employé par le sujet pour arriver à ce résultat. De ce point de vue, et comme le souligne Guion (1989), les tests sur ordinateur ne constituent pas une autre façon de mesurer les mêmes variables, mais une façon de mesurer ce que nous n'avons jamais mesuré jusqu'ici, et, en particulier, d'intégrer les résultats des recherches actuelles sur les processus cognitifs. Prenons, par exemple, l'aptitude spatiale. Au lieu de ne disposer que des résultats atteints par les sujets à des questions impliquant l'usage de ces aptitudes, l'ordinateur nous permettra de suivre pas à pas le processus utilisé par chacun pour recueillir et traiter l'information spatiale.

Nous ne savons pas, pour le moment, si des données sur les processus seront plus valides que des données sur les résultats de ces processus, ni si les processus utilisés par un sujet dans la situation artificielle du test permettent de prévoir quel processus il utilisera dans les situations réelles de travail. Mais il est évident que le travail industriel et commercial requiert de plus en plus souvent, et à des échelons de plus en plus nombreux, le recueil et le traitement d'informations. De ce point de vue, des tests permettant de mesurer et de décrire avec précision les processus fondamentaux de traitement de l'information utilisés par chaque individu devraient être utiles pour prédire les résultats professionnels dans la plupart des emplois et devraient permettre de prédire les comportements et les performances mieux que les tests que nous possédons actuellement. Une nouvelle page a été tournée dans l'histoire du développement des tests d'aptitude.

EN RÉSUMÉ

* Tout test d'aptitude mesure, peu ou beaucoup, l'intelligence générale (ou fonctionnement cognitif). Aucun test d'aptitude ne mesure que l'intelligence générale. Les tests de facteur g ou de classification générale ou d'intelligence sont construits de manière à mesurer surtout l'intelligence générale.

* Toute tâche, ou activité professionnelle, ainsi que son apprentissage, exige un peu, ou beaucoup, de potentiel intellectuel (ou intelligence, ou fonctionnement cognitif).

* Tout test d'aptitude cognitive générale mesure une aptitude fondamentale et une (ou plusieurs) aptitude(s) spécifique(s).

* Les tests d'aptitude cognitive générale ont le plus haut niveau de validité prédictive de toutes les procédures utilisées en sélection professionnelle.

* Ces tests sont les meilleurs prédicteurs de la réussite en formation et de l'efficacité professionnelle.

CHAPITRE 8

Les tests de personnalité et leurs indications

Nous avons montré, dans le chapitre précédent, que les tests de fonctionnement cognitif et d'aptitudes spécifiques apportent des informations dont la validité est indiscutable et, surtout, généralisable à toutes les activités professionnelles. Toutefois il est évident que ces seuls tests cognitifs ne suffisent pas à réaliser un pronostic de succès professionnel, en particulier parce qu'ils n'apportent aucun renseignement sur la personnalité des candidats. Cela est particulièrement vrai lorsqu'il s'agit de recrutement pour des postes de cadres ou pour des fonctions où l'aptitude à travailler en équipe et la qualité des relations sociales représentent des exigences fondamentales.

Importance de la personnalité

L'analyse du travail, la description des attentes que formulent les responsables de personnel au sujet des personnes qu'ils souhaitent recruter mettent en évidence l'importance des qualités sociales, de l'honnêteté, de la créativité et de l'initiative, des capacités à commander, de la résistance au stress. D'où le recours aux entretiens, aux références et aux informations que peuvent apporter les *curriculum vitae* ou les questionnaires biographiques. On a vu plus haut que, sans être inutiles, ces différentes méthodes ont souvent déçu leurs utilisateurs, probablement parce qu'elles étaient employées de manière intuitive, non systématique et sans souci de vérifier leur validité. Il est certes possible de les rendre plus fiables, et plus valides. Cela n'a pas empêché que, à la recherche d'autres sources d'informations, les responsables de service de personnel fassent

appel aux tests de personnalité, avec l'espoir qu'ils seraient aussi efficaces dans leur champ d'investigation que les tests cognitifs, et qu'ils
permettraient de déceler chez les candidats la présence ou l'absence des
traits de personnalité qui sont souhaités ou qu'on désire éliminer.

En d'autres termes, tout le monde s'accorde à reconnaître la forte
demande qui concerne l'évaluation et la description de la personnalité.
Pourtant le contenu de cette demande et la signification du terme même
de *personnalité* sont flous. Le mot est souvent utilisé, dans le langage
courant, sous la forme « avoir de la personnalité », comme synonyme de
présence sociale, d'énergie et de force de caractère. Les définitions
proposées par les psychologues sont plus larges mais pas forcément plus
précises et concernent, selon les auteurs, l'aptitude à jouer des rôles, la
capacité à s'adapter à un environnement changeant, et, plus souvent, un
ensemble de traits indépendants qui caractériseraient le comportement
passé et qui devraient permettre de définir le comportement futur.

Ce caractère vague des définitions n'empêche pas les cadres et les
responsables de personnel de préciser quels sont les traits de personnalité requis par tel ou tel emploi. La notion de compatibilité entre « une
personnalité » et une fonction est, en fait, concrétisée de trois façons
différentes. Le plus souvent, l'attente concernant les informations que
doivent fournir les examens de personnalité reste vague puisqu'il s'agit
seulement de prédire les chances de succès dans un emploi donné. Mais
il arrive que la demande soit plus circonscrite, et concerne des traits
souhaités comme l'autorité, la tolérance, la persévérance, l'empathie. À
l'inverse, la hiérarchie peut demander l'élimination des candidats qui
présentent une caractéristique non désirée : absence de contrôle de soi,
agressivité, malhonnêteté, intolérance au travail de groupe – la liste est
longue et variée. La demande des employeurs concernant la personnalité est rendue encore plus complexe par le fait que se mêlent à des traits
de personnalité des caractéristiques de nature différente du point de vue
psychologique, notamment les intérêts et la motivation.

Une information nécessaire

Il y a donc une certaine confusion dans le domaine de la mesure et de
la description de la personnalité. Cette confusion est accrue par la
présence, sur un marché friand de techniques simples et faciles à appliquer, de nombreuses méthodes réputées miraculeuses. Leurs auteurs ne
se font pas faute d'employer un vocabulaire alléchant pour les décrire,

sans, malheureusement, apporter de précision sur ce qui est mesuré, ni de preuves sur la fidélité ou la validité de la mesure. Ce qui est d'autant moins pardonnable que les dernières années ont été marquées par des progrès théoriques et pratiques importants dans le domaine de la description de la personnalité et de la définition des traits utilisés pour caractériser la personnalité d'autrui. Et que ces progrès ont amené les praticiens à réviser le choix et l'utilisation des méthodes d'une manière qui a considérablement accru la validité des questionnaires. Ce qui ne signifie pas que l'utilisation de ces instruments puisse être faite sans précaution ni règle. Ni que l'accord soit fait sur les principes et les méthodes qui concernent la personnalité et sa description.

Le nombre de publications récentes sur ce sujet témoigne de l'intérêt de ces problèmes pour les chercheurs comme pour les praticiens et de la vigueur des discussions. Outre de nombreux livres exclusivement consacrés à la personnalité (Buss et Cantor, 1989 ; Craik *et al.*, 1993 ; Roberts *et al.*, 2001 ; Barrick *et al.*, 2003 ; Rolland, 2004), deux numéros spéciaux de la *Revue européenne de psychologie appliquée* sur « le modèle de personnalité des Big Five en Europe » (Rolland éditeur, 1994) et sur « Validité et utilité de l'évaluation de la personnalité en psychologie du travail » (Bartram éditeur, 1993), de nombreux articles font le point sur les progrès récents, en Europe comme aux États-Unis, tels ceux de Salgado (1997), Hough (1998), Robertson et Callinan (1998), De Fruyt (2001), Hough et Ones (2001), pour ne citer que les plus récents.

En fait, si cette abondance de méthodes et de publications donne une impression de confusion, c'est probablement parce que plusieurs problèmes sont abordés simultanément, problèmes que nous tenterons de présenter séparément. En premier lieu, des **problèmes éthiques**, notamment ceux concernant les aspects confidentiels que les tests de personnalité abordent. En deuxième lieu plusieurs **problèmes théoriques** différents, la nature même de la personnalité, la définition et le nombre des traits de personnalité, le rôle relatif de la personnalité et des caractéristiques de la situation pour déterminer le comportement, et, en outre, la validité prédictive des questionnaires de personnalité. Un autre aspect sera présenté ensuite, qui repose sur l'importance de **l'évaluation de soi**, du « *self-concept* », dans les conduites et leur motivation. Le *self-concept* a une certaine plasticité et les méthodes qu'a suscitées cette approche sont autant des outils de description que des moyens pour faire évaluer l'individu. Ces diverses approches n'épuisent pas le champ de la personnalité : il nous restera à parler des intérêts, de leur mesure et de leur rôle comme déterminants de la réussite professionnelle, et de la possibilité de décrire les échelles de valeurs individuelles qui sous-tendent les motivations.

Problèmes éthiques

Différents cas

Les problèmes *éthiques* doivent être abordés dans un cadre institutionnel. C'est une chose de faire passer des tests de personnalité à une personne venue consulter pour des problèmes personnels – demande de conseil ou traitement d'un cas pathologique. C'en est une autre que de faire passer ces tests dans le cadre de la vie professionnelle et en vue de remettre les résultats et/ou leur interprétation à une entreprise ou à toute autre organisation. Dans le premier cas, les informations recueillies restent confidentielles. Dans le second, elles doivent servir de base à des décisions de recrutement, de promotion, etc. Et même si les réponses de la personne testée ne font pas l'objet d'une diffusion intégrale, la description de sa personnalité ne restera pas un secret partagé seulement par le psychologue et son client. Tout test représente, dans une certaine mesure, une violation de la sphère personnelle. Mais ce sont surtout les tests de personnalité qui ont été considérés comme une intrusion dans l'intimité.

Chacun, en effet, ne montre que sa « personnalité sociale » et peu d'entre nous souhaitent exposer à l'extérieur leur « personnalité profonde ». Le décalage entre ces deux aspects est d'ailleurs fonction des normes socio-culturelles. Par exemple, dans une culture qui désapprouve l'expression des émotions, l'agressivité ou l'intolérance, ces tendances seront réprimées par l'individu, même si elles sont présentes avec force dans sa personnalité. On peut se demander si les tests de personnalité, et, en particulier, ceux qui, comme les tests projectifs, dissimulent leur objet, ne forcent pas l'individu à révéler des attitudes, des tendances ou des sentiments qu'il souhaite garder pour lui. Cette accusation faite aux psychologues de ne pas respecter la dignité de la personne humaine ne doit pas être prise à la légère. Mais elle ne doit pas non plus être le thème d'attaques superficielles et qui confondent les différents aspects du problème.

Quelle pertinence ?

Le premier de ces aspects concerne la pertinence des questions posées et, par conséquent, la validité des tests utilisés en vue de décisions spécifiques qui sont à prendre. Il est inacceptable de poser des questions concernant la personnalité et de faire passer des tests de personnalité sans être capable de dire avec précision quelle est l'utilité de ces questions, et quelles sont la valeur prédictive et la signification des descriptions de personnalité qu'on en tire. Cela ne veut pas dire qu'il suffit d'avoir la conviction que les questions posées sont utiles et qu'elles correspondent à des informations susceptibles de prévoir le comportement professionnel ultérieur. Encore faut-il être à même de prouver, en s'appuyant sur l'étude des qualités métriques telles que nous les avons décrites au chapitre 3, l'utilité des méthodes employées. Malheureusement, comme le remarquait Cronbach dès 1970, il suffit de disposer d'un matériel d'imprimeur pour devenir marchand de tests. Et il est très regrettable qu'on confonde souvent la très sérieuse entreprise que représentent la mise au point et la validation d'un test avec les promesses sans fondement de diseurs de bonne aventure.

Protéger la vie privée

Reste un second aspect, le plus fondamental, du problème. Est-ce qu'un employeur, ou le psychologue qui travaille pour lui, a le droit de poser aux individus des questions sur leur vie privée, qui sont, apparemment au moins, sans rapport avec le travail ? En réalité, ce n'est pas poser de telles questions qui constitue un problème, c'est le fait d'utiliser ce type d'informations pour prendre une décision concernant la vie professionnelle. On ne décrira pas ici en détail les procès intentés aux États-Unis à des entreprises et à des organisations par des employés qui se jugeaient victimes de préjugés injustifiés. Mais il faut retenir que toute organisation doit être en mesure de prouver que les informations qui lui ont servi à prendre une décision (d'embauche, de promotion, de mutation, etc.) concernent bien des aspects pertinents, c'est-à-dire valides, de la personnalité et ne masquent pas, en réalité, des procédés destinés à exclure telle ou telle catégorie de personnel dont on ne veut pas, pour des raisons qui n'ont rien à voir avec les exigences du travail.

Quelle transparence ?

Le dernier aspect qu'il faut prendre en compte du point de vue éthique est le plus délicat. Dans quelle mesure avons-nous le droit de tromper les personnes examinées en les forçant à révéler des aspects de leur personnalité sans qu'elles réalisent elles-mêmes la signification de ce qu'elles disent ? Certes, nous acceptons tous de nous prêter à des examens biologiques, pour des raisons médicales, sans être toujours capables de comprendre la signification des informations qui sont ainsi recueillies. Mais nous en connaissons l'objet : faire un diagnostic qui correspond à des symptômes apparents, ou contrôler l'efficacité d'un traitement en cours, par exemple. Il devrait en être de même dans le cas des examens de personnalité. Qu'est-ce que cela veut dire ? Que tout examen doit être précédé d'une explication accessible au sujet et qui comporte une justification de sa validité. Et que ces examens doivent être faits dans un climat de confiance réciproque, confiance dans l'objectivité, la compétence et l'honnêteté du psychologue et dans l'usage qui sera fait des informations recueillies. Ce n'est pas toujours le cas. Trop souvent, malheureusement, on fait passer des tests de personnalité avec une idée floue de leur utilité, et seulement en vue d'en savoir plus sur le candidat, sans objectif précis. C'est cette curiosité vague qui représente une atteinte à la dignité humaine, pas le fait de faire passer des tests s'ils sont pertinents et valides, et s'ils permettent ainsi d'éviter des échecs aussi pénalisants pour le candidat que coûteux pour l'organisation.

Un aspect clé : la prédiction

Les remarques précédentes, comme les analyses faites de façon plus générale dans l'introduction et dans le chapitre sur les qualités métriques, nous renvoient donc finalement à la capacité prédictrice des méthodes utilisées, à leur réalisme et à leur acceptabilité par les personnes qui y sont soumises. Lorsqu'on doit choisir une méthode de description de la personnalité, il est donc très important de bien préciser ce qu'on souhaite mesurer et de savoir pourquoi telle ou telle technique permet d'atteindre les objectifs définis. Comme nous l'avons vu précédemment, cette évaluation des méthodes repose à la fois sur leur capacité prédictrice proprement dite et sur leur validité de contenu et de construction, autrement dit sur la théorie qui a servi de base à la construction de l'épreuve. Ce deuxième aspect est particulièrement important en ce qui concerne la personnalité, pour deux raisons distinctes. Tout d'abord, nous avons vu, dans le chapitre sur la notation professionnelle et les critères de succès, combien les grilles de notation devaient être employées avec prudence. En particulier, les aspects de la notation qui portent sur la personnalité sont toujours sujets à caution. D'une part, parce qu'ils sont particulièrement soumis à « l'effet de halo », ce qui signifie que le notateur ne fournit qu'une évaluation globale de la personnalité. Et d'autre part, parce que les notateurs jugent par référence à leur vue naïve de la structure de la personnalité, voire à des préjugés de tous ordres et qu'ils fondent trop souvent leurs évaluations sur des observations fragmentaires du comportement. De ce point de vue, l'absence de validité prédictive ne signifie pas forcément que les prédicteurs ont tort et que les évaluations de la hiérarchie sont exactes. Elle peut aussi refléter une mauvaise utilisation des ressources humaines, des conditions de travail démotivantes, ou encore, l'utilisation par la maîtrise des fiches de notation pour atteindre un but spécifique, par exemple, se débarrasser des « fortes têtes » ou recruter un maximum de nouveaux agents.

Une histoire mouvementée

Très populaires dans les années 1960, le rôle et l'intérêt des tests de personnalité ont été fortement contestés. Dans les années 1970-1980, les critiques de Mischel (1968) ont conduit à dévaloriser le concept même de personnalité et à accorder une importance centrale aux facteurs situationnels. On a mis en cause, en particulier, le caractère falsifiable des réponses aux questionnaires et l'influence de la « désirabilité sociale » qui conduirait les personnes à se décrire de la manière la plus « désirable » possible. Et l'absence de validité prédictive cohérente a achevé de dévaloriser le recours aux tests de personnalité dans les décisions de sélection. Mais, dans les années 1990, de nouvelles recherches ont montré la fidélité des tests de personnalité ainsi que leur validité prédictive (Lévy-Leboyer, 2005). Pourtant, les doutes sur ces points sont revenus, spécialement sur le manque de fiabilité et l'insuffisance de validité des résultats obtenus aux questionnaires de personnalité. Ces deux points seront donc envisagés dans les pages qui suivent, notamment les recherches les plus récentes et les conclusions pratiques qu'il faut retenir.

Problèmes théoriques et pratiques

L'analyse faite jusqu'ici, et notamment la confusion qui règne au sujet de ce qu'on entend par personnalité, ainsi que l'importance qu'il faut accorder aux modèles théoriques qui justifient la construction des différentes méthodes existantes nous ont conduit à présenter les différents modèles théoriques qui justifient l'emploi de telle ou telle catégorie de tests de personnalité. Nous exposerons d'abord la conception globale et psychodynamique de la personnalité, les outils que cette approche a permis de construire, leurs qualités et leurs défauts. Les progrès théoriques récents, notamment le modèle des « *big five* », cinq dimensions fondamentales qui sont utilisées pour décrire aussi bien sa propre personnalité que celle des autres, seront décrits dans le paragraphe suivant, ainsi que les résultats pratiques que ce développement a suscités en ce qui concerne la construction, l'utilisation et la validité prédictive des questionnaires de personnalité.

A - LA PERSONNALITÉ GLOBALE : APPROCHE « PSYCHODYNAMIQUE »

La conception psychodynamique de la personnalité voit dans les conduites humaines une manifestation de l'interaction dynamique de forces internes, interaction qui se déroule dans le champ de l'inconscient : tout comportement résulterait du désir de satisfaire les besoins profonds, tendances, impulsions et instincts qui caractérisent l'individu. Selon cette conception, c'est donc au niveau de l'inconscient qu'il faut chercher les déterminants du comportement, et il faut les décrire dans leur globalité, puisque aussi bien c'est leur dynamique interne qui détermine les conduites et pas l'addition de chacun des besoins, des impulsions ou des instincts.

Des critiques

Même si ces notions sont maintenant largement répandues, la théorie psychodynamique de la personnalité n'a pas été exempte de critiques théoriques et empiriques (Bandura, 1986). Notamment, les méthodes qu'elle a suscitées sont impossibles à valider parce qu'elles s'inscrivent dans une sorte de cercle vicieux. En effet, l'existence des déterminants profonds et inconscients est inférée à partir du comportement qu'ils sont censés déterminer. Ainsi, l'existence du besoin de réussir est diagnostiquée à partir des réponses données par les individus qui manifestent un comportement ambitieux, le besoin d'autorité à partir du comportement autoritaire, la curiosité à partir de conduites exploratoires, etc.

Par ailleurs, la présence de besoins ou d'impulsions profondes qui caractériseraient de manière constante tout individu se réconcilie difficilement avec le fait que les comportements d'un même individu varient selon les situations et notamment selon leur contexte social. En fait, la théorie psychodynamique ne postule pas l'existence d'un déterminisme psychique inconscient qui aurait toujours les mêmes effets comportementaux. Elle soutient, au contraire, que cette dynamique interne peut entraîner des effets comportementaux différents. Dans ce cas, la théorie et *a fortiori* les instruments diagnostics qu'elle justifie ne sont pas faciles à tester de manière empirique.

Quels instruments ?

Si on accepte l'idée que ces déterminants inconscients du comportement sont protégés par des défenses fortes qui opèrent elles-mêmes de manière inconsciente, l'accès à ces agents inconscients de la motivation requiert des méthodes indirectes qui permettent de contourner les mécanismes de défense. Les tests qui ont été construits avec l'intention de décrire la personnalité globale et son fonctionnement dynamique inconscient sont connus sous le nom de « techniques projectives ». Elles sont constituées par des stimuli ambigus ou sans signification que les sujets doivent interpréter et commenter. Ces méthodes reposent sur l'idée que le sujet « projette » ainsi sa personnalité profonde et la révèle à travers son interprétation des stimuli proposés. La tâche de celui qui fait passer le test est évidemment particulièrement importante puisqu'il lui revient de décrire la dynamique de la personnalité dans sa globalité à partir des réponses obtenues.

Les preuves de la qualité et de la pertinence de ces méthodes consistent le plus souvent à expliquer un comportement qui s'est déjà manifesté à l'aide d'un schéma décrivant la dynamique inconsciente qui l'a déterminé. En revanche, lorsqu'on a cherché des témoignages de l'efficacité prédictive de ces méthodes, les résultats obtenus ont été généralement décevants. Comme l'indique Bruchon-Schweitzer (1987), dans une synthèse des recherches existantes, sur les quelque 5 000 publications concernant les techniques projectives, il n'en existe qu'une centaine abordant le problème de leur validité et moins de cinquante, anciennes pour la plupart, qui concernent des problèmes de sélection ou d'orientation professionnelle. Bien plus, les conditions d'utilisation de ces méthodes ne respectent pas les règles qui caractérisent l'utilisation des autres tests. La passation des tests peut varier d'un expérimentateur à l'autre, il n'existe pas toujours de code d'analyse des réponses, et la fidélité de la méthode ne peut que difficilement être distinguée de la fidélité liée à l'expérimentateur lui-même.

Dans ces conditions, rien d'étonnant si les différences entre groupes professionnels sont apparues comme très minimes, et si seulement 4 études sur 50 recensées par Bruchon-Schweitzer fournissent des prédictions faiblement valides, les autres échouant totalement. Cette synthèse confirme tout à fait les revues antérieures de la littérature, notamment celles de Reilly et Chao (1982) et de Kinslinger (1966).

Il faut d'ailleurs rappeler que les techniques projectives les plus courantes ont été construites pour contribuer au diagnostic clinique ou comme outil de recherche, et pas du tout pour évaluer les caractéristiques individuelles dans le cadre d'une prédiction du succès professionnel. Peut-être obtiendrait-on de meilleurs résultats si le principe des méthodes projectives faisait l'objet d'une application à la psychologie du travail et s'il existait un cadre théorique prenant en compte les problèmes spécifiques de la prédiction du succès professionnel.

L'échelle de Miner

C'est en fait le cas pour une des méthodes existantes, connue sous le nom de MSCS (*Miner Sentence Completion Scale* : échelle de phrases à compléter de Miner), méthode qui se trouve être la seule qui ait permis d'obtenir des résultats probants en ce qui concerne la prédiction du succès des cadres dans l'entreprise. Miner a analysé les tâches couramment effectuées par les cadres et a proposé une liste de six rôles que ceux-ci doivent être capables d'effectuer de manière compétente.

1) Être capables d'obtenir que leurs actions soient soutenues par les niveaux supérieurs de la hiérarchie, ce qui suppose une capacité à avoir de bonnes relations avec leurs supérieurs, donc une attitude positive vis-à-vis de ceux qui représentent l'autorité.

2) Être compétitifs, c'est-à-dire accepter les défis qui leur sont proposés et être prêts à lutter pour obtenir des promotions, un meilleur statut et pour défendre leurs idées.

3) Se comporter de manière énergique et active, ce qui implique la charge du groupe dont ils ont la responsabilité, la prise de décisions, et tout ce qui est nécessaire pour que la discipline soit respectée.

4) Exercer une autorité sur leurs subordonnés, diriger leur travail, et veiller à ce que ce travail soit fait de manière adéquate, en utilisant les récompenses et les punitions qui sont à leur disposition.

5) Avoir de la visibilité et se comporter d'une manière qui entraîne chez les autres de l'attention et des contributions positives.

6) Être prêts à assumer des tâches administratives, telles que faire partie de commissions, constituer des dossiers, établir des budgets, etc.

Pour mesurer la réaction affective des candidats à ces six rôles, Miner a construit une série de quarante phrases à compléter et élaboré un code de dépouillement des réponses qui permet d'obtenir sept notes, correspondant aux six rôles ci-dessus, la compétitivité (rôle n° 2) étant notée sous deux aspects, compétitivité dans les activités ludiques et dans les situations de travail. Dans une revue des recherches faites avec cette échelle, Miner (1978) a montré que les scores globaux corrèlent avec le succès professionnel des cadres lorsque celui-ci est mesuré au moyen d'une variété de critères, pente des carrières, promotion, évaluations par la hiérarchie. En particulier, les deux scores de compétitivité, l'attitude vis-à-vis de l'autorité et l'exercice du pouvoir corrèlent bien avec ces critères. Toutefois, d'après Miner, cette échelle ne serait valide que dans les organisations de type bureaucratique. Et elle ne permet pas de prédire la position prise dans l'organisation par certains individus qui exercent un leadership informel.

Au total, il faut retenir que les tests projectifs couramment utilisés, notamment pour la sélection des cadres, et qui ont été mis au point dans une perspective clinique, n'ont qu'une faible validité et une faible fidélité. Pourtant, il semble possible d'utiliser avec profit la notion de projection, dans des conditions permettant de respecter l'exigence de fidélité, et dans le cadre d'une analyse spécifique des exigences de poste. Encore faudrait-il faire cette analyse dans le contexte des entreprises françaises, et, surtout, ne pas se dispenser de vérifier la fidélité et la validité des scores obtenus.

B - TRAIT OU SITUATION : LES QUESTIONNAIRES DE PERSONNALITÉ

Une autre manière de décrire la personnalité consiste à utiliser des questionnaires qui ont fait l'objet d'analyses factorielles et permettent, grâce à l'utilisation de grilles de correction, d'obtenir un « profil » de personnalité, c'est-à-dire une série de scores décrivant les traits de personnalité de chaque sujet. Ces questionnaires peuvent être « sémantiques » et utiliser des adjectifs à choisir ou bien comporter des questions sur les comportements habituels.

Une validité générale ?

Nous avons vu dans le chapitre sur les tests d'aptitude que, contrairement à ce qu'on a cru pendant longtemps, les tests de fonctionnement cognitif ont bien une validité générale, vérifiée quelle que soit la situation, et quelle que soit l'activité professionnelle considérée. Peut-on imaginer qu'il en est de même en ce qui concerne les questionnaires de personnalité ?

Réfléchissons à ce que cela signifie. Dans le cas des tests de fonctionnement cognitif, le fait que leur validité soit « généralisable » veut dire que les qualités intellectuelles qu'ils mesurent sont utilisables, et effectivement utiles, dans toutes les activités professionnelles. Dans le cas de la personnalité, l'hypothèse de validité « généralisable » repose sur la notion de trait. Elle implique, en effet, que chaque individu soit caractérisé par un profil psychologique, ou par une série de traits de personnalité, qui détermine son style de comportement. Par exemple, un individu agressif se comportera de manière agressive, dans toutes les situations ; une personne autoritaire manifestera son autorité partout. En d'autres termes, si le comportement est largement tributaire d'une « personnalité de base », le style propre à chacun est cohérent à travers les situations et stable dans le temps.

Les questionnaires de personnalité reposent sur cette double assomption : stabilité des traits de personnalité et possibilité de les inférer à partir de questions posées aux sujets sur leur comportement passé ou encore sur leur comportement habituel. La plupart de ces questionnaires ont été l'objet d'analyses factorielles portant sur de grands échantillons, analyses qui ont permis de préciser la manière dont les réponses se regroupent, et d'en inférer l'existence de traits que des grilles de dépouillement permettent de noter. De telles études coûtent cher. Aussi la plupart des questionnaires disponibles en France ont-ils été traduits de l'anglais. Dans le meilleur des cas, mais malheureusement pas toujours, la composition factorielle a été vérifiée sur un échantillon français. Parmi les plus connus, on peut citer le questionnaire de personnalité de Cattell, l'inventaire de Guilford-Zimmerman et l'inventaire de personnalité de Californie.

Malgré les efforts réalisés pour structurer les questionnaires de personnalité et leur donner une signification empirique, leur validité par rapport aux comportements professionnels est apparue dans un premier temps comme très faible, notamment dans les résultats de la méta-analyse pratiquée par Hunter (1984) qui utilise les mêmes méthodes que celles qui ont permis de montrer le caractère généralisable des qualités prédictives des tests de fonctionnement cognitif.

Améliorer la rédaction

Plusieurs raisons peuvent être données à cet état de fait. D'une part, les questions sont relativement transparentes, de telle manière qu'on risque d'obtenir plus un portrait du candidat idéal (tel que la personne interrogée se le représente) que le profil du sujet lui-même. Cela est d'autant plus vrai qu'il existe maintenant des « formations » aux tests où les candidats viennent apprendre quels sont les « pièges » où ne pas tomber.

Il y a bien des moyens de réduire cette déformation des réponses. On peut veiller à la rédaction des questions et les rendre moins transparentes. Il est également possible d'introduire des items qui permettront de constituer une véritable échelle de mensonges parce qu'ils concernent des péchés véniels dont la majorité d'entre nous se rend coupable. On peut enfin glisser dans le questionnaire des questions particulièrement sensibles au désir de faire bonne impression. De telles échelles existent, par exemple, dans l'inventaire de personnalité de Californie.

Une manière encore plus directe de procéder consiste à remplacer les questions par un choix entre des paires d'affirmations dont la désirabilité sociale est équivalente. Mais cela crée des corrélations artificielles entre les échelles. En effet, les sujets sont forcés de choisir une des réponses et de rejeter l'autre. Or les scores sont obtenus en regroupant les réponses par catégories. Le total des scores est donc un chiffre constant et l'augmentation d'un score diminue forcément les autres. On a également essayé de poser des questions avec des réponses à choisir qui ne sont pas biaisables parce qu'elles concernent des faits précis. Par exemple, on peut demander aux sujets d'estimer des données chiffrées, ou d'associer des mots, ou de fournir des informations dont l'exactitude devrait refléter leurs motivations.

Il reste possible que les individus aient des comportements plus ou moins cohérents. Ce qui voudrait dire que les tests de personnalité seraient plus valides pour certaines personnes. Mais Chaplin et Goldberg (1984) n'ont pas réussi à prouver que l'évaluation de leur propre cohérence par les sujets eux-mêmes module efficacement les résultats des questionnaires.

En fait, il semble plus intéressant de comprendre pourquoi et dans quelles conditions les individus adoptent des comportements différents dans des situations différentes plutôt que d'opposer traits et situation. C'est ce type de réflexion qui mène à fabriquer des situations standard dans lesquelles il est possible d'observer les comportements individuels de façon objective : ce sont les tests de situation qui font l'objet du prochain chapitre.

Pour l'instant, ce qu'il faut retenir, c'est que l'environnement et la manière dont il est manipulé peuvent exercer une influence forte sur le comportement. C'est le cas pour toute une série d'aspects de la situation, qu'il s'agisse des récompenses ou des sanctions, ou bien encore des caractéristiques mêmes de la tâche, variété, signification, autonomie de décision, etc. On doit donc admettre que personnalité et situation déterminent les comportements, probablement dans le cadre complexe du « déterminisme réciproque » décrit par Bandura (1986) pour rendre compte à la fois des effets de la situation sur l'individu et sur son comportement, des effets du comportement sur la personne et sur la situation, et, enfin, des effets de l'individu sur le comportement et sur la situation.

Validité des questionnaires de personnalité

La validité « globale » des tests et inventaires de personnalité semblait donc faible. Toutefois, il existait déjà des cas où des inventaires de personnalité faits sur mesure pour une situation professionnelle précise donnaient des résultats positifs. Une étude de cette sorte a visé l'identification précoce du potentiel d'encadrement à la *Standard Oil of New Jersey* (Laurent, 1968, 1970). Le plan d'action suivant a été adopté : dans un premier temps, des critères de succès ont été développés avec soin et fondés sur le niveau atteint dans la hiérarchie, la pente des salaires et l'efficacité globale. Un inventaire de personnalité classique (le Guilford-Zimmerman) a été passé par un échantillon de 443 cadres en activité et les corrélations entre les notes obtenues à l'inventaire de personnalité et les différents critères ont été calculées. Ensuite, sur la moitié de l'échantillon interrogé, des corrélations ont été calculées entre les critères, d'une part, et chaque item du questionnaire, d'autre part. Les items valides pour la première moitié de l'échantillon ont été contrôlés pour la seconde moitié. Cela a permis de construire une nouvelle grille de dépouillement du questionnaire. La corrélation totale entre un critère composite de succès professionnel et les notes à l'inventaire de personnalité, calculées en utilisant la nouvelle grille de correction, est de .32. Cette corrélation a été confirmée par des études ultérieures et, lorsque le questionnaire de personnalité, utilisé avec sa grille de dépouillement spécifique, est combiné avec d'autres tests et mesures également valides, on peut atteindre une prédiction du succès professionnel de l'ordre de .60 à .70.

La personnalité est un facteur essentiel du succès professionnel

Depuis ces premières tentatives, méta-analyses et recherches destinées à préciser la nature et la diversité des traits de personnalité se sont multipliées et ont changé notre manière de percevoir le rôle de la personnalité comme facteur du succès professionnel. Deux méta-analyses publiées en 1991 (Barrick *et al.*, Tett *et al.*), un numéro spécial de la *Revue européenne de psychologie appliquée* consacré à la « validité et l'utilité de l'évaluation de la personnalité en psychologie du travail », sous la direction de Dave Bartram en 1993, suivis par des résumés de tous les résultats connus (Salgado, 1997, 1998 ; Rolland, 2004 ; Lévy-Leboyer, 2005) ont considérablement clarifié la définition des traits de personnalité et leur rôle comme prédicteurs d'aspects spécifiques des comportements au travail.

L'accord n'est pas encore total sur le nombre, la liste et la définition des traits de personnalité. Mais les travaux de Digman (1990), puis ceux de McCrae et Costa (1990) et, plus récemment, les contributions de Hogan (1995), de Hough (1992) et de Tellegen (1998) ont permis de décrire un nombre limité de traits fondamentaux (cinq, six, sept ou huit selon les auteurs), qu'on retrouve comme facteurs de premier ordre dans la totalité des questionnaires de personnalité. Il s'agit de l'extraversion, la stabilité émotionnelle, la convivialité, la *conscientiousness* qui regroupe la fiabilité, le respect des règles et le désir de réussir, et l'ouverture intellectuelle. S'y ajoutent notamment l'ambition et la réussite scolaire chez Hogan, l'autonomie et la prise de risque chez Tellegen, l'affiliation et l'individualisme chez Hough. Ces facteurs peuvent, selon les auteurs et les questionnaires qu'ils ont développés, être déclinés en composantes plus fines, voire également regroupés en syndromes significatifs.

Le souci d'approfondir simultanément la nature des composantes de la personnalité et des critères de réussite a permis de mieux comprendre les relations entre traits de personnalité et comportements professionnels. En outre, de nombreuses recherches de terrain ont utilisé des schémas voisins de composantes de la personnalité, ce qui a permis de faire des synthèses productives et de dresser un tableau très utile des relations entre traits de personnalité et responsabilités professionnelles. Et l'ensemble de ces progrès a entraîné le développement de questionnaires de personnalité originaux, qui ne sont pas des adaptations d'instruments destinés au diagnostic psychopathologique et qui ont été construits en vue de contribuer à la prédiction des comportements professionnels.

Quels traits prédisent quoi ?

Parallèlement aux progrès des recherches permettant d'identifier et de définir les facteurs fondamentaux de la personnalité, les études de validité se sont multipliées et leurs résultats récents sont plus encourageants que ceux rassemblés dans la première méta-analyse réalisée par Hunter en 1984. Notamment Barrick et Mount (1991) ont montré que la dimension *conscientiousness* était prédictive de la réussite dans tous les postes pris en compte par les travaux synthétisés dans leur méta-analyse. Tett *et al.* (1991) ont obtenu des résultats encore meilleurs en construisant des hypothèses spécifiques sur la liaison possible entre un trait de personnalité et la réussite dans une profession et en réalisant ensuite des analyses confirmatoires. Et Hough a mis en relation différents critères du succès professionnel, comme le travail en équipe, la créativité, l'effort, avec des dimensions précises de la personnalité. Barrick *et al.* (1999), dans une synthèse portant sur 60 000 cas, ont montré que la *conscientiousness* et la stabilité émotionnelle prédisent bien le succès professionnel, et que l'ouverture intellectuelle prédit les résultats de l'apprentissage.

Tenter d'obtenir des corrélations entre toutes les dimensions de la personnalité et un critère aussi vaste et imprécis que la réussite professionnelle ne semble pas raisonnable. Il est évident que différents traits de personnalité sont mobilisés par différentes composantes de la réussite professionnelle. Ainsi, la fiabilité (*conscientiousness*) devrait corréler

positivement avec la discipline et le respect des règlements, et négativement avec la créativité. De ce point de vue, l'exemple apporté par Judge
et al. (2002) est intéressant. Ils ont réalisé une méta-analyse des recherches concernant le leadership et obtenu des corrélations variées avec les
différents traits de personnalité : .24 avec le névrosisme, .31 avec l'extraversion, .24 avec l'ouverture intellectuelle, .08 avec la convivialité et .28
avec la fiabilité, ce qui permet de calculer un coefficient de corrélation
multiple qui atteint .48. Mieux encore, Hogan *et al.* (2003) font remarquer que les méta-analyses ont souvent le tort d'agréger des données
provenant de différents questionnaires, ce qui soulève un problème,
parce que les différents questionnaires existants ne mesurent pas exactement les mêmes variables de personnalité et que chacune des cinq
dimensions peut avoir des composantes différentes dans les instruments
utilisés. En fondant leur méta-analyse sur un seul et même questionnaire,
ils ont montré que l'agrégation de résultats portant sur des critères différents n'a pas de signification. En revanche, en associant les traits de
personnalité avec les critères spécifiques qu'ils sont susceptibles de
prédire, les validités critérielles obtenues sont élevées.

Fonctionnement cognitif et personnalité

Ces approches rationnelles expliquent le décalage observé avec les
premiers résultats obtenus par Hunter. Il est dû à une analyse erronée
du rôle que jouent, comme déterminants des compétences et des résultats professionnels, d'une part le fonctionnement cognitif et, d'autre part,
les traits de personnalité. En effet, Hunter et ses collaborateurs ont bien
montré, comme cela a été dit au chapitre précédent, que le niveau de
fonctionnement cognitif est lié, de manière générale, à la réussite professionnelle. Mais, dans le cas de la personnalité, mettre en relation une
description globale de la personnalité d'une part, et la réussite professionnelle d'autre part, n'aboutit qu'à un tableau confus. Il faut impérativement commencer par une analyse des qualités de personnalité
requises pour la réussite dans le poste ou l'emploi considéré et tenter
ensuite de valider ces hypothèses en croisant la mesure de ces traits de
personnalité spécifiques et celle des comportements professionnels où
ils sont nécessaires. Lorsqu'on se limite aux études qui ont été conduites
de cette manière, non seulement la validité prédictive des questionnaires
de personnalité est indiscutable, mais il s'agit bien d'une validité
« incrémentielle », c'est-à-dire de la prise en compte d'aspects prédictifs

différents de ceux que nous permettent de mesurer les tests d'aptitudes (Robertson et Kindler, 1993).

Ce n'est pas tout. La plupart des recherches sur la validité des questionnaires de personnalité ont pris en considération une seule dimension fondamentale et examiné les relations entre cette dimension et la réussite professionnelle dans son ensemble. Ce qui revient, à nouveau, à suivre la même démarche que celle utilisée pour évaluer la capacité prédictive de l'aptitude cognitive générale. Or il ne faut pas envisager le rôle de la personnalité comme celui de l'intelligence, notamment parce qu'il y a plusieurs moyens d'utiliser sa personnalité pour atteindre ses objectifs, ce qui signifie que des individus avec des profils de personnalité dissemblables seront également efficaces, mais pour des raisons et avec des moyens différents (Robertson *et al.*, 1998).

Un problème complexe

Considérer comme un prérequis essentiel à la bonne tenue d'un poste un niveau donné pour une des dimensions de la personnalité constitue une simplification abusive d'un problème complexe. Les exemples de cette complexité sont nombreux. Ainsi, les validités présentées par Hogan dans son manuel pour le questionnaire HPI présentent de bons résultats à condition de faire intervenir une combinaison des composantes de facteurs de premier ordre, et pas l'un ou l'autre de ces facteurs, avec toutes ses composantes. De même, la méta-analyse faite par Barrick et Mount (1991) leur avait fait conclure à l'existence d'une relation relativement faible mais universelle entre la dimension *conscientiousness* et la réussite professionnelle. À tel point que cette relation tend actuellement à être acceptée comme une donnée incontournable (Mount et Barrick, 1995). Alors que Robertson *et al.* (1997) ont montré, sur un échantillon important de cadres anglais, que ces corrélations varient fortement selon la compétence managériale prise en compte. Par exemple, les promotions sont associées à un score faible de *conscientiousness*, alors que la performance dans le travail de ces mêmes cadres est associée avec un score fort de la même variable. En d'autres termes, les qualités responsables de la performance et celles responsables de la promotion ne sont pas les mêmes. Tirant parti de ces résultats, Roberston (1998) propose de distinguer les aspects propres à la tâche et le contexte. Les aspects propres à la tâche concernent les problèmes techniques soulevés par le travail à accomplir. Le contexte n'est pas directement relié à la tâche mais au milieu social large et au climat organisationnel dans lequel la tâche est effectuée. Les deux aspects sont importants, mais la personnalité est plus corrélée avec le contexte qu'avec la tâche elle-même (Motowidlo *et al.*, 1994).

De même, le concept de « citoyenneté organisationnelle », qui recouvre l'altruisme et la bonne volonté et qui est un déterminant important de l'efficacité d'une organisation, dans la mesure où il renforce le caractère collectif et solidaire des membres de l'entreprise, semble lié à la dimension *conscientiousness*, mais pour une de ses composantes seulement, le conformisme. Bref, le caractère global de la dimension de *conscientiousness* cache peut-être des traits plus fins comme l'ambition et la fiabilité, qui sont des déterminants importants du comportement contextuel.

Le même type d'analyse peut être fait en ce qui concerne les relations entre la personnalité et le leadership. Hogan *et al.* (1994) ont montré qu'une constellation de traits est requise pour exercer un leadership efficace : extraversion, stabilité émotionnelle, *conscientiousness* et convivialité élevées – toutes qualités qui correspondent à l'aptitude à construire une équipe, ce qui renforce l'idée qu'il ne s'agit pas d'une relation entre personnalité et efficacité technique mais entre personnalité et aspects contextuels.

En outre, des recherches récentes ont ouvert des voies originales. C'est ainsi que Schneider *et al.* (1998), utilisant les données accumulées par le Center for Creative Leadership sur 13 000 cadres, ont montré que leur personnalité varie d'une organisation à une autre, alors que les personnalités sont homogènes à l'intérieur d'une même organisation. Ce qui peut être dû à une double cause. D'une part, un certain profil de personnalité est recherché par chaque organisation et pris en compte au moment du recrutement ; d'autre part, les cadres choisissent une organisation dont la culture est cohérente avec leur personnalité.

Par ailleurs, Colquitt *et al.* (2000) ont montré que la motivation à apprendre, qui détermine la réussite en formation, est prédite par plusieurs traits de personnalité, notamment la stabilité émotionnelle, le « lieu de contrôle » (c'est-à-dire dans ce cas le fait de se sentir responsable de la réussite de son apprentissage) et la conscience professionnelle. Un autre résultat qui doit intéresser le praticien en entreprise est la relation observée entre personnalité et satisfaction professionnelle. Judge *et al.* (1999) ont constaté que la personnalité mesurée pendant l'enfance corrèle avec la satisfaction professionnelle de l'adulte, le trait le plus prédictif étant la conscience professionnelle. Et le degré de satisfaction professionnelle de l'adulte est lié à différents traits de personnalité mesurés de manière simultanée, notamment l'estime de soi et la stabilité émotionnelle.

Au total, on peut retenir plusieurs points :

- tout d'abord, les tests de personnalité sont plus valides qu'on ne le croyait il y a quelques années ;

- mais les scores qu'ils permettent d'obtenir ne doivent pas être mis en cause d'une manière globale dans les processus de décision concernant les carrières : toute utilisation d'un profil de personnalité doit être précédée d'une analyse de poste permettant de définir avec précision les qualités requises ;

- la « réussite professionnelle » n'est pas un concept univoque et différents aspects de la personnalité peuvent déterminer différents aspects de l'efficacité professionnelle ;

- enfin, il faut tenir compte des paramètres situationnels et de la culture d'entreprise qui sont susceptibles d'intervenir au niveau des performances professionnelles comme au niveau des comportements individuels.

C - L'AUTO-ÉVALUATION

Plusieurs chercheurs ont souligné l'importance de l'image de soi dans les processus de motivation et de décision. Concrètement, cela veut dire que personne n'est prêt ni à accepter une tâche ou une responsabilité, ni à faire des efforts pour les mener à bien si, avant toute autre chose, il n'est pas persuadé qu'il est effectivement capable de le faire, parce qu'il possède les qualités nécessaires. D'où l'idée, apparemment simple, et développée notamment par Bandura (1986), que le meilleur prédicteur des comportements, c'est la manière dont chacun évalue ses capacités et ses qualités personnelles. En d'autres termes, nous évitons d'accepter les tâches que nous ne nous croyons pas capables de faire de manière satisfaisante et les situations que nous pensons ne pas être capables de maîtriser. Et si de telles tâches nous sont quand même confiées ou si nous nous trouvons dans de telles situations, nous sommes faiblement motivés à les réussir, puisque, aussi bien, nous pensons ne pas avoir les qualités nécessaires pour cela.

Un facteur important

De ce point de vue, et même si elle concerne l'auto-évaluation d'aptitudes, la perception que chacun a de son potentiel est susceptible de représenter un facteur déterminant des conduites professionnelles. Pourtant la synthèse et la méta-analyse de 55 recherches comportant un total de 267 validations d'auto-évaluations (Mabe et West, 1982) ont montré que les coefficients de corrélation obtenus sont très dispersés puisqu'ils vont de –.10 à +.71 et, surtout, que cette variabilité n'est pas expliquée par des différences dans la taille des échantillons et la fiabilité des critères comme c'est le cas pour les tests mesurant le fonctionnement cognitif. En fait, la validité est d'autant plus forte que :

1) la personne qui répond sait que la fiche d'auto-évaluation qu'elle remplit sera validée ;

2) cette personne a déjà une expérience de l'auto-évaluation ;

3) les consignes données avec le fiche d'auto-évaluation demandent à la personne qui répond de se comparer avec d'autres ;

4) l'anonymat est garanti.

Il est évident que ces remarques n'incitent pas à utiliser des questionnaires d'auto-évaluation pour la sélection : il y a de fortes chances que, dans ce cas, les auto-descriptions soient biaisées dans un sens favorable et différencient peu les candidats entre eux.

Deux autres raisons poussent à la prudence : d'une part les processus psychologiques et sociaux qui contribuent à l'élaboration de l'image de soi sont très complexes et ils sont soumis à l'occurrence de retours d'informations sur soi venant des autres et, également, à la manière dont chacun attribue telle ou telle performance à telle ou telle de ses qualités, ou à des facteurs externes qui ne dépendent pas de lui. Toutes ces sources de variabilité dans la construction de l'image de soi font que l'auto-évaluation varie en pertinence et continue à varier au fil des événements et des expériences. La seconde raison de se méfier des auto-évaluations comme outil de décision en matière de carrière, c'est, une fois encore, le problème posé par les différentes significations que les sujets attribuent à des mots courants comme « toujours », « souvent », « quelquefois », etc., et encore plus à des concepts psychologiques comme dominance, autorité, agressivité, sociabilité…

On peut résumer l'état actuel de nos connaissances sur ce point de la manière suivante :

- l'image de soi est certainement un déterminant important de la motivation ;

- l'image de soi est construite à travers les expériences acquises, et notamment grâce au retour d'informations venant de la manière dont les autres évaluent nos actes et nos performances ;

- l'auto-évaluation est un mauvais instrument de description de l'image de soi parce qu'elle est déformée par la « désirabilité sociale » et surtout parce que la signification des mots utilisés dans les questionnaires d'auto-évaluation varie de façon non contrôlable entre les individus.

Et la « désirabilité sociale » ?

On peut craindre que les réponses aux questionnaires de personnalité ne soient pas sincères et, en particulier, que les candidats à un recrutement tentent de se présenter sous un jour favorable. En fait, il y a des différences importantes dans l'aptitude des personnes à améliorer leur profil. De plus, toutes les recherches sur ce point montrent que la structure factorielle du questionnaire n'est pas affectée par cette falsification. En outre, la falsification en situation réelle est faible, et beaucoup moins forte que celle observée dans des situations expérimentales où on donne à des sujets non candidats des instructions pour se présenter sous un jour favorable. Enfin, les distorsions observées en situation réelle n'ont que peu d'impact sur la validité prédictive des questionnaires de personnalité. Il est d'ailleurs possible de minimiser les risques de déformation des descriptions de la personnalité en situation de recrutement en prenant trois types de précautions (Hogan *et al.*, 2006) :

1) obtenir, si possible, des descriptions fournies par des proches en complément de l'autodescription ;

2) utiliser des normes concernant des candidats placés dans le même type de situation ;

3) ne pas se limiter à une seule source d'information sur la personnalité.

Un outil de gestion

Par conséquent, on peut retenir que l'auto-évaluation devrait être considérée comme un outil de gestion des ressources humaines et des motivations individuelles, bien plus que comme une information utile pour la sélection : il est important de donner à chacun les moyens de construire une image pertinente de ses aptitudes et de sa personnalité. Le rôle central de la représentation que chacun construit sur soi avait été bien compris, dès 1955, par un psychologue clinicien, Kelly. Il a développé une méthode d'étude des représentations qui peut s'appliquer à l'image de soi de manière fructueuse, en évitant les obstacles constitués par la désirabilité sociale et par l'hétérogénéité des significations. Déjà employée pour l'orientation et le conseil professionnels, notamment en Angleterre, la « repgrid » de Kelly peut très bien être utilisée pour décrire l'image de soi, par comparaison avec l'image que le sujet a des autres. Elle peut alors servir de point de départ à des interventions de conseil qui permettent aux sujets de prendre conscience de l'image de soi implicite qu'ils utilisent et, si besoin est, de la faire évoluer (Lévy-Leboyer *et al.*, 1987). Pour utile que soit cette méthode, elle ne peut, évidemment, servir de base à une sélection ou à une décision ponctuelle en matière de carrière ; elle peut, en revanche, faire partie de l'ensemble des méthodes utilisées dans le cadre d'un centre d'évaluation dont nous décrirons le principe dans le prochain chapitre.

C'est dans le contexte de ce tableau complexe et controversé que le schéma théorique et le questionnaire développés par R. Hogan (1995) prennent un grand intérêt. Pour trois raisons. En premier lieu, ce questionnaire a été construit spécialement pour répondre aux problèmes posés par la sélection du personnel et les décisions de carrière. Ensuite, il utilise le schéma des cinq grandes dimensions de la personnalité, décrit plus haut. Surtout, il s'appuie sur l'idée que nous construisons tous des « identités » qui sont des images de soi idéalisées. Ces identités justifient aussi bien la présentation de soi que nous faisons dans un questionnaire que le comportement que nous adoptons dans les situations de travail. Ce qui explique les qualités prédictives des questionnaires d'autodescription.

Est-il possible, et utile, de décrire les intérêts et les sources de motivation ?

Deux types de questionnaires

On peut légitimement se demander si une des conditions de la réussite dans une tâche professionnelle donnée, ce n'est pas d'être intéressé par son travail. D'où l'attention consacrée aux *questionnaires d'intérêts*, à la fois en orientation et en sélection professionnelle. Deux types de questionnaires existent, selon qu'ils ont été construits et étalonnés de manière empirique ou qu'ils reposent sur une analyse descriptive du champ des intérêts. Le plus connu de la première catégorie est le questionnaire de Strong, dont les nombreuses grilles de correction peuvent fournir des indices de proximité avec des groupes professionnels spécifiques ou avec des catégories professionnelles plus larges. Le plus connu de la seconde catégorie est le questionnaire de Kuder, qui est le résultat d'une analyse factorielle ayant permis de définir des groupes cohérents d'activités correspondant à des sphères homogènes d'intérêts, et qui fournit donc un « profil » d'intérêts. Il existe aussi des profils types d'activités professionnelles qui permettent de préciser la proximité des intérêts individuels mesurés avec le questionnaire de Kuder et ceux caractérisant différents groupes professionnels. D'autres inventaires sont constitués par des listes d'activités professionnelles ou encore des listes de métiers regroupés en grandes catégories, après analyse factorielle des réponses.

Il est donc possible de différencier des groupes professionnels en examinant les intérêts professionnels de leurs membres et aussi de dire si tel individu a des intérêts qui l'éloignent ou qui l'apparentent à tel ou tel groupe professionnel. Par ailleurs, il y a de fortes présomptions en faveur d'une stabilité des intérêts. Après une période d'exploration des activités qui dure approximativement de 8 à 18 ans et une période de choix professionnel qui va environ de 15 à 25 ans, les intérêts semblent se stabiliser. Encore faudrait-il confirmer cette observation qui résulte de recherches maintenant anciennes : l'évolution actuelle qui fait naître constamment de nouveaux métiers et qui remanie profondément, du fait du progrès technique, le contenu même des activités entraîne-t-elle une moindre stabilité des intérêts ?

Un tableau individuel des intérêts

Il peut être important pour l'individu, lorsqu'il se pose des questions sur son orientation ou sur ses choix de carrière, d'utiliser un test qui résume ses intérêts et lui permet de les comparer à ceux de groupes significatifs. Cela ne veut pas dire qu'un tel diagnostic ait un réel intérêt pour l'entreprise. En effet, les corrélations relevées entre intérêts professionnels et satisfaction sont faibles. Cela s'explique probablement de plusieurs manières. Lorsqu'une personne s'aperçoit que son activité professionnelle ne correspond pas à ses intérêts, il est vraisemblable qu'elle en change. De ce fait, quand on interroge un groupe de professionnels, leurs intérêts sont suffisamment proches pour qu'aucune corrélation ne se dégage entre intérêts et satisfaction. D'ailleurs, quand on mesure la satisfaction des personnes qui exercent une activité correspondant à leurs intérêts, mesurés antérieurement, on peut constater que la fréquence des satisfaits est forte, plus forte que dans un groupe comparable mais où intérêts antérieurs et activités actuelles ne coïncident pas. Mais le lien entre satisfaction et adéquation des intérêts est modulé par l'importance de la vie professionnelle dans l'ensemble des activités de l'individu (Dupont, 1987).

Intérêts et succès professionnel

Les intérêts ne sont pas non plus de bons prédicteurs du succès professionnel. Du moins, les recherches existantes ont montré que les intérêts ne permettent pas de différencier au sein d'un groupe professionnel ceux qui ont très bien réussi de ceux qui n'ont atteint qu'une réussite moyenne ou médiocre. Reste la possibilité, suggérée par Dupont (1987), que les intérêts puissent jouer un rôle compensateur pour des individus dont les aptitudes sont faibles : chez les individus doués, la réussite ne dépendrait pas des intérêts ; alors que, chez ceux dont les aptitudes sont moyennes, les intérêts permettraient de prédire la réussite. Dans ce dernier cas, la présence d'intérêts serait responsable d'une plus grande motivation à réussir dans une activité valorisée.

Les tests d'intérêts professionnels ne sont donc pas non plus des instruments valides dans les processus de sélection, et ceci même si des intérêts voisins caractérisent les membres d'un même groupe professionnel. Reste à mieux comprendre, cependant, la relation entre intérêts et personnalité. Il est en effet vraisemblable que les personnes qui partagent les mêmes intérêts professionnels possèdent d'autres caractères personnels communs. Dans ce cas, les intérêts seraient des signes révélateurs de la personnalité. De fait, c'est bien l'idée qui a conduit à utiliser les inventaires biographiques comme des moyens de décrire la personnalité à travers les conduites passées, et notamment les choix comportementaux liés aux intérêts.

Et la motivation ?

Nous avons essayé de montrer, dans l'introduction de cet ouvrage, que la **motivation** n'est pas une caractéristique de la personnalité individuelle mais qu'elle est un processus qui résulte de la rencontre entre certaines valeurs et certains souhaits de l'individu et ce que l'organisation ainsi que les conditions de travail lui offrent. De ce point de vue, il est impossible de mesurer la motivation et d'identifier des individus qui seraient motivés, quelles que soient les tâches et circonstances.

En revanche, il faut prendre en compte l'idée que ce qui motive l'individu et organise son activité, c'est le fait que cette activité va lui procurer les satisfactions qu'il valorise. Identifier les sources de satisfaction et la hiérarchie des valeurs individuelles présente donc un grand intérêt aussi bien pour l'individu que pour l'entreprise. Pourtant il existe peu d'instruments, tests ou encore questionnaires, destinés à identifier ces sources de motivation. Et on admet trop facilement que peu de différences existent entre les individus sur ce point. Notamment, il est important de savoir que 1'enrichissement des tâches ne satisfait pas tout le monde et que seule une fraction des personnes actives éprouve le besoin d'avoir plus de responsabilité et d'autonomie dans son travail.

L'entretien est souvent le seul moyen d'identifier les priorités individuelles et ce que chacun souhaite obtenir et accomplir par son travail. Est-ce un aspect à prendre en compte au moment du recrutement ? Probablement pas, parce que ces souhaits se développent au fil des expériences et ne sont pas forcément présents au moment de l'insertion professionnelle. Cependant des tentatives prometteuses ont été faites par plusieurs chercheurs américains, tentatives destinées à mesurer d'une part l'importance attachée par chacun aux différents résultats possibles du travail et, d'autre part, à vérifier la présence de ces résultats dans la situation de travail. Le fait que les conditions de travail correspondent – ou pas – aux souhaits de l'individu semble prédire la satisfaction ultérieure (Schneider et Schmitt, 1986).

EN CONCLUSION

Que peut-on retenir de ce tour d'horizon des tests et questionnaires destinés à décrire la personnalité, les intérêts et les hiérarchies de valeurs ? En bref, que leur usage n'est justifié quand s'agit de prendre des décisions concernant le recrutement, la sélection ou l'affectation à un poste que dans deux cas : lorsqu'une étude de validité a été faite spécifiquement pour le poste à pourvoir ; lorsque les résultats obtenus sont utilisés dans le cadre d'une activité de conseil, d'orientation ou de gestion de carrière, donc sont relativisés par rapport à d'autres informations.

En d'autres termes, il n'y a pas de « généralisabilité » de la validité prédictive d'un profil de personnalité, même à l'intérieur d'un groupe apparemment homogène de fonctions. Le succès rencontré par le test des phrases à compléter de Miner en apporte la confirmation puisque la grille de dépouillement qu'il a élaborée est fondée sur une analyse des fonctions de cadre dans les organisations de type bureaucratique. Peut-être une autre grille pourrait-elle être développée pour les organisations non bureaucratiques, et pour les petites et moyennes entreprises ; et il n'est pas exclu que des grilles spécifiques puissent être utiles (et des profils de personnalité pertinents) dans d'autres cas, pour des entreprises situées dans un secteur à progrès technologique lent ou rapide, ayant peu ou beaucoup de niveaux hiérarchiques dans leur organigramme… Il faut retenir, en ce qui concerne le domaine de la personnalité, que les facteurs clés de la réussite sont particuliers à chaque métier, et même à chaque poste dans le même métier. Ce ne sont donc pas les techniques disponibles qui sont de mauvaise qualité, c'est leur utilisation qui est délicate et qui demande, pour chaque cas, une étude particulière et une analyse de poste qui irait plus loin que la simple énumération des traits de personnalité requis ou leur choix sur une liste préétablie.

Problèmes pratiques et problèmes théoriques incitent donc à n'utiliser les tests de personnalité qu'après analyse de poste et dans des conditions où le biais introduit par la désirabilité sociale ne jouera pas. Et surtout à ne jamais les utiliser seuls. En revanche, ils peuvent servir de support à un entretien bien conduit ou, encore mieux, à un entretien postérieur à des tests de situation : on peut alors confronter ce que le sujet a dit de son comportement habituel et la manière dont il se décrit aux conduites qui ont été les siennes dans les situations standardisées où il a été observé. C'est le principe même des centres d'évaluation qui feront l'objet du chapitre suivant.

EN RÉSUMÉ

* Les tests de personnalité posent des problèmes éthiques, théoriques et pratiques.

* Lorsqu'ils sont utilisés dans de bonnes conditions, notamment après qu'une analyse de poste a précisé les caractéristiques de la personnalité requises, ils ont une validité appréciable et qui complète la validité prédictive obtenue avec des épreuves d'aptitude.

* Le profil de personnalité est associé à d'autres variables, notamment le choix d'une organisation et la satisfaction professionnelle.

* Ces informations sont utilement complétées par des indications sur les intérêts et sur les valeurs parce qu'elles aident à comprendre comment se construit la motivation de chacun.

CHAPITRE 9

Et les compétences ?
Des essais professionnels
aux tests de situation et
aux « centres d'évaluation »

L'idée d'utiliser un essai professionnel, ou encore une situation proche de la réalité, pour évaluer les chances de réussite d'un candidat à un poste de travail n'est pas nouvelle. Ce qui est nouveau, c'est le souci de construire des situations et des essais professionnels qui possèdent les qualités métriques décrites au chapitre 3. Cela suppose trois démarches : standardiser les méthodes utilisées, y compris, bien évidemment, la notation des essais professionnels, analyser leur signification et contrôler leur validité.

Les essais professionnels

Un essai professionnel, c'est essentiellement un échantillon de travail, autrement dit, une tâche choisie parce qu'on pense, de préférence sur la base d'une analyse du travail, que la (ou les) tâche(s) – essai est représentative de la (ou des) tâche(s) que le candidat devra effectuer dans l'exercice de son activité professionnelle. Dans certains cas, les essais professionnels se présentent sous le même aspect que des tests d'aptitude et portent même le nom de test. C'est le cas, par exemple, pour les tests d'emploi de bureau qui figurent dans les catalogues d'éditeurs de tests et qui sont, en réalité, des essais professionnels construits pour des métiers de bureau. Aux États-Unis, la New Jersey Civil Service Commission a développé des essais professionnels pour une grande variété de métiers qualifiés tels qu'électricien, plombier, charpentier, et les fait passer dans un bâtiment spécialement équipé à cet effet. Certains des tests construits par le service psychologique de la SNCF et par celui de la RATP représentent également des simulations aussi proches que possible des postes de travail réels. Dans d'autres cas, ces « essais » méritent le nom de « tests de situation » parce qu'ils sont constitués par des situations-tests simulant une situation réelle de la profession concernée. Le sujet confronté à cette situation doit la traiter et son comportement est observé aussi précisément et systématiquement que possible par des observateurs formés et munis de grilles d'observation adéquates.

Un renouveau d'intérêt

Délaissés pendant une période assez longue au profit des tests, les essais professionnels ont attiré à nouveau l'intérêt des psychologues et des services de personnel. Aux États-Unis, ce renouveau a été stimulé par l'article de Wernimont et Campbell (1968) et par l'idée de cohérence comportementale développée notamment par Schmidt *et al.* (1979). Ces auteurs ont souligné l'utilité des échantillons de comportements de travail, à condition que ceux-ci soient réalistes et que leur choix repose sur une analyse soigneuse des exigences des postes à pourvoir. L'idée centrale consiste à créer des essais professionnels qui correspondent point par point au travail réel. Leur validité est fondée sur l'idée que le comportement observé pendant l'essai professionnel, considéré comme une réplique miniaturisée du travail réel, va se répéter dans les situations de travail ultérieures. La notation des essais professionnels ne doit pas être limitée au résultat obtenu, elle doit également être aménagée de manière à tenir compte des procédures utilisées.

Cette source d'information pour l'évaluation des individus dans le travail est donc essentiellement constituée par des échantillons de travail et, de ce point de vue, s'oppose aux tests proprement dits qui peuvent être considérés comme les « signes » des qualités que l'individu est capable d'actualiser dans son travail. Les essais professionnels sont fondés sur l'idée qu'un bon échantillon de comportement permettra de prédire l'ensemble des comportements de même catégorie. Alors que le fondement théorique des tests consiste à chercher la mesure adéquate d'un trait latent qu'on suppose, sur la base de l'analyse du travail, être important pour le poste considéré et qu'on suppose également, sur la base des études de validité de contenu, être mesuré par le test choisi.

Quels avantages ?

Wernimont et Campbell, cités plus haut, défendent l'idée que nous devrions asseoir les décisions en matière de ressources humaines plus sur des échantillons de comportement que sur des signes dont la liaison avec les critères de réussite est souvent imparfaite. Nous avons eu l'occasion dans les chapitres 3 et 4 de présenter la notion de validité et la signification des tests. En ce qui concerne l'objet de ce chapitre, il faut souligner que plusieurs synthèses portant sur la validation d'essais professionnels (Ascher et Sciarrino, 1974 ; Robertson et Kandola, 1982 ; Wood, 1994, notamment) ont montré que ceux-ci possèdent une bonne validité, souvent aussi élevée voire même plus élevée que celle obtenue avec les autres types de prédicteurs.

D'autres avantages expliquent la popularité des essais professionnels. Tout d'abord ils ont une forte « validité apparente ». En d'autres termes, les candidats ont le sentiment d'être équitablement jugés, sur la base d'examens qu'ils pensent être pertinents parce qu'ils perçoivent bien la relation entre les tests qu'ils passent et le travail pour lequel ils sont candidats. En outre, l'essai professionnel, par ses qualités de simulation du poste à pourvoir, leur fournit des informations réalistes sur la nature des tâches qui les attend. Cette « validité apparente » a des conséquences sur leur comportement. Dans la mesure où ils acceptent sans réserve le principe de l'examen qu'ils passent, ils sont motivés à le réussir au maximum de leurs possibilités. Cela n'est évidemment pas le cas lorsqu'il s'agit de tests classiques dont la relation avec le travail à faire paraît trop ténue, surtout lorsque personne ne la justifie par des informations claires et appropriées avant l'examen. En outre, le candidat est en mesure d'évaluer lui-même ses résultats. Downs *et al.* (1978) décrivent une recherche dans laquelle tous les candidats qui avaient passé des essais professionnels ont été autorisés à commencer la formation préparatoire à ce travail, s'ils le souhaitaient. Les résultats à l'essai professionnel classés en A (les meilleurs), B, C, D et E (les moins bons) n'ont pas été communiqués aux candidats. Pourtant, 90,7 % des A ont décidé de commencer la formation, 81 % des B, 75,6 % des C, 54,6 % des D et seulement 23,1 % des E. Si l'introduction d'essais professionnels dans la procédure d'évaluation motive les candidats et leur donne une occasion d'auto-évaluation, on peut penser que leur utilisation réduira les départs volontaires, donc le turnover. C'est bien ce qui se passe, comme l'ont montré Cascio et Phillips (1979) dans une recherche où la simple introduction d'essais professionnels dans les méthodes de sélection a réduit le turnover de 40 à 3 % dans les deux années suivantes.

Les essais professionnels et les tests de situation ont d'autres mérites. Notamment, les psychologues américains ont montré qu'ils ne désavantagent pas les candidats appartenant à des minorités ou, du moins, pas autant que les tests classiques. En outre, et nous y reviendrons plus loin en détail, la plupart des études de validité ont prouvé qu'ils sont de bons prédicteurs du succès professionnel. On peut ajouter que des utilisateurs profanes ne feront pas de mauvais choix en faisant passer des essais professionnels évidemment inappropriés alors que le choix d'un test cognitif ou d'aptitude n'est pas facile.

Quels inconvénients ?

Cela dit, il n'y a pas que des avantages à employer des épreuves de ce type. En effet, leur utilisation est coûteuse et lourde : il faut construire des essais spécifiques pour chaque métier, voire pour chaque poste ; le plus souvent, on ne peut faire passer que quelques candidats à la fois, quelquefois même il faut les examiner un par un. Et bien souvent, chaque épreuve met en jeu du matériel lui-même coûteux et qui prend toujours du temps à mettre au point.

Il existe une très grande variété d'essais professionnels et de tests de situation. On peut les classer en cinq catégories :

1) les tâches de nature psychomotrice qui impliquent essentiellement la manipulation d'objets pour des activités telles que taper à la machine, utiliser une machine à coudre, assembler des pièces ou les usiner ;

2) des épreuves de connaissances qui testent le savoir du candidat dans un domaine étroitement relié à celui de l'emploi pour lequel il est examiné ;

3) des essais de formation où on enseigne aux candidats une tâche de même nature que celles qu'ils devront faire dans le poste à pourvoir ; ils sont ensuite jugés sur leur capacité à effectuer la tâche qui leur a été enseignée ;

4) des prises de décision individuelle où le candidat doit prendre des décisions en examinant des documents qui lui sont fournis ou encore en réagissant à des scénarios qui lui sont décrits ;

5) des prises de décision en groupe où plusieurs candidats doivent résoudre ensemble un problème qui leur est soumis, ou encore exécuter en groupe une tâche donnée ;

6) enfin, des centres d'évaluation, surtout utilisés pour pourvoir des fonctions de cadre ou pour faire des bilans de potentiel et qui sont constitués par un programme d'épreuves diverses dans lequel les tests de situation jouent un rôle clé.

Nous présenterons les avantages et les inconvénients de chacune de ces méthodes en précisant les processus qu'elles mettent en jeu, leur signification et leur validité prédictive.

Les tests psychomoteurs

Il est relativement difficile de faire une distinction précise entre **tests psychomoteurs** et essais professionnels de tâches motrices. Dans les deux cas, il s'agit de faire effectuer par le candidat un travail mettant en jeu des aptitudes motrices et qui peut donner lieu soit à une mesure objective des résultats obtenus, en quantité et en qualité, soit à une évaluation du comportement faite par des juges compétents.

Ainsi, les tests de dextérité consistent à faire manipuler des objets qu'il faut assembler ou déplacer. C'est le cas, par exemple, du test de dextérité de Crawford, où le sujet doit placer des petites tiges de métal dans un trou et les coiffer d'un collier plat. C'est le cas également du test de Bennett où le candidat doit placer des vis et des boulons. Des tests de coordination motrice ont été développés en France par J. M. Lahy et par R. Bonnardel. Ils sont souvent proches des tâches professionnelles réelles. Par exemple, le test du tourneur consiste à faire parcourir par un pointeau un chemin métallique en le déplaçant à l'aide de deux manivelles.

Élaborer un test moteur

Mais, en dehors de ces tests, de nouveaux instruments ont été développés pour répondre aux besoins de l'évaluation des aptitudes sensori-motrices dans des postes spécifiques. Campion (1972) dans un travail souvent cité comme un modèle de la procédure à suivre décrit cinq étapes :

1) un groupe d'experts est chargé de faire la liste des tâches effectuées dans le poste de travail et de leur fréquence ;

2) un second groupe d'experts fait une liste des tâches qu'ont en général déjà effectuées les candidats au poste ;

3) les experts identifient les dimensions du travail sur lesquels se différencient les bons et les moins bons ouvriers et ils fournissent des exemples d'incidents critiques pour donner des illustrations concrètes de ces dimensions ;

4) un choix de tâches communes aux étapes 1 et 2 et concernant les dimensions définies en 3 est alors fait ;

5) les tâches retenues sont analysées en détail, les différentes méthodes de travail sont décrites et une fiche de description du comportement est préparée à l'intention des observateurs.

Le travail d'élaboration d'un test psychomoteur peut paraître long et fastidieux, mais il en vaut la peine puisque les validités obtenues sont significatives. Dans une synthèse des travaux publiés, Robertson *et al.* (1982) indiquent que la validité moyenne est de .44 lorsque le critère est une note professionnelle, .38 lorsque le critère est constitué par la réussite dans un apprentissage et .49 lorsque le critère est une tâche professionnelle réelle, en situation. De tous les prédicteurs étudiés dans cet article, les essais professionnels sont ceux qui présentent la plus grande validité. Il est évident qu'ils n'épuisent pas, à eux seuls, les sources de succès et d'échec professionnels mais ils jouent un rôle important. Schmidt et Hunter (1998) ont estimé à .12 le gain de validité (la validité « incrémentielle ») dû au fait d'ajouter un essai professionnel à un test de fonctionnement cognitif, ce qui représente un accroissement de validité de l'ordre de 24 %.

Quelle est leur utilité ?

Deux conditions limitent pourtant leur utilité. Tout d'abord il existe une forte plasticité des aptitudes psychomotrices. En d'autres termes, les performances des sujets à ce type de tâche sont éducables et sont sensibles à l'expérience antérieure. Cela signifie que l'apprentissage d'une activité professionnelle peut améliorer sensiblement la performance d'un candidat et que, inversement, l'exercice prolongé d'un type de tâche peut rendre difficile l'adaptation à une tâche proche mais impliquant des mécanismes psychomoteurs apparemment différents.

Par ailleurs, il faut se demander si les essais professionnels ne sont prédictifs que s'ils correspondent étroitement aux tâches effectuées dans le poste ou l'emploi concerné. Dans une recherche déjà ancienne, Drewes (1961) avait montré qu'un test de dextérité n'était pas valide pour prédire la productivité d'ouvriers chargés d'effectuer des travaux de montage alors que des simulations reproduisant les processus opératoires réels se sont révélées être tout à fait prédictives. D'où l'idée que les essais professionnels doivent correspondre point par point aux tâches en vue desquelles ils sont utilisés.

Ce n'est pas là le point de vue défendu par Fleishman. Ses études sur les aptitudes psychomotrices ont débuté dans les années 1950 par un vaste projet concernant la mesure des aptitudes responsables du succès professionnel des pilotes d'avion (Fleishman, 1956). Il est parti d'un postulat différent de la correspondance « point par point » défendue par Drewes : si les tests mesurent bien les aptitudes nécessaires pour exécuter les tâches professionnelles, il n'est pas utile que ces tests soient des simulations du travail réel, qui ressemblent étroitement à ce travail. Il a donc élaboré une série de tests destinés aux pilotes et les a validés sur un millier de cas. Les tests impliquant des tâches très proches de celles du pilotage (par exemple un test de coordination complexe, un test de contrôle du gouvernail de direction) ont des validités de l'ordre de .40 à .45 et les tests moins similaires au poste de pilote, mais mesurant des aptitudes pertinentes donnent des validités allant de .30 à .34. D'autres exemples sont donnés dans la littérature qui montrent que les mesures d'aptitude par des tâches-tests proches du réel sont plus valides que les tests moins réalistes, encore que ceux-ci possèdent également une validité non négligeable.

Une validité généralisable ?

En outre, des méta-analyses récentes sur les essais professionnels semblent indiquer qu'il existe un fondement commun à toutes les évaluations d'essais professionnels. Ce qui a pour conséquence que leur validité est généralisable à travers diverses situations. Cette mise en évidence de la qualité des informations apportées par les essais professionnels a conduit à appliquer les progrès technologiques récents à leur construction. C'est ainsi qu'on a développé des tests sur vidéo, et plus récemment des VRT (*Virtual Reality Technology*) qui permettent de créer grâce à l'ordinateur un environnement multi-sensoriel qui donne au sujet le sentiment d'être dans un environnement réel (Pierce et Aguinis, 1997). Le coût du développement de ces méthodes en limite l'usage à des professions où l'observation dans une situation est essentielle, et en même temps difficile à réaliser. C'est le cas, par exemple, des métiers dangereux. En outre, les données actuelles sont trop rares pour qu'on puisse être certain que les informations rassemblées avec des tests sur vidéo ou encore avec des VRT soient plus valides que les informations rassemblées avec des méthodes moins lourdes.

Fleishman a poursuivi ses recherches en vue de clarifier la nature des aptitudes physiques (Fleishman, 1964, 1978, Hogan *et al.*, 1979, 1980). Dans une série d'études expérimentales, un grand nombre de tests psychomoteurs ont été soumis à une analyse des corrélations entre eux et avec des critères variés, et également à des analyses factorielles. Les résultats montrent qu'il n'existe pas de facteur général de fonctionnement moteur (*physical fitness*) mais dix aptitudes distinctes et indépendantes les unes des autres, ainsi que onze aptitudes psychomotrices différentes.

- Les dix aptitudes responsables du fonctionnement moteur sont :
    - l'équilibre ;
    - la flexibilité ;
    - la force statique du haut du corps ;
    - la force statique du bas du corps ;
    - la force dynamique du haut du corps ;
    - la force dynamique du bas du corps ;
    - la force de déplacement du haut du corps ;
    - la force de déplacement du bas du corps ;
    - la résistance ;
    - la coordination des mouvements des membres.
- Les onze aptitudes psychomotrices sont :
    - la précision du contrôle des mouvements ;
    - la coordination des membres ;
    - l'orientation des réponses motrices ;
    - le temps de réaction ;
    - la rapidité des mouvements des bras ;
    - le contrôle de visée d'une cible mobile ;

- la dextérité manuelle ;
- la dextérité des doigts ;
- le contrôle des mouvements des bras et des mains ;
- la rapidité des mouvements du poignet et des doigts ;
- la visée sur une cible fixe.

Fleishman a également construit des échelles de notation comportementales, sur le même principe que les échelles comportementales de notations professionnelles que nous avons décrites au chapitre 2.

Les résultats de ces recherches ont été appliqués dans l'industrie pour évaluer les aptitudes dans des métiers manuels. Par exemple, Cooper *et al.* (1983) ont développé une batterie de tests concernant cinq des aptitudes définies par Fleishman, et jugées pertinentes pour divers emplois de l'Edison Electric. La validité de ces tests par rapport à l'évaluation des qualités psychomotrices des sujets faite par la maîtrise atteint .54 (corrélation multiple).

La structure des aptitudes motrices

L'utilisation de tests mesurant des aptitudes psychomotrices spécifiques et étroitement définies repose sur l'idée que la structure des aptitudes motrices est fondamentalement différente de la structure des aptitudes cognitives. Alors que les données concernant le fonctionnement cognitif montrent qu'il existe bien une aptitude intellectuelle générale, intervenant dans toutes les activités de nature cognitive, on a longtemps admis qu'il n'existe pas d'aptitude motrice « générale ». En fait, des recherches récentes suggèrent l'existence d'un schéma plus complexe (Caretta et Lee, 2000). D'une part, ces travaux ont montré qu'il existe des corrélations significatives entre les mesures du facteur cognitif général (« facteur g ») et les résultats de tests psychomoteurs. D'autre part, l'analyse factorielle d'un ensemble de tests psychomoteurs et d'épreuves cognitives montre que la variance des résultats aux épreuves motrices s'explique en grande partie par deux facteurs, un facteur cognitif général et un facteur général de connaissances pratiques et techniques. Du point de vue de ce qui nous intéresse ici, cela signifierait qu'ajouter des tests psychomoteurs à une mesure fiable de fonctionnement cognitif n'ajoute pas grand-chose à la validité prédictive des données obtenues. Cette conclusion doit, bien évidemment, être modulée en fonction de la complexité des activités professionnelles pour lesquelles on fait un pronostic. Comme l'ont montré Hunter *et al.* (1994), plus les tâches sont complexes et plus le poids des aptitudes cognitives est important. Mais, symétriquement, plus il s'agit de tâches simples et moins le rôle du fonctionnement cognitif est important, en même temps qu'augmente le poids du facteur général d'aptitude motrice.

Pratiquement, si ces données sont confirmées par de nouvelles recherches, qu'est-ce que cela voudrait dire ? Trois points :

- la validité des tests psychomoteurs vient du fait qu'ils mesurent tous un facteur général d'habileté psychomotrice ;

- la validité incrémentielle (c'est-à-dire l'accroissement de validité prédictive) des tests psychomoteurs par rapport à la mesure du facteur cognitif général est faible – de l'ordre de .02 à .06. Ce qui signifie que le coût du développement et de l'application de ces tests n'est pas justifié ;

- la validité des tests psychomoteurs qui a été observée dans de nombreuses études de terrain vient du fait qu'ils mesurent le fonctionnement cognitif, et également un facteur d'habileté motrice générale, mais pas du fait qu'ils mesurent des aptitudes motrices spécifiques.

Les épreuves de connaissance et essais de formation

L'utilisation de questionnaires de connaissances professionnelles est relativement rare dans la mesure où les qualifications attestées par des diplômes obtenus dans le système éducatif en tiennent lieu le plus souvent. Toutefois, Robertson *et al.* (1984) et Hunter (1982) en signalent plusieurs exemples. De plus, Hunter a réalisé une méta-analyse portant sur 296 coefficients de corrélations entre des questionnaires de connaissances professionnelles et différents critères de réussite : la corrélation moyenne obtenue atteint .51. Lorsque les recherches retenues ne sont que celles qui ont utilisé des essais professionnels en situation comme critère de réussite (11 études), la moyenne des coefficients de corrélation atteint .78. Bien évidemment, dans tous ces cas, il s'agit de connaissances qui sont nécessaires à l'exercice de l'activité professionnelle considérée. Sauf pour les diplômes décernés par le système éducatif, qui couvrent souvent un champ de connaissances plus large que ce qui sera, *stricto sensu*, utilisé dans tel ou tel poste.

Lorsque l'apprentissage d'une activité représente un élément critique pour la réussite professionnelle et qu'il s'agit de personnel à faible qualification, les « tests de formation » sont très utiles. Ils consistent essentiellement à évaluer dans quelle mesure les candidats sont capables de maîtriser une nouvelle activité. L'apprentissage en est fait dans des conditions standardisées et la description de la performance fait l'objet soit de mesures objectives, soit d'une check-list d'erreurs et de difficultés susceptibles de survenir pendant l'apprentissage. Différentes recherches témoignent de la validité de ce procédé. Robertson *et al.* signalent des résultats satisfaisants. Reilly et Manese (1979) ont utilisé un test de formation pour la sélection du personnel des standards téléphoniques employé par ATT. Siegel (1983) a mis au point et utilisé plusieurs tests de ce type dont il a démontré la validité sur un échantillon de plus de 1 000 personnes embauchées par le Centre de la marine américaine à San Diego. Les corrélations obtenues entre les notes à ces tests et des notations professionnelles ultérieures vont de .45 à .61. Ces validités sont supérieures aux résultats obtenus avec des tests d'aptitude « papier-crayon » classiques. Un exemple fera mieux comprendre le type de formation mis en jeu. Beaucoup de postes de travail, dans la marine, impliquent une double tâche : surveillance de cadrans ou signaux, d'une part, travail de montage, d'autre part. Dans le test de formation, on apprenait aux candidats comment exécuter un travail de montage impliquant la lecture de schémas et d'informations et la prise de mesures diverses. Pendant la tâche-test, les candidats devaient effectuer le travail qu'ils venaient d'apprendre tout en surveillant un tableau d'alarmes lumineuses. Et c'est l'exécution de la double tâche qui est notée et mise en relation avec les comportements professionnels ultérieurs.

Les tests de situation

Un autre type de test de situation consiste à observer les candidats (postulant à des postes de responsabilité) lorsqu'ils sont confrontés à une situation aussi semblable que possible à celles qu'ils rencontreront dans la vie professionnelle réelle et dans laquelle ils doivent prendre une ou des décisions. Un exemple de ce type de tests de situation est donné par Schmitt et Ostroff (1986), qui ont élaboré une simulation téléphonique. Les candidats se présentaient au recrutement de techniciens de police chargés de recevoir les appels téléphoniques urgents émanant de personnes qui réclament de l'aide pour des raisons diverses. Leur tâche consiste à obtenir des informations suffisantes pour pouvoir prendre des initiatives adéquates et faire venir la police, les pompiers ou une assistance médicale. L'analyse du travail a montré notamment l'importance de la capacité à communiquer, du contrôle émotionnel et du jugement. Afin d'évaluer la présence de ces qualités chez les candidats, ils ont été soumis à une « simulation téléphonique ». Ils devaient jouer le rôle d'un technicien recevant des appels téléphoniques. La personne qui appelait était en réalité un technicien chevronné qui avait reçu un scénario auquel il devait se conformer, et qui avait été soumis à une session de formation de deux heures pendant laquelle on lui avait appris à se comporter de manière similaire avec tous les candidats. Notamment, il se montrait très ému, répétait les mêmes commentaires et ne donnait d'informations précises que lorsque le candidat les lui demandait expressément.

La conversation était entièrement enregistrée et soumise à une double notation. D'une part, les candidats devaient remplir une fiche d'entretien avec toutes les informations pertinentes et cette fiche faisait l'objet d'une note représentant la qualité de l'information effectivement obtenue et notée. D'autre part, les candidats étaient notés par plusieurs notateurs travaillant indépendamment sur leurs capacités à communiquer, leur contrôle émotionnel et leur jugement. La grille de notation avait été construite conformément au procédé décrit dans le chapitre 2 pour élaborer des fiches de notation fondées sur des comportements réels. Les intercorrélations entre les notateurs sont très élevées puisqu'elles s'échelonnent de .69 à .94. En outre, ces observations corrèlent de manière très significative avec la description ultérieure de comportements professionnels réels.

Les tests « *in basket* »

Une autre manière de placer les candidats dans des situations simulées consiste à leur demander de résoudre les problèmes qui se trouvent posés par une série de notes, correspondances, messages téléphoniques et autres documents placés dans un panier à courrier – d'où le nom de ce type de situation (*in tray* ou *in basket*, c'est-à-dire test du plateau ou du panier). En général, les candidats disposent d'un temps limité pour ce travail et on leur fournit un résumé descriptif de l'entreprise. Ils doivent se débrouiller avec la documentation qui leur est donnée, la tâche étant supposée se dérouler un dimanche matin, alors que tous les collègues sont absents. Il est évident que le choix des documents placés dans le panier à courrier est important et que la notation du travail effectué doit être faite aussi systématiquement que possible. Notamment, il faut que des personnes compétentes pour le poste et le travail demandé fassent la liste des opérations à effectuer, des informations à négliger ou à mettre de côté, des tâches prioritaires, des différentes réactions possibles et de leur valeur respective. C'est le travail fait et les décisions prises qui font l'objet d'une notation, mettant en cause les capacités à développer des relations humaines satisfaisantes ainsi que les capacités à administrer et organiser. Si tous les évaluateurs sont formés à ce type de notation, l'expérience montre que les jugements qu'ils portent corrèlent entre eux.

Ce type de test est généralement bien accueilli par les sujets parce qu'il ressemble au travail réel. On a cependant souligné le caractère artificiel de la tâche : répondre par écrit dans un bureau solitaire ne présente pas les mêmes difficultés que dire les choses de vive voix, et il est plus difficile de résoudre des problèmes délicats lorsque d'autres stimulations vous sollicitent constamment comme c'est le cas dans la réalité.

Malgré ces limites évidentes, les tests de décision en situation prédisent la réussite globale de manière significative : la médiane des corrélations réunies par Robertson *et al.* sur 53 recherches atteint .28. De plus, lorsqu'on met en corrélation les notations obtenues à un test de situation avec une description du comportement dans une tâche précise, et utilisant bien les aptitudes qu'on a cherché à mesurer avec ce test, la corrélation moyenne (toujours d'après la même source) atteint .75.

En outre, lorsque le nombre de postes à pourvoir est très restreint et exclut, de ce fait, la possibilité d'une étude de validité classique, la procédure qui consiste à faire une analyse du travail permettant de définir les exigences du poste et à construire des tests de situation en associant la hiérarchie à l'évaluation des candidats représente une solution réaliste et valide. C'est ainsi que Robinson décrit le recrutement d'un cadre pour une société construisant des maisons individuelles (1981). La batterie de tests élaborée après analyse détaillée du poste et des 19 tâches qu'il comporte est constituée par les épreuves suivantes : lecture de plans d'architecte (dans lesquels des erreurs ont été glissées) ; mise en ordre de l'intervention successive des différents corps de métiers sur un chantier ; détection d'erreurs sur une maquette de bâtiment ; réorganisation de la répartition des tâches sur un chantier soumis à une réorientation des objectifs et entretien sur les relations dans le travail, la sécurité et les problèmes éthiques.

Les tests de groupe

Tous les exemples précédents de tests de situation concernent des situations où le candidat se trouve placé devant une situation qu'il doit tenter de résoudre seul ; autrement dit, il s'agit d'évaluer la qualité des décisions prises par un individu travaillant seul. Ce n'est pas le cas pour cette autre catégorie de tests de situation que sont les « tests de groupe ». Le principe en est simple : plusieurs candidats au même poste, ne se connaissant pas à l'avance, sont chargés d'effectuer ensemble une tâche précise ou de discuter en commun sur un thème donné. On leur demande, le plus souvent, d'aboutir, dans un temps fixé, soit à une décision commune, soit à une réalisation qui doit être l'œuvre du groupe. Selon les cas, on peut attribuer des rôles aux différents membres du groupe, ou encore ne pas désigner de leader. Ce dernier cas, connu sous le nom de « tests de groupe sans leader », représente la forme la plus utilisée et celle qui a donné lieu, et depuis longtemps, au plus grand nombre de recherches (Bass, 1954 ; Lévy-Leboyer, 1963).

Dans un test de groupe sans leader, plusieurs sujets sont réunis et chargés d'un travail ou d'une décision commune. Il est important que les sujets soient également compétents, ou également incompétents, ce qui est plus facile à obtenir, pour la tâche ou la discussion proposée. En d'autres termes, le travail à effectuer est un prétexte ; la véritable tâche étant représentée par le problème social posé par la nécessité de travailler en groupe avec un objectif commun. Le comportement de chacun des sujets est observé, pendant qu'ils effectuent cette tâche en groupe, par deux ou trois notateurs. En général, ils évaluent le comportement sous trois aspects : facilitation du travail du groupe, sociabilité, exercice de l'autorité. Les notateurs peuvent aussi bien être des psychologues qualifiés que des professionnels, à condition qu'ils aient reçu une formation adéquate, notamment sur l'observation objective et la différence qui existe entre cette observation et les processus d'inférence qui consistent à attribuer des causes supposées au comportement observé.

L'accord entre les notateurs est élevé même si certains d'entre eux sont des membres de la hiérarchie formés aux tests de groupe mais sans réelles connaissances psychologiques préalables, et maximum pour un groupe suffisamment grand de sujets (6 à 8). Et cette fidélité internotateurs est, comme on pouvait s'y attendre, plus élevée lorsqu'il y a eu formation des notateurs (Greenwood *et al.*, 1967 ; Thornton *et al.*, 1980).

Les validités des notations obtenues pendant un test de groupe sont élevées ; selon Bass, elles atteignent .60 pour des professions de vente et des postes de cadre, lorsque le critère de succès professionnel est constitué par la pente des salaires. Robertson (1982) cite une validité moyenne de .35 avec les performances dans le travail et le progrès dans la carrière. Les différents auteurs signalent que le contenu de la tâche donnée au groupe n'affecte pas la validité et que, d'une manière générale, les informations fournies par les tests de groupe sont plus valides que celles tirées, sur les mêmes points, de questionnaires ou de tests de personnalité.

Les tests de situation, qu'il s'agisse de tests *in basket* ou de tests de groupe sans leader, représentent, selon Bray et Grant (1966), la part la plus importante des centres d'évaluation dont nous allons parler maintenant : ils corrèlent, en effet, fortement avec la décision ou l'évaluation finale auxquelles aboutissent les centres d'évaluation au bout d'un programme de plusieurs jours et ils en constituent une composante constante.

Les centres d'évaluation

Les centres d'évaluation constituent la dernière catégorie d'essais professionnels qui figurent sur la liste indiquée au début de ce chapitre. En fait on peut les ranger dans le groupe des essais professionnels dans la mesure où ils reposent bien sur le même principe de base, à savoir l'idée que l'observation directe d'un échantillon du comportement dans des situations caractéristiques du poste à pourvoir représente le meilleur prédicteur du succès ultérieur dans ce poste. Cependant ils s'écartent des cas analysés ci-dessus sur plusieurs points qui font d'ailleurs leur originalité.

Leur programme

Il ne s'agit pas réellement d'un essai professionnel dans la mesure où le programme d'un centre d'évaluation comprend souvent plusieurs tests de situation et également des instruments d'évaluation classiques. Mais l'originalité des centres d'évaluation ne se borne pas là, même si les praticiens qui en proposent à leurs clients confondent parfois une simple « batterie de tests », ou encore une seule situation permettant l'observation du comportement, avec un centre d'évaluation. Plusieurs caractéristiques précises font en effet des centres d'évaluation une méthode lourde, qui peut sembler coûteuse mais qui est valide et efficace.

- Un centre d'évaluation comporte plusieurs « exercices », situations permettant d'observer le comportement des candidats, tests et instruments classiques permettant d'expliquer le comportement observé. Les situations simulent, autant que faire se peut, la vie professionnelle. Il s'agit le plus souvent d'une des situations suivantes : présentation d'un projet, jeu de rôle, discussion de groupe, tâche collective, *in basket*, rédaction d'une note, information à traiter rapidement...

- Le « menu » de chaque centre diffère dans la mesure où il est conçu pour évaluer les compétences pertinentes. Celles-ci sont définies en fonction de l'objectif du centre qui peut être une décision à prendre ou encore un plan de développement de carrière à élaborer. Dans ce dernier cas, on parle de « centre de développement ».

- Tout centre d'évaluation concerne plusieurs candidats. Un groupe de 5 à 8 représente un chiffre adéquat. Mais pas n'importe quel groupe. Il est important que ces candidats ne se connaissent pas à l'avance, faute de quoi leurs comportements seraient influencés par les relations hiérarchiques précédentes. Ni qu'ils constituent un groupe trop disparate du point de vue de leur âge ou de leurs statuts respectifs et de leurs niveaux de qualification. La présence de plusieurs candidats donne à chacun une occasion de se comparer aux performances des autres et d'apprécier l'objectivité de la procédure.

- Un centre d'évaluation a recours à plusieurs notateurs. Il est important que le « meneur de jeu » soit un psychologue ayant l'expérience de cette méthode d'évaluation. C'est lui qui a la charge de recevoir les candidats et de leur présenter la procédure, de décrire les situations, de vérifier que les consignes sont respectées, d'élaborer les documents qui vont servir à l'évaluation, de répondre aux questions que peuvent se poser les évaluateurs, et, enfin, de diriger la réunion au cours de laquelle les évaluateurs vont confronter leurs évaluations afin d'arriver à un consensus.

- Les autres évaluateurs sont soit des psychologues ayant l'expérience de ce type d'évaluation, soit des cadres de l'entreprise. Le recours à des situations proches de la vie professionnelle donne l'occasion d'associer activement au centre d'évaluation des cadres de l'entreprise n'ayant pas une formation et une expérience de psychologue. Le choix de ces évaluateurs internes se fait en tenant compte de leur niveau hiérarchique par rapport aux personnes évaluées, de leur expérience personnelle et de leur intérêt pour le processus. En outre, ils doivent être formés, c'est-à-dire qu'il importe de leur exposer le but et le principe des centres d'évaluation, la manière dont les compétences ont été définies, le rôle qu'ils devront jouer, et de leur faire faire une ou plusieurs évaluations sur des enregistrements d'observation. Dans la mesure du possible, il est utile, avant qu'ils ne jouent un rôle actif, de les faire participer, sans responsabilité de notateur, à une session de la situation pour laquelle ils seront évaluateurs, afin qu'ils puissent pratiquer, à blanc, la méthode de notation. Cette formation leur montre sur le terrain comment l'évaluateur a la charge de décrire le comportement observé, mais sans tenter de l'expliquer ou de l'interpréter.

Travailler avec des cadres de l'entreprise comme évaluateurs présente plusieurs avantages. Cela facilite l'adhésion de la hiérarchie aux conclusions du centre d'évaluation, renforce son rôle dans la gestion des compétences et du potentiel des cadres qui lui rapportent, améliore les capacités de la hiérarchie à évaluer les performances, de manière objective, et sans faire intervenir des interprétations non justifiées. En outre, dans le cadre du centre d'évaluation lui-même, leur participation représente un lien efficace entre la culture de l'entreprise et ses stratégies, d'une part, les décisions prises en conclusion du centre d'évaluation, d'autre part.

• Tout centre d'évaluation doit commencer par une description des compétences requises pour le poste à pourvoir, ou des compétences susceptibles d'être développées dans la suite de la carrière. Les méthodes classiques d'analyse de poste décrites au chapitre 1 sont utilisables, en particulier la méthode des incidents critiques et la grille de Kelly. Mais l'analyse de poste a ici un objectif supplémentaire qui consiste à rassembler des éléments qui vont servir à construire des situations pour l'observation, ainsi que des données qui permettront d'élaborer les grilles de notation ou les listes à cocher destinées à décrire les comportements observés dans les situations de simulation.

La préparation d'un centre d'évaluation implique un travail préalable important mais qui peut être éventuellement abrégé grâce à l'utilisation de situations déjà utilisées, donc déjà composées, d'un scénario bien maîtrisé et accompagnées de fiches de notation ou de descriptions adéquates. Par ailleurs, il faut souligner que les compétences concernées ne sont pas des compétences pointues, encore moins des compétences techniques qui peuvent être évaluées plus facilement en ayant recours à des essais professionnels classiques. Il s'agit de compétences génériques, globales, souvent nommées « méta-compétences ». Même si leurs noms diffèrent dans les exemples de centres d'évaluation qui ont été publiés, et même si des compétences particulières à des secteurs y figurent (comme l'ouverture interculturelle, la résistance au stress, l'évaluation d'autrui…), on retrouve presque toujours les mêmes thèmes : les compétences sociales qui concernent tous les aspects du travail en groupe et les tâches qui mettent en contact avec d'autres personnes ; les qualités de décision, organisation du travail, délégation et contrôle ; l'initiative et la persévérance dans l'exécution ; et également la mise en œuvre des qualités intellectuelles pour analyser et résoudre les problèmes.

Quelles compétences ?

On peut faire trois commentaires sur ce travail d'élicitation des compétences. En premier lieu, il est très utile pour l'organisation parce qu'il la force à définir clairement ses stratégies ; en deuxième lieu, il peut être exprimé avec le vocabulaire de l'organisation et donc être différent selon les entreprises même si les concepts eux-mêmes sont très voisins ; en troisième lieu, le nombre de compétences retenues pour faire l'objet d'un centre d'évaluation n'est jamais élevé : dix représente un maximum ; bien souvent cinq à sept suffisent.

La liste des compétences à évaluer n'est pas seulement un document abstrait. Elle va servir à constituer la grille de programme du centre d'évaluation. Tout comportement dépend à la fois des caractéristiques individuelles et de la situation. Ce qui justifie de multiplier les angles d'approche, donc les situations qui vont permettre d'évaluer une compétence donnée. Chaque compétence sera évaluée au moins à l'aide de deux situations. Et c'est le rapprochement de ces observations et des scores obtenus aux tests classiques qui peuvent apporter des éléments d'explication. Le « menu » de chaque centre d'évaluation se présente donc sous la forme d'un tableau croisé comportant en ordonnée les compétences à évaluer et en abscisse les situations, ainsi que les tests, entretiens, etc., qui vont permettre de les évaluer.

Chacune des situations proposées aux candidats d'un centre d'évaluation est destinée à stimuler des comportements qui présentent un lien avec les compétences à évaluer. Ces comportements doivent être observés et évalués. L'évaluation exige au préalable l'établissement d'une liste de points à coter, liste qui ne doit pas être trop détaillée, parce qu'il y a bien des chances pour qu'elle ne soit pas exhaustive. Il est préférable d'utiliser une liste « globale » qui comporte non pas des actions spécifiques mais des catégories de comportements auxquels le candidat peut avoir recours, comme : analyse du problème, délégation d'activité, diffusion des informations, etc. Chacun de ces comportements fait l'objet d'un score donné par au moins deux notateurs et d'un commentaire qui permettra de discuter les éventuelles différences entre ces deux notations. Les évaluations sont discutées entre les évaluateurs, ce qui permet d'éliminer, si besoin est, les interprétations subjectives et de s'accorder sur les éventuelles différences, généralement dues à ces interprétations.

Des exemples

Schneider *et al.* (1986) donnent des exemples de programmes de centre d'évaluation. Celui organisé pour recruter l'administrateur d'un établissement scolaire dure deux jours et comporte une interview, un test *in basket*, un test de groupe sans leader, une discussion de groupe avec rôles assignés, une analyse de dossier avec présentation orale du résultat. Celui organisé pour la recherche de potentiel au niveau cadres moyens comprend un test d'intelligence, un test projectif, un test *in basket*, une discussion de groupe, une tâche avec rôles assignés, un questionnaire d'autodescription, des tests de personnalité et un exercice de présentation orale et il dure trois jours. Dans le premier exemple, il y avait un observateur-évaluateur pour deux candidats, dans le second exemple, le rapport est de un pour quatre. Dans tous les cas, la phase observation et la phase évaluation sont bien séparées, la seconde durant au moins une journée pour chaque groupe de sujets.

Les centres d'évaluation ne constituent pas un outil nouveau : ils sont nés pendant la Première Guerre mondiale en Allemagne et ont été à nouveau utilisés sur une grande échelle pendant la Seconde Guerre mondiale par le ministère de la Guerre britannique et par l'Office of Strategic Services aux États-Unis. Après la guerre, l'étude longitudinale réalisée par Bray et ses collaborateurs (1966, 1974) à l'American Telephone and Telegraph Company, qui a consisté à suivre l'évolution des carrières d'un groupe de jeunes cadres, est certainement à l'origine du succès et de la multiplication des centres d'évaluation aux États-Unis. En témoignent la publication en 1977 d'un ouvrage (Moses et Byham) rassemblant toutes les connaissances acquises et celle d'un autre en 1982 (Thornton et Byham), faisant état des nouvelles recherches effectuées dans l'intervalle, ainsi que la parution régulière, depuis 1978, d'un périodique, le *Journal of Assessment Center Technology*. Au Japon, les centres d'évaluation ont été adoptés par bon nombre de grandes organisations, l'exemple le plus connu étant celui de Matsushita qui aurait, à ce jour, organisé un millier de centres. En Europe, le succès de cette méthode est également important ; un ouvrage de synthèse a été publié en français par un psychologue suisse, F. Tapernoux (1984), et en France, la méthode a été adaptée sous le nom de bilan comportemental par V. Ernoult (1986).

La validité des centres d'évaluation

On peut donc retenir que cette méthode est largement utilisée et qu'elle a donné lieu à de nombreuses recherches expérimentales, particulièrement aux États-Unis. Même si toutes ces recherches n'ont pas bénéficié de l'environnement exceptionnellement favorable qui a permis à Bray et Grant de mener toute leur étude « en aveugle », c'est-à-dire sans communiquer au service du personnel aucun des résultats rassemblés au cours de la passation, faite à titre expérimental, du centre d'évaluation, il n'en reste pas moins qu'on dispose sur cette méthode de validations précieuses.

La meilleure recherche concernant la validité des centres d'évaluation est, sans aucun doute, celle de Bray et Grant citée plus haut. Ils ont examiné, au cours d'une série de centres d'évaluation tenus la même année, 123 diplômés d'université et 144 cadres de première ligne et ont gardé dans leurs dossiers les résultats de ces évaluations. Huit ans après, 82 % des diplômés et 75 % des autres candidats qui avaient été promus à des fonctions de cadre moyen avaient été correctement identifiés à l'occasion des centres d'évaluation faits à l'entrée. La prédiction des non-promotions était encore meilleure : 88 % des diplômés non promus et 95 % des autres candidats non promus avaient été décelés par les centres d'évaluation. En outre, une étude de validité faite vingt ans après confirme la valeur des diagnostics élaborés à l'occasion des centres d'évaluation et la pertinence des décisions prises.

Des mérites

Plusieurs revues de recherche ont, depuis, confirmé ces résultats. La validité moyenne des évaluations est de l'ordre de .40 (Schmitt *et al.*, 1984, Hunter et Hunter, 1984) et elle peut atteindre des valeurs beaucoup plus élevées. Et la revue des publications comparant les validités obtenues avec différents critères montre, ce qui est rare et mérite d'être souligné, que les validités sont comparables quels que soient les critères utilisés (Thornton *et al.*, 1985).

Une recherche effectuée en Angleterre et concernant la promotion dans la police apporte une preuve supplémentaire de cette validité (Feldham, 1988). Les centres d'évaluation comportaient trois tests d'intelligence et de culture générale, une lettre à écrire sur un scénario donné, des entretiens, une discussion de groupe sans leader, un exercice de décisions à prendre devant des situations décrites par écrit, l'étude d'un dossier avec décision justifiée à prendre, et des mesures sociométriques données par les autres candidats. L'ensemble des sujets ont été ensuite notés par leur hiérarchie et ces notations ont fait l'objet d'une analyse factorielle. Cette analyse montre l'existence d'un facteur d'évaluation globale et d'un facteur d'effort et de motivation. Les notes d'évaluation globale sont correctement prédites par les centres d'évaluation, alors que les tests cognitifs seuls n'ont qu'une validité beaucoup plus limitée. Les auteurs expliquent ce résultat par le niveau relativement élevé des scores obtenus aux tests d'intelligence par cette population déjà sélectionnée. Il est possible qu'au-delà d'un certain niveau d'intelligence, les déterminants de la réussite professionnelle ne soient plus liés au fonctionnement cognitif, mais à la motivation et à la personnalité. Enfin, les auteurs ont calculé, sur la base des validités obtenues, et en comparant l'usage des centres avec les résultats qu'aurait donnés l'utilisation d'entretiens seulement, que l'emploi de cette méthode représentait une économie de 550 000 livres sterling par an.

Les centres d'évaluation ont bien d'autres mérites. Tout d'abord, ils possèdent une forte « validité apparente » ; en d'autres termes, les candidats qui y participent ont, en majorité, le sentiment d'être jugés sur des bases adéquates, objectives et pertinentes. Par ailleurs, les sujets disent également avoir le sentiment d'avoir appris quelque chose sur eux-mêmes et d'avoir donc profité de l'expérience ; ceci étant d'autant plus vrai que le *feed-back* des résultats est fait par une personne compétente. Enfin, les cadres de l'entreprise qui participent aux centres d'évaluation apprennent à formuler des évaluations objectives et ont aussi la possibilité d'observer des candidats dans des situations standardisées, ce qui représente un double apport du point de vue de leur propre formation.

... *Et des critiques*

Il n'empêche que les centres d'évaluation ne sont pas sans défaut et n'ont pas été sans susciter des réserves et des critiques. Il faut rappeler tout d'abord leur coût élevé, lorsqu'on comptabilise la formation des notateurs et des observateurs, la marche du centre d'évaluation lui-même et ses coûts matériels liés au fait que l'ensemble de l'opération se fait le plus souvent dans des locaux extérieurs à l'entreprise où candidats et évaluateurs résident pendant deux à trois jours. En fait, le coût des centres d'évaluation ne devrait pas être apprécié indépendamment des bénéfices qu'ils sont susceptibles de générer par une réduction des erreurs dans la gestion du personnel et une meilleure appréciation des potentiels existants dans l'entreprise. Nous avons vu, dans le chapitre 4, que des efforts ont été faits pour mettre au point ce type de comparaison et que leurs résultats méritent de retenir l'attention.

Les centres d'évaluation soulèvent également des problèmes plus fondamentaux et il faut, comme pour toute autre technique d'évaluation des adultes, analyser les sources de leur validité, de manière à comprendre sur quoi elle repose.

Les données existantes sur la validité des centres d'évaluation viennent exclusivement de l'armée anglaise et américaine et de quelques grandes organisations américaines ou multinationales comme IBM, ATT, Union Carbide. La meilleure étude de validité, celle qui a été faite par Bray et Grant chez ATT (1966), évite toute « contamination du critère », les résultats des centres d'évaluation étant tenus secrets et non utilisés pour les décisions ultérieures. Bien souvent, ce n'est pas le cas et les conclusions du centre d'évaluation, surtout lorsqu'il s'agit d'un bilan de potentiel en vue d'établir un plan de promotion, deviennent des *self-fulfilling prophecy*, des prophéties qui influencent la réalité. Il faudrait, de ce point de vue, savoir mieux quel est l'effet de ces centres d'évaluation sur les candidats eux-mêmes et dans quelle mesure on renforce ou on amoindrit leur confiance en eux d'une manière qui influence ensuite significativement leur combativité et leur motivation ultérieure.

On a critiqué également les critères utilisés dans les études portant sur la validité des centres d'évaluation. En particulier, Klimoski et Strickland (1977) ont contesté l'utilisation de la promotion comme critère de validation prédictive. Ils défendent l'idée que les promotions récompensent les cadres qui ont des capacités d'adaptation, voire de survie, dans l'organisation et que si les centres d'évaluation prédisent bien les promotions ultérieures, c'est que, en définitive, ils mesurent plus les qualités de manœuvrier des candidats que leur efficacité réelle. Bien plus, selon ces auteurs, quand nous utilisons la promotion comme critère de validité de nos prédicteurs, nous risquons de scléroser l'organisation en freinant l'évolution des compétences nécessaires et en ne recrutant que le même type de personnes. De fait, dans une étude plus récente (citée par Hunter et Hunter, 1984), les mêmes chercheurs ont validé les notations obtenues dans un centre d'évaluation par rapport à trois critères, la promotion, les notes de potentiel données ultérieurement par la hiérarchie et la qualité du travail : les deux premiers critères sont bien prédits, mais pas le troisième.

Il y a plus grave encore : Schmidt et Hunter, dans leur méta-analyse de 85 années de recherches sur la sélection du personnel, estiment que la validité incrémentielle apportée par tout l'appareil des centres d'évaluation, par rapport aux tests de fonctionnement cognitif, est très faible, et encore plus réduite si on ajoute au test de fonctionnement cognitif une description pertinente de la personnalité.

Des résultats inégaux

Ces résultats inégaux donnent à réfléchir et rappellent opportunément que l'évaluation des individus ne peut pas être séparée des problèmes fondamentaux que sont les objectifs de l'organisation et les moyens qu'elle veut se donner pour les atteindre. Nous avons vu plus haut que toute réflexion sur les notations professionnelles et sur les critères de validation dégage souvent des désaccords entre membres de la hiérarchie sur ce qu'on attend du personnel. Rien d'étonnant si la réflexion sur la validité des centres d'évaluation, qui servent surtout à détecter les potentiels d'encadrement, pousse l'organisation à examiner selon quels critères implicites elle mène sa politique de promotion.

Par ailleurs, plusieurs chercheurs se sont demandé ce qu'on mesurait vraiment au cours d'un centre d'évaluation et ce qui déterminait la décision finale de rejet, d'embauche ou de promotion, selon les cas. Une recherche, notamment (Sackett et Dreher, 1982), met en cause l'homogénéité des résultats fournis par différentes méthodes utilisées pendant le centre d'évaluation pour mesurer le même trait psychologique. Si, par exemple, on mesure la sociabilité d'une part au cours d'un test de groupe et, d'autre part, au cours d'un entretien en situation et au cours d'un jeu de rôle, on peut s'attendre à ce que les évaluations de la sociabilité faites dans des situations différentes corrèlent entre elles. De fait, les résultats analysés par Sackett et Dreher montrent que les corrélations entre les mêmes traits mesurés dans différents exercices corrélaient peu dans deux des organisations étudiées (.07 et .11) et bien dans la troisième (.51). Et que, par contre, les intercorrélations entre des traits différents notés à l'occasion du même exercice étaient élevées (.40 à .65) – ce qui fait penser qu'on note plus une impression globale que des traits spécifiques. Dans une autre recherche, Russell (1985) a effectué une analyse factorielle des notations portant sur 16 traits distincts évalués pendant le centre d'évaluation. Il a montré qu'il existait un très fort facteur général et, de plus, que ce facteur général avait un contenu, donc une signification différente pour chacun des notateurs (compétence sociale, aptitude à résoudre des problèmes, ou encore fonctionnement cognitif).

Ces analyses du contenu réel des essais professionnels, qu'il s'agisse de tâches miniaturisées, de situations standardisées ou de centres d'évaluation, devraient être menées de manière plus systématique. Nous avons eu l'occasion de répéter à plusieurs reprises que la qualité d'une méthode d'évaluation ne doit pas être appréciée sur des bases intuitives. Cela est vrai des tests classiques décrits dans les chapitres précédents, vrai également dans le cas des essais professionnels, et ceci, d'autant plus qu'ils paraissent suffisamment ressembler aux tâches réelles pour donner à ceux qui les utilisent le sentiment d'avoir à leur disposition un instrument efficace et pertinent. Non seulement il convient de s'en assurer en effectuant des études de validité prédictive chaque fois que cela est possible et en consultant celles qui existent déjà, mais il ne faut pas oublier qu'il est important de ne pas se faire d'illusions sur la richesse des informations qu'on rassemble. De ce point de vue, l'analyse des validités de contenu ou, pour parler plus simplement, de la signification des notes attribuées est indispensable. Elle l'est encore plus dans le cas des centres d'évaluation et des tests de situation où la participation d'observateurs non psychologues est la règle. Nous avons vu que l'expérience qu'en tirent les cadres est précieuse et qu'elle contribue à dissiper bien des malentendus sur la nature du travail fourni par les psychologues. Mais elle ne dispense ni d'une formation adéquate ni d'un contrôle systématique des effets de cette formation, contrôle qui doit se faire par l'étude des capacités de chaque notateur à discriminer les différents aspects qu'il est chargé de noter et à travers l'analyse des résultats obtenus, notamment ceux qui concernent la signification réelle des notes attribuées.

En outre, il est possible de prendre des mesures destinées à améliorer la validité de contenu des centres d'évaluation (Kaufmann *et al.*, 1993). Notamment, il est souhaitable de ne pas se laisser séduire par le côté ludique de certains exercices et, également, de ne pas considérer l'évaluation des comportements comme une variante de la notation professionnelle, défauts compris. De ce point de vue, une standardisation des procédures améliorerait certainement la cohérence des résultats. Elle implique, par exemple, une définition précise des dimensions notées, un guide de notation ancré sur des exemples de comportements, et l'élaboration des exercices à partir d'une analyse de poste détaillée. Elle suppose également une formation des notateurs qui leur enseigne à interpréter des séquences comportementales propres à chaque exercice.

On peut, avec F. Lievens (1998), résumer en quatre points les recommandations destinées à améliorer la validité de construction des centres d'évaluation :

- choisir un petit nombre de dimensions à évaluer, les définir de manière concrète et veiller à ce qu'elles soient clairement différentes les unes des autres ;
- faire gérer les centres d'évaluation par des psychologues compétents, former les évaluateurs, notamment en ce qui concerne la signification des dimensions à évaluer ;
- élaborer des exercices et des situations aussi proches que possible d'une des dimensions à évaluer, bien former les personnes qui ont des rôles à jouer dans les situations-tests, indiquer aux évaluateurs quelles dimensions doivent être évaluées pour chaque situation ;
- fournir aux évaluateurs des aides à l'évaluation, notamment des listes de comportements observables regroupés par dimension.

Guion *et al.* (2006) font les mêmes recommandations et ajoutent une suggestion intéressante qui consiste à préparer pour les notateurs des fiches de notation constituées par des descriptions de comportement.

L'observation des individus dans un centre d'évaluation concerne vraisemblablement deux catégories de dimensions, des traits cohérents entre les exercices et générateurs de validité de contenu et des rôles plus flexibles et plus dépendants des caractéristiques de chaque situation. Ces derniers devraient alors être interprétés en concevant les exercices comme des occasions d'adopter tel ou tel comportement, et la synthèse des notations devrait tenir compte de la spécificité de chaque exercice.

Dans l'état actuel de nos connaissances, on peut retenir l'idée que les tests de situation, lorsqu'ils sont construits et menés de manière systématique, apportent une contribution significative à l'évaluation de la personnalité et au pronostic du succès professionnel notamment dans les postes impliquant l'exercice de l'autorité et la charge de responsabilités de gestion. La mise en œuvre conjointe de tests de situation, d'épreuves classiques et d'entretiens dans les centres d'évaluation représente, sans aucun doute, la méthode actuellement la plus valide et la plus valable qui soit à notre disposition en ce qui concerne la sélection des cadres et l'évaluation du potentiel d'encadrement dans les organisations.

LES CENTRES D'ÉVALUATION

- Réalisent l'évaluation d'un groupe de 5 à 8 sujets :
  - qui sont d'un niveau de qualification équivalent ;
  - qui sont d'âge voisin ;
  - qui ne se connaissaient pas.

- Impliquent la présence d'un psychologue qui organise le centre d'évaluation et de un à trois autres évaluateurs, psychologues ou non-psychologues. Les non-psychologues :
  - ne sont pas les supérieurs hiérarchiques actuels des candidats évalués ;
  - ont été formés pour cette tâche ;
  - peuvent appartenir au(x) département(s) ou service(s) qui recrute(nt).

- Comportent toujours :
  - un ou plusieurs tests de situation ;
  - des tests classiques ;
  - plusieurs entretiens, chacun avec un objectif précis.

- Sont toujours suivis :
  - d'une réunion de synthèse où les décisions sont prises en commun par le groupe d'évaluateurs ;
  - d'un entretien de *feed-back* fait par le psychologue avec chaque candidat.

- Peuvent avoir un objectif spécifique (recrutement pour un poste donné, sélection à l'entrée d'une formation, par exemple) ou plus large (recherche de potentiel d'encadrement) mais toujours clairement défini.

CHAPITRE 10

Quel avenir pour l'évaluation ?

Le monde du travail change dans sa structure, dans sa dynamique, dans les rôles sociaux qu'il crée, les compétences et les valeurs qu'il exige. Les activités d'évaluation qui n'avaient un réel intérêt qu'aux étapes charnières de la vie professionnelle, recrutement et mutation essentiellement, ou encore qui étaient le fondement, quelquefois fragile, de la gestion des récompenses ou des sanctions vont-elles voir leur importance diminuer ? ou s'accroître ? ou plus vraisemblablement évoluer et se diversifier ?

Il est certain que dans une période d'emploi difficile, qui a suscité des mesures de protection de l'emploi salarié et rendu la mobilité moins aisée, l'erreur en matière de recrutement est plus pénalisante, pour l'organisation comme pour l'individu, qu'elle ne l'était à une époque où le changement de poste ou d'emploi permettait de corriger les mauvaises décisions. Ce qui explique en partie l'importance plus grande attachée à la bonne gestion des ressources humaines.

En partie seulement. La globalisation de l'économie et l'importance croissante d'une compétitivité à l'échelle mondiale ont bien d'autres effets. Pour y faire face, les organisations se restructurent. Elles tendent à devenir plus flexibles, c'est-à-dire à la fois plus souples et plus adaptables, avec des hiérarchies moins rigides. L'encadrement doit, de plus en plus souvent, gérer des équipes de projet dont la durée de vie est fonction de la mission qu'elles doivent mener à bien. Ces changements profonds, leur rythme accéléré et la complexité croissante des tâches de tous ordres demandent une proportion accrue de personnel hautement qualifié, et également des qualités individuelles différentes, notamment la capacité à travailler en groupe intégré, à gérer des informations de plus en plus nombreuses, à faire face à des défis exigeants et à en tirer parti pour progresser.

De ce fait, d'autres rôles sont joués par l'évaluation du personnel dans le monde du travail. Parce que des **demandes nouvelles** se font jour, aussi bien de la part des organisations que des individus. Et parce que des **ressources**, des possibilités et des méthodes **originales** se développent, du fait des progrès théoriques et des possibilités ouvertes par le recueil et le traitement informatique des données.

De nouvelles demandes

Venant de l'organisation

■ *Le travail se fait de plus en plus souvent en groupe et par conduite de projets*

L'analyse du travail, de même que le paradigme de la sélection, est centrée sur l'adéquation entre un homme et un poste. Ce qui suppose que chacun est seul responsable de sa tâche, même si celle-ci s'effectue dans un environnement social. Alors que l'organisation du travail se fait de plus en plus par projets, c'est-à-dire que des missions spécifiques sont confiées à des équipes dont les membres ont des compétences, voire des personnalités, complémentaires.

Cette nouvelle structuration du travail pose, au moins, deux problèmes nouveaux :

- Comment constituer des groupes performants ? En d'autres termes, quelles sont les qualités individuelles qui contribuent à la réussite d'une équipe ? Deux réponses distinctes à cette question. D'abord, il faudra savoir faire le diagnostic des qualités requises pour travailler en groupe. Ensuite, un groupe performant n'est pas forcément homogène ; au contraire, ses membres doivent jouer des rôles différents, chacun étant essentiel à la bonne marche du groupe. Cette double évaluation requiert des outils spécifiques et une approche fondée sur la psychologie des groupes. De fait, on observe une demande croissante d'instruments permettant de mesurer l'empathie, l'intelligence sociale et la capacité à comprendre le comportement des autres.

- Comment obtenir des notations professionnelles individuelles, alors qu'on ne peut recueillir de données objectives que sur la performance intégrée de l'équipe ? Cette question est d'autant plus importante qu'il existe des systèmes de récompense ou de promotion au mérite. Nous savons déjà combien il est difficile de mesurer le succès professionnel. Évaluer la contribution individuelle au succès d'un groupe constitue un nouveau défi.

■ *L'accent est mis plus sur la polyvalence que sur la spécialisation*

La flexibilité fonctionnelle est devenue une préoccupation dominante. Les changements technologiques, les fusions, les restructurations changent constamment le contenu des postes et la configuration des familles d'emplois. La sélection ne concerne plus un poste ou une filière permanente mais des postes successifs, donc elle se fait de plus en plus sur les qualités d'adaptation, la capacité à apprendre, l'innovation, et, au niveau des qualités fondamentales, sur l'implication dans le travail et sur l'affiliation à la culture de l'entreprise.

■ *L'évaluation du personnel en fonction devient plus importante...*

... et soulève de nouveaux problèmes (Fletcher, 1994). Notamment, les structures complexes imposent de choisir un notateur entre plusieurs hiérarchiques dans les cas, de plus en plus fréquents, où une même personne dépend de plusieurs supérieurs. Par ailleurs, il devient courant de faire appel à d'autres notateurs que les supérieurs, et à demander aux collègues, voire aux subordonnés, d'évaluer leurs propres collègues ou leurs supérieurs. On a vu que c'est systématiquement le cas dans les instruments 360°. Plus que de donner une influence à ces divers notateurs, cette démarche est fondée sur le fait que chacun des membres de ces catégories, collègues, supérieurs, subalternes, a des occasions différentes d'apprécier les autres et qu'il est utile de rassembler la totalité des informations disponibles, et de les comparer entre elles. Cela dit, il est évident que cette participation à la notation venant d'autres personnes que les hiérarchiques demande des précautions supplémentaires, pour assurer l'anonymat, et pour faire adhérer les cadres à ce processus.

■ *L'évaluation joue d'autres rôles*

Dans une perspective différente, l'évaluation joue de plus en plus d'autres rôles que celui dévolu à la gestion des carrières. Le lien entre évaluation, d'une part, salaires ou primes, d'autre part, est une des manières de chercher à réactiver la motivation. Pourtant, les enquêtes sur les attitudes du personnel concernant le principe à performance inégale/salaire inégal donnent des résultats contradictoires. De fait, le rôle motivateur de l'évaluation, à condition qu'elle soit bien faite et que la restitution d'information fasse l'objet d'un entretien adéquat, est plus large que la seule liaison entre mérite et salaire. Les travaux de Locke et de son équipe ont, en effet, bien montré que les buts difficiles, donc fixés par rapport à l'évaluation, sont motivateurs en dehors de toute récompense.

En d'autres termes, il n'y a pas de solution « omnibus » et chaque cas mérite une analyse spécifique. Comme le note Fletcher (1994), demandes et recherches devraient entraîner la disparition progressive des systèmes de notation standard, appliqués à tous de la même manière, et utilisés seulement pour évaluer, de manière à céder la place à des systèmes adaptés et autant orientés vers l'évaluation du passé que vers le développement des compétences et le planning des carrières. L'évaluation devrait alors être beaucoup plus intégrée dans la politique de gestion des ressources humaines et étroitement reliée aux démarches qui visent le développement de l'implication, de la motivation du personnel et son intégration aux stratégies de l'organisation.

■ *L'évaluation n'est plus seulement nécessaire à l'entrée dans l'organisation*

Les rôles professionnels sont de moins en moins souvent constitués de tâches régulières et prévisibles à l'avance. D'où la nécessité de pouvoir faire des évaluations répétées, qui concernent l'adéquation entre la personne et les demandes du poste. Il est vrai que les entreprises ont toutes des plans de notation régulière. Mais il s'agit plus de pouvoir communiquer et commenter des résultats que de prendre des décisions pour l'avenir. Alors que les tournants des carrières exigent de plus en plus souvent de faire un pronostic d'adéquation.

■ *Les tâches et les fonctions changent à court terme*

Ou même les nominations concernent des postes qui n'ont pas existé auparavant. C'est le cas, par exemple, des postes d'expatriés, qui ont pour mission de créer ou de développer des entreprises dans des environnements culturels dont ils n'ont pas l'expérience et à une distance importante par rapport à leur hiérarchie. De ce fait, l'analyse de poste doit devenir innovante et prospective. Au lieu de se limiter à interroger la hiérarchie et les spécialistes sur les compétences requises pour effectuer correctement le travail actuel, il faut également leur demander quelles compétences vont devenir obsolètes et quelles compétences vont devenir importantes. D'une manière plus générale, le recrutement se fait de plus en plus en fonction d'un « stock de compétences » et pas seulement sur la base des qualités spécifiques requises par la fonction qui sera exercée à court terme.

■ *Les différences interculturelles doivent être mieux prises en compte*

La majorité des recherches et notamment des études de validité concernant les instruments d'évaluation ont été faites aux États-Unis et dans les pays d'Europe de l'Ouest. De ce fait, les méta-analyses qui servent de fondement aux positions méthodologiques dans le domaine de l'évaluation et de la prédiction sont majoritairement fondées sur des données acquises dans un contexte culturel relativement homogène. Il faut maintenant se poser la question de leur généralisabilité transculturelle et, au minimum, ne pas utiliser ces instruments sans avoir construit des normes.

■ *De nouveaux problèmes sont posés par le développement de l'informatique*

Les applications informatiques, comme le développement de l'automatisation des processus, ont été souvent décrits comme une source de diminution des qualifications, la machine remplaçant fréquemment les compétences humaines. En fait, il semble bien que la sophistication croissante des technologies informatiques ait créé un besoin nouveau de spécialistes hautement qualifiés capables de gérer ces nouvelles techniques. En outre, des avancées comme le « téléworking », travail à domicile de personnes qui communiquent avec les autres par la voie d'applications informatiques, entraîne pour les titulaires de ces postes une plus grande flexibilité, plus d'autonomie et de responsabilités. Du fait de cette évolution, l'évaluation des compétences destinée à prédire l'adaptabilité d'un individu à un nouveau poste ne peut pas toujours être fondée sur son passé professionnel et va développer l'utilisation des tests, des entretiens situationnels, des centres d'évaluation, et, d'une manière générale, de l'identification et l'évaluation de compétences fondamentales, souvent nommées « méta-compétences » ou « supracompétences ». Dans le même esprit, il est évident que la demande d'outils permettant de mesurer la capacité à apprendre, les capacités d'adaptation et la maîtrise des fonctions essentielles va s'intensifier.

■ *La nature du travail change*

Le progrès technique, la diffusion des moyens d'information, la globalisation de l'économie, tout contribue à bouleverser la structure des organisations et le contenu des tâches. Et ces changements affectent profondément les besoins des organisations en matière de recrutement et de développement des compétences. Pour ne citer que quelques exemples, les activités internationales posent des problèmes nouveaux, le recrutement des expatriés, le développement de compétences interculturelles. L'utilisation de machines complexes fait diminuer le nombre d'emplois industriels peu qualifiés, donc le besoin d'évaluer les aptitudes motrices. La disparition progressive des structures pyramidales avec des rapports hiérarchiques simples et leur remplacement par des réseaux d'équipes de projet posent des problèmes inédits pour assurer l'évaluation et, en même temps, sollicitent de nouvelles compétences, elles-mêmes donnant une importance accrue aux qualités de personnalité. Ces bouleversements du marché du travail risquent de rendre rapidement obsolètes les résultats des méta-analyses qui font correctement la synthèse des validités de nos instruments d'évaluation, mais risquent de généraliser des résultats qui n'ont plus de signification dans un contexte de travail et d'emploi en évolution rapide.

■ *Pour une mesure « holistique » des attributs individuels*

De nombreux paramètres individuels contribuent à l'efficacité dans les organisations, qu'il s'agisse de cadres, de professionnels, de personnel d'exécution ou de responsables de haut niveau. Ces qualités font l'objet de listes spécifiques dans les différentes organisations, qui tentent ainsi de définir les compétences clés qui leur sont nécessaires. Certaines de ces capacités sont effectivement très spécifiques ; d'autres semblent se trouver sur toutes les listes, même si elles portent des noms différents. C'est le cas, par exemple, de l'aptitude à utiliser les ressources essentielles que sont le temps, le budget et le personnel ; des qualités relationnelles telles qu'aider les autres, les former, travailler en équipe, diriger une équipe ; de la capacité à utiliser les systèmes organisationnels et technologiques…

Certaines analyses vont plus loin et tentent de définir les compétences de base requises par ces capacités fonctionnelles, à savoir la maîtrise des savoirs fondamentaux, lire, écrire, compter ; les qualités intellectuelles impliquées par la résolution de problèmes et le développement de ses propres compétences ; et les qualités de caractère comme la sociabilité, le sens des responsabilités et le contrôle de soi.

Ces tentatives et la demande des organisations dans ce sens devraient contribuer à reformuler le paradigme de l'évaluation prédictive. En effet, tout comportement suppose, pour qu'il soit efficace et qu'il corresponde aux besoins spécifiques de l'organisation, que celui qui en a la charge possède non pas une qualité requise, mais une combinaison de qualités. C'est particulièrement vrai des traits de personnalité : les échecs rencontrés dans la validation des questionnaires de personnalité viennent du fait que nous avons trop souvent cherché à mettre en corrélation un trait de personnalité avec une conduite complexe. Alors que ce sont des combinaisons spécifiques de traits de personnalité qu'il faut mettre en cause. Ce qui suppose – et c'est bien une demande des organisations – la possibilité de faire des analyses précises et des classifications rationnelles des conduites mises en cause.

Mettre l'accent sur ce type de variables complexes suppose le développement d'observations systématiques qui permettent d'observer l'individu dans des situations choisies pour évaluer des compétences situationnelles, donc d'évaluer l'individu dans son ensemble, l'intégration et la mise en œuvre de ses diverses qualités, et pas des aptitudes ou des traits de personnalité isolés.

Venant des individus

■ *Le besoin d'informations sur soi*

L'accent a été mis dans la première partie de ce livre sur le paradigme classique de l'évaluation et sur le choix d'outils qui maximisent l'adéquation homme/poste ou fonction. C'est, en fait, le problème central et le plus fréquemment traité dans toute la littérature concernant l'évaluation. La période difficile que nous traversons depuis une vingtaine d'années a modifié les attentes et les attitudes individuelles concernant l'évaluation et conduit à repenser les responsabilités des psychologues qui la pratiquent (de Wolff, 1993). D'une part, leur centre d'intérêt s'est élargi de manière à prendre en considération l'ensemble de la situation dans le contexte déjà mentionné du schéma proposé par Bandura et concrétisant les relations entre l'individu, la performance et la situation, chacune de ces variables étant susceptible d'influencer et d'être influencée par les deux autres. Ce qui signifie à la fois donner plus d'importance à la situation dans ce qu'on a appelé le « paradigme de la sélection » et donner plus d'attention aux aspects humains des processus d'évaluation, c'est-à-dire à leurs effets sur l'image de soi et sur l'estime de soi (Lévy-Leboyer, 1994).

■ *Les parcours de développement*

Les instruments disponibles pour faire un bilan des compétences acquises et des suggestions sur les compétences qu'il serait utile d'acquérir, notamment les « 360° » dont nous avons parlé au chapitre 5, s'accompagnent en général d'un document sur le développement. Ce document fournit des suggestions sur les activités susceptibles de développer les compétences faibles ou manquantes. Il apporte donc, en s'appuyant sur des enquêtes concernant la manière dont des cadres ayant réussi leurs carrières estiment avoir développé leurs compétences, une sorte de tableau de correspondance entre compétences et expériences fructueuses. Les études actuelles sur le développement des compétences montrent bien que l'expérience apporte un élément indispensable à l'acquisition de nouvelles compétences. Mais l'expérience ne suffit pas. Nous savons, d'une manière générale, que des qualités de fond, intellectuelles, de personnalité, etc., sont nécessaires pour que l'expérience soit formatrice. D'où deux demandes : 1) un tableau croisé des compétences et des caractéristiques individuelles nécessaires à leur développement. Ce besoin s'est traduit par l'élaboration, en cours dans de nombreuses entreprises, de référentiels de compétences spécifiques. La correspondance compétences/qualités individuelles devrait représenter l'étape ultérieure de ce souci de mise en relation des stratégies de l'entreprise ; et 2) plus d'informations sur la capacité à apprendre en tirant parti de l'expérience, nouveau concept qui mérite à la fois d'être explicité au plan théorique et de donner lieu à la construction d'instruments diagnostiques adaptés.

■ *La prise en compte de l'activité professionnelle et du contexte familial : les doubles carrières*

Le nombre de femmes menant une vie professionnelle a augmenté de manière notable. Et cette augmentation s'est accompagnée de leur entrée dans des carrières de haut niveau. De ce fait, la nécessité de gérer simultanément, et de manière à ne léser aucun des deux membres d'un couple, leurs carrières respectives représente une nouvelle donne de la gestion des carrières. D'une manière plus générale, c'est, également, une façon de rappeler que la coupure entre vie active et vie privée est totalement artificielle, et que l'équilibre entre les deux représente une exigence importante, pour les hommes comme pour les femmes. La scolarité des enfants comme les autres obligations familiales, à une époque où la durée de vie s'est sensiblement prolongée, méritent d'être prises en considération. Pas seulement pour des raisons de politique sociale : l'impact des problèmes familiaux sur la performance au travail représente une réalité indiscutable... mais sur laquelle on sait peu de chose.

De nouvelles ressources

■ *La contribution de la psychologie cognitive*

Les outils traditionnellement consacrés à la mesure de l'intelligence – ou du potentiel cognitif – permettent de donner à chaque sujet un score global. Les modèles qui rendent compte des séquences d'activités cognitives permettent de décrire en détail les processus de traitement de l'information qui, précisément, sont mis en jeu de plus en plus fréquemment du fait de la complexité croissante des activités professionnelles. Classiquement, on distingue quatre étapes principales : la réception des informations, leur stockage en mémoire, leur traitement, l'utilisation des résultats pour élaborer des comportements adaptés. Plus concrètement, les informations sont triées pour ne garder que les signaux significatifs, les messages ou les structures d'informations sont décodés, la mémoire à court et à long terme est activée, en fonction des besoins, de manière à comparer les informations nouvelles à celles qui sont en stock ; les informations peuvent alors être interprétées en tenant compte de tous les éléments de la situation d'où elles proviennent et cette interprétation permet de choisir une réponse. Ces différentes étapes du fonctionnement cognitif méritent des diagnostics indépendants. Surtout, le modèle théorique dont on dispose facilite la mise en relation des résultats des analyses de poste avec une description fine des prérequis.

■ *L'apport de l'informatique aux outils d'évaluation*

Le développement de programmes informatiques destinés à faciliter la gestion des ressources humaines n'en est qu'à ses débuts. On peut noter d'ores et déjà les domaines où ces logiciels feront progresser les tâches impliquant une évaluation. En premier lieu, l'ordinateur peut faciliter la tâche de l'évaluateur chargé de faire des notations professionnelles ou de procéder à un entretien structuré, en demandant des informations précises, en indiquant, si nécessaire, où et comment ces informations peuvent être obtenues, en fournissant un cadre conceptuel pour codifier l'information recueillie, et en définissant la fiabilité de l'information. Par exemple, un entretien situationnel peut être géré par le logiciel informatique qui, ayant enregistré les informations biographiques concernant le candidat, suggérera les situations à lui soumettre et même les questions à poser sur ces situations. De même, l'entretien structuré peut être facilité par un programme qui fournit une structure claire à l'interviewer, une liste des domaines pertinents et des questions qui méritent d'être explorées plus en détail (Bartram, 1993).

Le CAT (*Computer Adaptive Testing* ou test adaptatif) est une technique connue depuis plusieurs années, et qui devrait se développer grâce aux logiciels de construction qui rendent moins lourde l'élaboration de tels tests. Leur principe est simple : au lieu de faire passer par tous les candidats un test composé des mêmes items, le logiciel varie la difficulté de chaque nouvel item en fonction des résultats obtenus précédemment et calcule le nombre d'items nécessaires pour poser dans des limites de confiance définis le diagnostic demandé par l'utilisateur. Il existe d'ailleurs déjà des tests « flexibles » qui présentent une série fixe d'items, ordonnés par difficulté, en commençant par une difficulté moyenne, et en choisissant les items suivants selon les premiers résultats. Ces procédures peuvent être plus sophistiquées et s'appuyer sur l'IRT (*Item Response Theory*), dont le principe est de choisir chaque item pour qu'il apporte le maximum d'information supplémentaire sur l'évaluation d'une aptitude ou d'un trait de personnalité (Hambleton et Swaminathan, 1980). Les premiers essais allant dans ce sens montrent que les tests qui en résultent sont bien acceptés, qu'ils différencient mieux les candidats entre eux et que leurs qualités métriques sont satisfaisantes.

■ *L'accès à de nouveaux outils*

Sur le plan purement pratique, il faut signaler la nouvelle génération d'ordinateurs de poche qui permettent de répondre directement aux tests qui y sont installés. Ces terminaux sont ensuite connectés à des systèmes plus importants pour le dépouillement des résultats et la production éventuelle d'un rapport. De tels dispositifs ont l'avantage de permettre une flexibilité totale de la passation des tests, ce qui évite d'avoir à convoquer un groupe important de personnes au même moment. Ils permettent aussi aux éditeurs de ces outils de récolter les données, de manière anonyme, afin d'améliorer les qualités métriques de l'instrument et de vérifier si les normes sont toujours applicables – voire de développer des normes plus « fines », concernant des sous-groupes homogènes.

Il est évident que nous ne sommes qu'au début de cette évolution informatique. La possibilité d'avoir accès à des réseaux qui, sous réserve de code d'entrée, permettront de faire passer directement des tests sur ordinateur aidera à réaliser des instruments d'évaluation de bien meilleure qualité. En effet, la constitution de larges banques d'items représente un coût élevé et n'est abordable dans de bonnes conditions qu'à partir du moment où existe un très grand nombre de consommateurs potentiels. Ces possibilités concerneront aussi bien les tests classiques d'aptitude et de personnalité que des épreuves de connaissances, et des examens traditionnels. ATT explore actuellement la possibilité de faire passer des tests par téléphone : le candidat répondrait aux questions enregistrées en utilisant le clavier du téléphone.

La mise en relation des demandes et des ressources

Il y a peu de domaines d'application où la prise en compte des résultats des recherches et des travaux théoriques par les praticiens de terrain se fait facilement et rapidement. L'évaluation échappe d'autant moins à cette règle que les talents psychologiques sont réputés aussi répandus que le parler en prose. L'idée même qu'il existe des experts dans ce domaine et que des connaissances précises et bien démontrées peuvent être obtenues et consultées est difficile à faire admettre. Face aux demandes, classiques ou nouvelles, qui constituent autant de créneaux commerciaux, les ressources sont trop souvent appréciées en fonction d'arguments anecdotiques ou pour des raisons de commodité, voire de relations personnelles. Peut-être la faute en revient-elle aussi aux psychologues eux-mêmes qui, trop soucieux de communiquer entre eux, adoptent un jargon pas toujours accessible, voire pensent qu'il faut, comme les druides, ne pas être compris pour être respecté. D'ailleurs, chacun sur son créneau favori, les psychologues sont, eux aussi, lents à modifier leurs opinions et leurs discours lorsque de nouvelles données, scientifiquement et objectivement établies, devraient être prises en compte.

La comparaison de ce qui a été écrit dans la première version de cet ouvrage, paru en 1990, et la présente version, remaniée quinze ans après, vaut mieux qu'un long commentaire. Comme le soulignent Hogan *et al.* (1996), les chercheurs qui travaillent sur le thème de la personnalité ont apporté des preuves multiples et concordantes en ce qui concerne la structure de la personnalité et la nature des facteurs qui permettent de la décrire. Ils ont aussi montré grâce à leurs études de validation et aux regroupements que permet la méta-analyse que les questionnaires de personnalité, lorsqu'ils sont correctement utilisés, permettent de prédire les comportements. Pourtant, le scepticisme reste le lot commun, alors que d'autres méthodes indiscutablement sans valeur continuent à être utilisées. La nécessité constante de remettre à jour un ouvrage qui traite de l'évaluation montre qu'il s'agit d'un domaine en pleine activité et dont l'utilité sera d'autant plus grande que les chercheurs se chargeront de vulgariser leurs résultats.

Certes, beaucoup de questions restent posées. Notamment, les critères par rapport auxquels la validité des méthodes de sélection est évaluée sont trop étroits, et trop restreints à des évaluations générales ou, plus rarement d'ailleurs, à des mesures de performance. Il y a bien d'autres aspects qu'il serait important de prédire : le développement de carrière, l'absentéisme, la satisfaction professionnelle, la capacité à travailler en équipe et également les comportements nuisibles à la bonne marche de l'organisation comme les atteintes au matériel, le vol et les conduites malhonnêtes, le temps perdu ou consacré à des activités sans rapport avec ses responsabilités, l'agressivité verbale… En outre, et cela devient de plus en plus important à une époque de forte mobilité et de globalisation de l'économie, la possibilité de généraliser des méthodes et des principes au-delà des populations spécifiques pour lesquelles ils ont été développés devrait être envisagée de manière critique.

Malgré ces lacunes, il y a maintenant des résultats solides que tous les gestionnaires de ressources humaines doivent prendre en compte. Le plus important, sans aucun doute, est le fait que la performance professionnelle est fonction, quelle que soit l'activité, du fonctionnement cognitif et de la personnalité. Rien d'étonnant à ce que les personnes intelligentes et qui travaillent dur soient les plus performantes. Il faut ajouter que nous sommes en mesure de décrire ces caractéristiques individuelles de manière fiable. Et qu'ajouter à ces évaluations d'autres instruments de mesure peut accroître la validité apparente, donc la confiance des évaluateurs dans leurs jugements et la satisfaction des évalués, mais pas la qualité du pronostic.

Résumé pratique
et conclusions

Vingt et une réponses
à vingt et une questions
que se posent décideurs et évalués

- **En définitive, y a-t-il de bonnes et de mauvaises méthodes pour évaluer les candidats et prendre des décisions concernant leur recrutement et leur promotion ?**

Aucune méthode n'est « bonne » quels que soient l'objet et les circonstances de l'évaluation. En particulier, des méthodes utiles et efficaces en psychologie clinique et pathologique ne le sont pas lorsqu'il s'agit d'adultes normaux, pour qui se posent des problèmes professionnels. De même, une méthode qui rend des services dans le cadre d'une activité de conseil peut très bien être non valide ou peu valide lorsqu'il s'agit de prendre des décisions de recrutement : c'est le cas des questionnaires d'intérêts professionnels.

Par ailleurs, certaines méthodes peuvent être inadaptées au problème posé, et à l'échantillon concerné : c'est le cas, par exemple, d'une méthode qui ne différencie pas bien les candidats parce qu'elle n'est pas assez difficile, ou d'une méthode qui donne des informations qu'on possède déjà.

Il existe également de mauvaises méthodes, celles qui ne sont pas fidèles, c'est-à-dire qui donnent des résultats variables, notamment en fonction de celui qui les utilise ; celles qui ne sont pas justifiées par un modèle théorique clair et qui se sont montrées incapables de prédire le comportement, et de servir de base à de bonnes décisions.

Enfin, les méthodes d'évaluation ont, chacune, des objectifs précis ; et elles ne sont « bonnes » que dans la mesure où elles permettent d'évaluer les paramètres pertinents, ceux qui déterminent l'adéquation au poste ou à la fonction considérés.

Cela dit, il est possible de faire des synthèses des études de validation existantes, malheureusement rares en France, mais nombreuses ailleurs, notamment dans les pays anglo-saxons. Cela permet de dresser un bilan général des groupes de méthodes qui se sont révélées valides, quelles que soient les situations, et de celles qui ne sont jamais valides ou qui le sont peu, c'est-à-dire qui ont, de manière répétée, des corrélations faibles avec les critères de succès professionnel.

Il est évident qu'une méthode sans qualité métrique ne sera jamais une bonne méthode puisqu'elle n'apporte pas d'informations fiables. Mais l'inverse n'est pas aussi simple et il faut, pour choisir la ou les bonnes méthodes, tenir compte au moins de deux autres aspects. D'une part, leur coût, qu'il faudra comparer (voir chapitre 4) avec leur utilité, coût qui inclut la nécessité éventuelle de mettre au point des méthodes spécifiques et de former leurs utilisateurs. Et d'autre part, leur acceptabilité, c'est-à-dire le fait qu'elles soient faciles ou difficiles à faire accepter par les candidats.

Le tableau de la page suivante présente ces données, résumées à partir des synthèses citées dans cet ouvrage. Il faut ajouter que les validités peuvent s'additionner dans la mesure où les informations apportées par chacune des méthodes sont différentes. Nous avons appelé faibles les validités qui sont de l'ordre de .10 à .20 ; moyennes, celles qui vont de .20 à .40 ; et fortes celles qui dépassent .40.

Ce tableau doit être considéré comme un résumé, les validités étant susceptibles de varier selon la nature des activités professionnelles. Nous avons vu (chapitre 6) que c'est particulièrement le cas pour les tests de fonctionnement cognitif ou d'intelligence générale qui sont d'autant plus valides que la tâche considérée implique d'activité intellectuelle, et pour les tests mesurant des aptitudes spécifiques. Les méthodes ont été classées des plus au moins valides. Celles pour lesquelles on ne possède pas d'étude de validité sont, pour des raisons évidentes, absentes du tableau.

<table>
<tr><td colspan="4" align="center">Validité, coût et acceptabilité des méthodes d'évaluation</td></tr>
<tr><td align="center">MÉTHODES</td><td align="center">VALIDITÉ</td><td align="center">COÛT</td><td align="center">ACCEPTABILITÉ</td></tr>
<tr><td>Essai professionnel</td><td align="center">Forte</td><td align="center">Élevé</td><td align="center">Très bonne</td></tr>
<tr><td>Tests d'aptitudes</td><td align="center">Forte</td><td align="center">Faible</td><td align="center">Bonne</td></tr>
<tr><td>Centres d'évaluation</td><td align="center">Forte</td><td align="center">Élevé</td><td align="center">Très bonne</td></tr>
<tr><td>Tests de fonctionn. cognitif</td><td align="center">Forte</td><td align="center">Faible</td><td align="center">Bonne</td></tr>
<tr><td>Biodata</td><td align="center">Moyenne</td><td align="center">Moyen</td><td align="center">Bonne</td></tr>
<tr><td>Tests de personnalité</td><td align="center">Forte</td><td align="center">Faible</td><td align="center">Moyenne</td></tr>
<tr><td>Entretiens structurés</td><td align="center">Moyenne</td><td align="center">Moyen</td><td align="center">Forte</td></tr>
<tr><td>Entretiens non structurés</td><td align="center">Faible</td><td align="center">Moyen</td><td align="center">Forte</td></tr>
<tr><td>Questionnaires d'intérêts</td><td align="center">Faible</td><td align="center">Faible</td><td align="center">Moyenne</td></tr>
<tr><td>Graphologie</td><td align="center">Aucune</td><td align="center">Moyen</td><td align="center">Stable</td></tr>
</table>

- **Faut-il utiliser les mêmes méthodes pour le recrutement externe et pour le recrutement interne ?**

Assurément non. D'ailleurs on ne dispose pas des mêmes informations quand il s'agit de recruter à l'extérieur de l'organisation ou de pourvoir des postes par promotion ou recrutement interne. Les synthèses d'études de validation portant sur des décisions de recrutement externe (embauche à l'extérieur), ou de recrutement interne par promotion, et utilisant des critères de même nature, permettent de comparer la valeur prédictive des différentes catégories de méthodes. Nous indiquons sur les tableaux ci-dessous, établis d'après les données rassemblées par Hunter et Hunter (1984) et par Cook (1988), les validités moyennes des différentes méthodes disponibles. Les méthodes sont rangées par ordre de validité décroissante. Ce tableau ne doit pas être utilisé seul quand il s'agit de choisir une méthode d'évaluation. D'une part parce que ce sont des validités moyennes et que l'analyse du travail peut mettre en évidence l'importance d'une exigence particulière. D'autre part parce que la possibilité d'utiliser telle ou telle méthode ainsi que sa capacité à discriminer les candidats considérés doivent être prises en compte. Par exemple, les cadres peuvent être peu différenciés par les tests de fonctionnement cognitif et leurs activités trop diverses pour être représentées par un essai professionnel. Dans ce cas, le centre d'évaluation représentera la meilleure méthode.

Validités moyennes de différentes méthodes d'évaluation pour le recrutement externe	
Tests d'aptitudes *	.53
Essai professionnel et test de situation	.44
Centres d'évaluation	.43
Questionnaires de personnalité	.40
Biodata	.37
Références	.26
Entretiens	.14
Notes pendant la formation au poste	.13
Niveau scolaire	.10

Validités moyennes de différentes méthodes d'évaluation pour le recrutement interne	
Essai professionnel et test de situation	.54
Tests d'aptitudes *	.53
Notes professionnelles	.49
Test de connaissances professionnelles	.48
Centres d'évaluation	.43

* Utilisation conjointe de test de fonctionnement cognitif et de tests d'aptitudes spécifiques.

- **Que faut-il penser de la graphologie, qui est si largement utilisée ?**

L'analyse de l'écriture dans les expertises judiciaires (donc la possibilité d'identifier des écritures) ne nous concerne pas ici. Ni l'étude des caractéristiques scripturales dans les cas pathologiques. Reste la validité de l'analyse graphologique dans les prises de décision concernant le recrutement ou la promotion.

Pour pouvoir s'en assurer, il faudrait que trois conditions soient remplies :

1) une bonne reproductibilité des analyses, indépendamment du graphologue et de la méthode qu'il utilise. Faute de quoi on validera une méthode ou un individu ;

2) des validations obtenues lorsque le texte manuscrit fourni à l'expertise n'apporte pas, par son contenu, des renseignements sur la personne à évaluer. Faute de quoi le graphologue fait également une analyse de contenu des données biographiques du CV et de la lettre de candidature, plus une étude des caractéristiques stylistiques de cette lettre. Rien ne s'oppose à ce qu'on étudie la validité de ces différents prédicteurs (voir chapitre 5), mais il faut le faire correctement et étudier indépendamment les informations apportées par l'écriture elle-même ;

3) un pronostic précis, et pas une description générale de la personne concernée, description qui est souvent assez vague pour qu'elle puisse se vérifier dans tous les cas.

Ces conditions ne sont pratiquement jamais satisfaites. Nous avons dit (chapitre 8) que, dans les cas où elles l'étaient, l'analyse graphologique n'est pas valide.

Dans ce cas, comment se fait-il qu'elle soit si largement utilisée ? Il faut noter que c'est une caractéristique très française et que la graphologie est très peu ou pas du tout utilisée ailleurs. Reste qu'elle est présente dans presque toutes les sélections et les recrutements en France, en particulier lorsqu'il s'agit de postes de cols blancs, de vendeurs et de cadres.

Plusieurs raisons à cela. D'abord, l'analyse graphologique est moins coûteuse que la plupart des autres méthodes dont nous avons eu l'occasion de parler. D'où son usage très fréquent dans les premiers tris et lorsque les candidatures sont très nombreuses. Encore faudrait-il comparer l'utilité de ces différentes méthodes (voir introduction de la seconde partie). Et se rappeler que le premier tri est important : s'il laisse échapper les bons candidats, le second examen ne les rattrapera pas.

Ensuite cette méthode est assez facilement acceptée par les candidats qui envoient volontiers une lettre manuscrite (quitte à la faire écrire par quelqu'un d'autre…) alors qu'ils rechignent à passer des tests contraignants et à répondre à des questions qu'ils jugent souvent indiscrètes.

Enfin, l'analyse graphologique dite « approfondie » fournit un portrait agréable à lire, et sûrement plus suggestif qu'une série de chiffres issus d'un ou de plusieurs tests. Le décideur dans l'entreprise a le sentiment de garder la maîtrise de sa décision en faisant lui-même la synthèse des informations qu'on lui apporte. Mais, s'il est tout à fait justifié d'impliquer les décideurs dans les processus d'évaluation, il n'est pas souhaitable de le faire à partir de données dont la fiabilité n'est pas prouvée.

- **Quelle attitude adopter devant la morpho-psychologie, l'astrologie, la numérologie, etc. ?**

Une attitude de bon sens. Le comportement humain est une donnée complexe, déterminée par des paramètres nombreux et divers. Et ces déterminants peuvent être soit des caractéristiques des individus (leurs aptitudes, leurs personnalités, leurs échelles de valeur…), soit des caractéristiques de la situation de travail (le contenu de la tâche, le style de leadership, la nature des plans de salaire et de promotion, le climat social de l'entreprise…). Mais dans tous ces cas, nous pouvons formuler des hypothèses claires sur les raisons qui font qu'une caractéristique individuelle ou une caractéristique situationnelle détermine le comportement dans le travail. Reste, nous l'avons vu tout au long de cet ouvrage, à vérifier l'hypothèse et à élaborer des instruments qui mesurent bien les paramètres mis en cause.

Il faut donc se méfier de toutes les méthodes « miracles » qui ne reposent pas sur une hypothèse vérifiable, qui ne sont justifiées par aucune expérience contrôlable, et qui sont présentées par leurs auteurs comme des croyances auxquelles on doit adhérer sans examen critique. Utiliser des méthodes non fondées pour évaluer les individus et prendre des décisions concernant leur vie professionnelle et leur carrière est contraire à la morale et au respect des valeurs humaines.

- **Le progrès technique et l'évolution des marchés fait changer, de plus en plus fréquemment, le contenu et la nature des tâches et des fonctions. Peut-on mesurer et prédire les capacités individuelles à s'adapter au changement ?**

« Capacités d'adaptation » : c'est un bon exemple d'un pseudo-trait de personnalité. Pour faire face efficacement à un changement dans le contenu de son travail ou de ses fonctions, il faut que plusieurs conditions, situées sur des plans différents, soient remplies.

1) La personne concernée doit être capable d'acquérir de nouveaux savoirs et de les mettre en œuvre. Cette capacité d'apprentissage et de mobilisation de ses connaissances repose sur le fonctionnement cognitif. On sait le mesurer, donc on peut prédire cette facette essentielle de l'adaptabilité.

2) Elle doit également être persuadée qu'elle est capable d'affronter la situation nouvelle. Cela dépend de l'image de soi élaborée au fil des expériences professionnelles et des *feed-backs* sur les performances reçues du milieu de travail. On peut décrire le *self-concept*, mesurer l'estime de soi. On peut, surtout, avoir une gestion du personnel qui aide chacun à développer des images de soi réalistes et valorisantes.

3) Les changements envisagés peuvent, ou pas, bouleverser les rapports entre vie de travail et vie hors travail. La nature de ces bouleversements, l'importance que chacun y attache vont évidemment jouer un rôle important dans les « capacités d'adaptation ». On peut difficilement les prédire parce que ce sont des facteurs qui, eux-mêmes, changent tout au long de la vie. Mais on peut les analyser et tenter de résoudre certains des problèmes posés.

4) Reste-t-il une dimension de la personnalité qui serait liée au goût du changement ou au refus du changement ? Probablement un aspect culturel qui valorise, ou pas, le risque et la recherche de la nouveauté, les satisfactions liées aux défis surmontés. Ce sont là, très vraisemblablement, des traits de personnalité qui se développent au cours de la vie professionnelle et qui ne préexistent pas avant l'entrée dans le monde du travail. Ce qui signifie que la meilleure façon de les appréhender, donc de prédire les conduites futures, consiste à examiner les conduites passées, à travers des inventaires biographiques bien construits (voir chapitre 6).

- **Recrutement interne ou recrutement externe, la sélection des cadres implique des décisions importantes. Existe-t-il des méthodes spécifiques pour ce type de problème ?**

Non et oui.

Non, parce que les mêmes principes généraux s'appliquent à la sélection des cadres et à celles des autres catégories professionnelles. Notamment, l'analyse du travail est importante du fait de la grande variété des responsabilités attribuées aux cadres.

Oui, pour trois raisons. Tout d'abord, on possède d'autant plus d'informations sur un candidat qu'il entre dans la vie active avec une formation longue : il a réussi des concours, suivi avec succès des formations, reçu une qualification, fait des stages… Il faut donc exploiter cette information. Ensuite, il s'agit de candidats déjà sélectionnés par le système scolaire, tout particulièrement en France où l'accès aux formations prestigieuses est très élitiste. Il faut donc se soucier de n'utiliser que des épreuves qui seront classantes pour un groupe de candidats déjà fortement sélectionnés.

Le troisième point est le plus important et le plus délicat. Il concerne les capacités d'« encadrement », autrement dit l'aptitude à exercer une autorité. Il n'est pas possible de résumer en quelques lignes le très grand nombre de recherches de terrain faites sur l'autorité. Ces travaux se sont centrés autour du débat fondamental posé par les questions suivantes : existe-t-il une manière efficace d'exercer son autorité ? Existe-t-il un type de personnalité qui facilite l'exercice de l'autorité ? La réponse à la première question est complexe, mais elle soulève des problèmes de formation des cadres et de gestion des ressources humaines qui sortent du cadre de cet ouvrage. La réponse à la seconde question est circonstancielle ; c'est-à-dire que la personnalité qui facilite l'exercice de l'autorité dépend des conditions dans lesquelles l'autorité doit être exercée. Selon les postes, la nature des relations hiérarchiques, les valeurs de l'organisation, les attitudes du personnel à encadrer et leur qualification, les qualités du « bon cadre » seront différentes. D'où l'intérêt (que nous avons développé dans le chapitre 9) des centres d'évaluation où la collaboration entre la hiérarchie de l'entreprise et les psychologues chargés de faire l'évaluation permet de centrer celle-ci sur les exigences particulières à chaque situation.

- **Le chômage qui fait multiplier les candidatures, les officines qui « apprennent » à passer des tests ne perturbent-ils pas la valeur des résultats ?**

On peut effectivement être plus ou moins familiarisé avec le format et la présentation des tests. La même chose est d'ailleurs vraie de tous les examens. Dans le cas des tests de performance maximum, c'est-à-dire ceux où on attend du candidat qu'il fasse la meilleure performance possible dans une tâche mettant en jeu l'aptitude qu'on cherche à mesurer, l'éventuel apprentissage bénéficie aux plus doués, donc accroît la dispersion des résultats. Pour éviter qu'un inégal apprentissage ne biaise les scores obtenus, il convient de faire précéder le test proprement dit d'une période d'essai organisée de telle manière que tout le monde ait parfaitement compris la règle du jeu avant de commencer le test.

Dans le cas des questionnaires, le fait de connaître les questions à l'avance joue peu. Par contre, l'idée qu'ont les sujets sur la manière dont les réponses seront interprétées rend ces questionnaires inégalement fiables (voir chapitre 8). Dans le cas des tests de situation, il n'y a pas d'apprentissage, ceci d'autant plus qu'on peut multiplier et diversifier les situations dans lesquelles se font les observations de comportement.

- **On peut ne pas être en forme le jour des tests : n'est-ce pas injuste que la vie professionnelle se joue sur « un mauvais jour » ?**

On peut aussi ne pas être en forme le jour d'un examen, le jour où le patron passe l'inspection, le jour où s'est posé un problème particulièrement difficile. Cela dit, il est recommandé lorsqu'on accueille le candidat dans les centres d'examen de s'assurer qu'il n'est pas malade, qu'il n'a pas travaillé de nuit la nuit précédente, et qu'il ne présente pas un problème particulier qui justifierait une nouvelle convocation.

- **Pendant combien de temps les résultats des tests sont-ils valables ?**

Cela dépend des tests et de ce que l'on entend par valables. Il peut toujours être intéressant de mesurer le chemin parcouru et l'évolution entre deux passations, distantes de plusieurs années. Il est certainement dangereux de prendre une décision sur des tests stockés dans les tiroirs du service du personnel depuis plusieurs années. Cela dit, les résultats aux tests sont plus ou moins stables selon ce qu'ils mesurent. Nous avons vu que les intérêts professionnels, par exemple, se modifient peu. Par contre, les aptitudes spécifiques peuvent avoir été développées par l'apprentissage à tel point que l'évolution des scores représente une bonne façon d'estimer la qualité de la formation. Cette évolution est particulièrement sensible pour les aptitudes sensori-motrices qui s'améliorent très fortement du fait de l'apprentissage. On a cru pendant longtemps que le fonctionnement cognitif ne pouvait plus s'accroître chez l'adulte et que les notes obtenues à ces tests étaient très stables. Des recherches récentes et l'application de méthodes de « remédiation cognitive » ont montré que cela n'était pas totalement exact. Enfin, la personnalité peut changer à mesure que se multiplient les expériences de l'existence, de même que les aspirations, les hiérarchies de valeurs, les représentations sociales...

- **Faut-il communiquer leurs résultats aux candidats qui le demandent ?**

C'est, pour le psychologue qui fait passer des tests, une obligation morale que de communiquer leurs résultats aux candidats qui le souhaitent. Chaque fois que c'est possible, il doit s'en faire donner les moyens par l'organisation ou par l'entreprise pour qui l'examen a été pratiqué.

Deux remarques à ce sujet. D'abord, il vaut mieux ne rien communiquer que de le faire à la va-vite, ou par le truchement d'un résumé expédié par la poste. Tout *feed-back* de résultats doit être fait par un psychologue compétent et comporter pour le candidat la possibilité de discuter ses résultats au cours d'un entretien qui restera confidentiel.

Ensuite, il faut partir d'un principe de transparence maximum. Aucun inconvénient à informer à l'avance les candidats de la nature des épreuves qu'ils vont devoir affronter, voire à leur donner des échantillons de questions – à condition que l'accès à cette information soit égale pour tous. Aucun inconvénient à leur indiquer à l'avance qu'ils pourront ensuite avoir accès à leurs épreuves corrigées – à condition qu'on dispose du temps et du personnel nécessaires pour accompagner correctement cette information.

- **Fait-on reculer des candidats quand on leur annonce qu'ils devront passer des tests et répondre à des questionnaires ?**

Cette question est liée à la précédente et, en fait, à ce que ce livre tente de démontrer. On ne fait reculer personne quand on est capable de, et prêt à, démontrer que les épreuves retenues pour l'évaluation ont été choisies avec soin et compétence, que leur validité est prouvée et régulièrement contrôlée, que les conditions de passation sont rigoureusement objectives et que les méthodes d'évaluation excluent tout risque de discrimination abusive.

Cela dit, la validité démontrée, au sens où nous l'avons définie dans le chapitre 3, peut ne pas coïncider avec l'intuition des candidats. Plus encore, telle question qui ne sera pas prise en compte, isolée de son contexte, dans l'évaluation finale peut paraître insolite et sans rapport avec les activités professionnelles. D'où, encore une fois, l'importance qu'il y a à convaincre les candidats du sérieux et du professionnalisme des méthodes utilisées pour faire l'évaluation.

- **Dans quelle mesure est-il possible d'utiliser une ou des méthodes d'évaluation pour faire de la gestion prévisionnelle et, éventuellement, pour constituer un « vivier » de jeunes diplômés ?**

C'est une question à laquelle il est difficile de répondre.

D'abord, dans quelle mesure l'entreprise est-elle capable de prédire l'évolution économique et technologique et la nature de ses besoins à venir concernant le personnel ? De cela dépend, bien évidemment, la possibilité de faire de la gestion prévisionnelle en constituant un « vivier » bien adapté aux exigences dictées par l'évolution de l'organisation.

Ensuite, nous l'avons dit à plusieurs reprises, et encore, plus haut, en réponse à la question sur la « durée de vie » des résultats aux tests, tout individu change et l'expérience professionnelle laisse sa marque en apportant de la maturité, des connaissances nouvelles, voire en modifiant les comportements au fil des réussites et des échecs rencontrés. De ce point de vue, des prévisions trop précoces risquent de perdre de leur actualité.

Néanmoins, des méthodes exhaustives, comme les centres d'évaluation par exemple, permettent de faire un bilan des potentiels individuels suffisamment général pour constituer une base de décision prévisionnelle. Dans la même perspective, l'évaluation des capacités cognitives représente des données solides sur quoi fonder une évaluation des capacités individuelles à acquérir des techniques ou des connaissances nouvelles.

- **Pour gérer leur carrière, les membres du personnel cherchent, de plus en plus souvent, à obtenir des informations sur leur potentiel, leurs qualités et leurs défauts, les traits marquants de leur personnalité. Le développement des logiciels interactifs a fait apparaître sur le marché des questionnaires sur ordinateur permettant facilement d'obtenir une « auto-évaluation ». Que faut-il en penser ?**

Il faut redire qu'un mauvais questionnaire mis sur ordinateur reste un mauvais questionnaire. Les méthodes d'auto-évaluation doivent posséder les mêmes qualités métriques que les méthodes d'évaluation proprement dites.

Reste un problème spécifique à l'auto-évaluation : qu'est-ce qui se passe quand on reçoit des informations sur soi sans avoir la possibilité d'en discuter avec une personne compétente ? Dans environ les deux tiers des cas, rien de grave, les informations reçues – encore une fois à condition que la méthode soit adéquate – ne faisant que confirmer ce qu'on savait déjà parce que d'autres informations (obtenues dans la vie scolaire, professionnelle, sociale, etc.) avaient déjà préparé le terrain.

Dans un tiers des cas environ, le tableau que permet de dresser une méthode d'évaluation surprend la personne qui s'y est soumise, la choque peut-être, voire la traumatise. Diverses réactions sont alors possibles : l'information apportée par l'auto-évaluation sera rejetée et critiquée comme non pertinente ; ou elle confirmera des craintes pas bien explicitées et représentera une source de démotivation, voire de dépression.

Si l'organisation décide de mettre en libre-service des outils d'auto-évaluation à la disposition de son personnel, il est donc très souhaitable qu'existe en même temps un accès facile à un service de conseil psychologique qui devra apporter à ses « clients » des garanties de confidentialité.

- Faire de bonnes évaluations permet-il d'attirer et de conserver les bons candidats ?

Certainement pas. C'est l'image de l'entreprise, la manière dont les candidats sont accueillis et informés qui attirent les bons candidats et qui les retiennent : il ne faut pas oublier que la sélection et le recrutement sont des processus sociaux qui permettent autant à l'entreprise d'évaluer les candidats qu'à ceux-ci de faire la connaissance de l'entreprise. Par contre, aucune organisation ne gagne à avoir la réputation d'utiliser des méthodes d'évaluation qu'elle n'est pas capable de justifier.

- Bilans de compétences et outils de développement ne risquent-ils pas de stimuler les revendications, et de frustrer ceux qui ont le sentiment d'être « sous-utilisés » ?

Il est certes souhaitable que l'organisation sache créer une cohérence entre le développement, la mise en évidence des compétences et la gestion des ressources humaines. Mais il faut surtout souligner deux points : d'une part, les compétences utiles, c'est-à-dire celles qui correspondent aux stratégies organisationnelles, peuvent changer. Ce qui signifie que des qualités individuelles indiscutables ne sont pas forcément valorisées par une entreprise donnée, ou le sont moins qu'elles ne l'étaient quelques années auparavant. D'autre part, le besoin d'information sur soi est indéniable et le fait de savoir quelles sont ses capacités stimule la motivation à les mettre en œuvre – bref l'organisation gagne à aider ses membres à mieux se connaître. En outre, si ces bilans sont faits dans une perspective d'évolution et en vue d'un progrès individuel, ils créent une dynamique qui renforce la conviction qu'on peut tirer profit de ses expériences, et qui contribue à rendre l'organisation « apprenante ».

- La sélection des expatriés doit-elle utiliser une approche spécifique ?

Dans la plupart des cas, il s'agit de recrutement interne, c'est-à-dire de missions d'expatriation qui concernent des personnes déjà employées par l'organisation. Ce qui explique que la plupart de ces recrutements sont faits sur la seule recommandation de la hiérarchie. Et l'intérêt s'est porté sur les conditions organisationnelles du succès de l'expatriation, et sur l'accompagnement des expatriés et de leurs familles, plus que sur les caractéristiques individuelles responsables du succès des expatriés. En fait, seules sont prises en compte, dans la plupart des cas, les compétences techniques mais pas les traits individuels qui peuvent favoriser l'adaptation à une culture étrangère. Ce n'est que récemment que des recherches sérieuses ont envisagé la validité prédictive des questionnaires de personnalité pour la réussite de l'expatriation (Sinangil et Ones, 2001). Leurs résultats montrent la complexité de ce type de décisions. En effet, ce sont différents traits de personnalité qui permettent de prédire les modalités de l'échec de l'expatriation. Cet échec peut se traduire par un retour anticipé, par une faible réussite ou encore par une mauvaise adaptation à un environnement différent. L'adaptation réussie est fonction de l'équilibre émotionnel, alors que la réussite professionnelle est surtout déterminée par l'ambition et par le degré d'ouverture intellectuelle. Enfin, la présence de comportements contre-productifs est prédit par un faible score de fiabilité (*conscientiousness*). En attendant que d'autres recherches confirment ces différents points, on peut retenir qu'un bilan de personnalité est utile avant toute décision d'expatriation.

- **Peut-on utiliser une procédure « à 360° » pour faire des notations professionnelles ?**

Les notations professionnelles font traditionnellement partie des responsabilités de la hiérarchie. Et les procédures à 360° qui impliquent une évaluation donnée par le supérieur, les collègues et les collaborateurs ont un objectif différent : favoriser le développement des compétences individuelles. Mais la qualité et la diversité des évaluations de compétences faites au moyen d'un même questionnaire, renseigné par tout l'environnement de travail, incitent de nombreuses organisations à s'interroger sur l'utilisation de ces informations pour réaliser de meilleures notations professionnelles. En particulier, il semble intéressant de recueillir des informations sur les changements d'évaluations à 360° dans le temps, comme indicateurs de progrès.

Il y a au moins deux arguments en faveur de cette pratique : les collaborateurs ont une vue plus directe et plus fréquente sur le comportement de leur supérieur que le hiérarchique de ce supérieur, et la multiplicité des points de vue comme l'anonymat des évaluations rendent probablement les notations moins subjectives, donc moins biaisées. Ce qui est encore plus vrai lorsqu'une distance géographique importante entre hiérarchique et personne notée raréfie les contacts directs.

Mais l'utilisation d'un 360° comme notation professionnelle soulève bien des problèmes. Comment traiter les décalages entre les évaluations données par différents groupes d'évaluateurs ? Qui a tort et qui a raison ? L'utilisation d'un système de notations où chacun est à son tour noté et notateur ne risque-t-il pas de susciter des échanges de « bons » (ou de « mauvais » !!) procédés ?

En outre, et quelle que soit la décision d'utilisation des notations à 360° prise par l'organisation, la transparence reste essentielle. L'objectif du 360°, qu'il s'agisse de notations ou d'actions de développement, doit être clairement indiqué aux notés comme aux notateurs. Et utiliser une procédure à 360° avec les deux objectifs en même temps rend la situation confuse, ce qui fait qu'aucun de ces deux objectifs n'est atteint.

- **Est-il possible de prévoir les « comportements contre-productifs » ? Autrement dit, comment faire pour que les procédures d'évaluation ne se limitent pas à prédire la performance ?**

Qu'il s'agisse du non-respect des règles de sécurité, du mauvais entretien du matériel, de vol, du fait de communiquer des informations confidentielles, des absences fréquentes et non justifiées, tous ces aspects du comportement professionnel sont effectivement contre-productifs et non compensés par la présence des compétences pertinentes. Mais les déterminants des comportements contre-productifs sont multiples. Les recherches dont la synthèse a été faite par Salgado (communication au congrès SIOP de La Nouvelle-Orléans, 2000) ont, en effet, confirmé une synthèse antérieure due à Organ (1997) et montré que différents traits de personnalité prédisent différents comportements contre-productifs.

Par contre, une attitude générale de « moralité » semble commune à tous les comportements rassemblés sous le nom de « citoyenneté organisationnelle ». Mais, à une époque de fréquentes restructurations d'entreprises, l'existence ou la faiblesse de la citoyenneté organisationnelle sont aussi tributaires de la relation qui existe entre l'organisation et son personnel. On utilise le concept de « contrat psychologique implicite » pour désigner l'ensemble des attentes réciproques de l'organisation en ce qui concerne son personnel, et du personnel en ce qui concerne l'organisation qui l'emploie. Si cette attente implicite n'est pas satisfaite, les comportements contre-productifs traduisent la frustration du personnel. En d'autres termes, ces conduites nuisibles à la bonne marche de l'entreprise ne sont attribuables qu'en partie à des caractéristiques individuelles stables, et sont fortement tributaires des relations entre l'entreprise et son personnel.

- **Comment composer une équipe pour la rendre aussi performante que possible ?**

La majorité des postes implique, à l'heure actuelle, le fait de travailler à l'intérieur d'une équipe. D'où l'importance de prendre cet aspect en considération dans les décisions de recrutement. Ce n'est pas un problème simple. En effet, la situation est différente selon qu'il s'agit de recruter une personne qui va se joindre à un groupe existant, ou de recruter un groupe de personnes qui vont travailler ensemble pour la première fois. D'autres possibilités existent : certaines équipes sont sous la direction d'un leader, alors que d'autres se gèrent elles-mêmes. En outre, on sait que, dans le cours de leurs activités, les membres d'un groupe négocient de nouvelles définitions de leurs rôles respectifs. Bref, on ne peut pas dire qu'il existe un profil type de membre d'une équipe de travail, même si on peut affirmer que tous doivent posséder des qualités sociales, c'est-à-dire savoir susciter la coopération, gagner la confiance des autres, éviter les disputes, et tenir compte des sentiments et des émotions des autres.

En plus des compétences techniques liées à l'activité du groupe, les fonctions suivantes, et les qualités qu'elles requièrent, peuvent être prises en considération, même si elles ne sont pas pertinentes dans toutes les situations (Guion, 2000) :

- prendre des décisions, c'est-à-dire rechercher les informations nécessaires, les évaluer, définir des options et les envisager en groupe si c'est nécessaire ;

- s'adapter aux autres et à leur façon de réfléchir et de travailler, écouter leurs idées et être prêt à considérer des perspectives et des opinions différentes ;

- être prêt à changer de rôle et de fonction dans le groupe quand c'est nécessaire ;

- diriger le groupe de manière ponctuelle quand il s'agit d'une activité qui correspond à ses compétences propres ;

- être à l'écoute des situations, prévenir les conflits possibles, veiller à ce que les objectifs ne soient pas détournés ;
- communiquer efficacement les informations que chacun possède et qui sont nécessaires au travail du groupe ;
- apprécier le fait de ne pas travailler seul, accepter de dépendre du travail des autres.

Par ailleurs, il est nécessaire que les membres d'une équipe de travail présentent une réelle diversité. Une équipe ne fonctionnera pas efficacement si manquent un meneur, qui peut jouer un rôle provocateur pour éviter que le groupe ne devienne routinier, et un leader, qui ramène le groupe à la tâche qui lui est attribuée. Et la présence d'une personne chargée de prendre des initiatives et d'explorer des possibilités originales ainsi que d'un membre capable de faire des plans. Il faut ajouter que le fonctionnement du groupe peut être amélioré par des interventions portant sur son management : le groupe peut être rendu plus efficace sans changer les membres qui le composent, mais en intervenant sur leur pratique de travail en commun.

- **Les progrès de la génétique font-ils envisager une prise en compte des caractéristiques génétiques dans les procédures de sélection ?**

Les progrès de la génétique suggèrent que les caractéristiques comportementales, observables dans la vie professionnelle, sont, au moins en partie, le résultat de l'hérédité. Des preuves de plus en plus solides existent sur le caractère héréditaire du fonctionnement cognitif et des traits de personnalité. Dans la mesure où l'hérédité des *big five*, les cinq composantes fondamentales de la personnalité, serait située, selon les résultats des recherches actuelles, à l'intérieur d'une fourchette qui va de 30 à 60 %, on ne peut rester indifférent à cette évolution. Ceci d'autant plus que des recherches plus spécifiques ont montré la très forte héritabilité d'autres paramètres importants dans la vie professionnelle, notamment le sentiment de bien-être et la satisfaction. C'est là, sans aucun doute, un aspect auquel les psychologues du travail devront rapidement apporter des réponses qui tiennent compte aussi bien des données scientifiques que de l'aspect éthique, même s'il est peu probable que les décisions de recrutement reposent uniquement sur une étude de la carte génétique…

• Comment créer un test ou un questionnaire ?

Vous n'avez pas trouvé l'instrument qui correspond à vos besoins. Vous décidez alors de construire vous-même un test ou un questionnaire. Ce n'est pas un travail facile ni rapide. Il comporte les étapes suivantes (Coaley, 2009) :

- définir ce que vous voulez évaluer. Et il est nécessaire, avant tout, de vous assurer que vous disposerez de la possibilité de faire renseigner les versions successives de test ou de questionnaire par un nombre suffisant de personnes. C'est aussi le moment de préciser l'utilisation de l'instrument que vous voulez développer : recherche ? sélection ? orientation ?

- consulter la documentation existante sur la variable à évaluer sera utile aussi bien pour préciser sa définition que pour rédiger les items du test ou du questionnaire ;

- en utilisant les informations rassemblées à l'étape précédente, construire un plan sous la forme d'un tableau à double entrée (Rust et Golombok, 2009). Sur l'axe horizontal, on placera les domaines que doit couvrir le test ou le questionnaire. Et, sur l'axe vertical, en face de chaque domaine, les manières dont ces domaines se concrétisent dans le comportement et les attitudes. Il peut aussi être utile de constituer un groupe de personnes compétentes qui sera chargé de faire une liste aussi complète que possible des domaines concernés. La rédaction des items du questionnaire, en particulier s'il s'agit de personnalité ou encore de motivations, doit éviter de tomber dans le piège de la désirabilité sociale qui réduirait les différences individuelles et ôterait toute signification aux réponses ;

- décider quel sera le nombre d'items. Prévoyez pour la version finale environ dix items par domaine. Plus vous avez de domaines, et plus il vous faudra d'items. En outre, c'est le moment de choisir le format et le contenu des items, notamment le contenu des réponses proposées ;

- rédiger les consignes. Elles doivent comporter une information sur l'objectif du test ou du questionnaire, des indications sur les réponses à choisir ainsi que des recommandations sur l'attitude à adopter, notamment la sincérité ainsi que la nécessité de répondre à toutes les questions ;

- restent deux points dans ce travail de préparation. Prévoir le temps qui sera nécessaire pour répondre au test ou au questionnaire. Et dans le cas d'un test d'aptitude, décider si l'épreuve se passera en temps limité ou en temps libre. Dans les deux cas, élaborer un guide de correction qui servira à calculer les scores ;
- et l'étape la plus difficile : écrire les items. De bons items doivent mesurer la variable qui fait l'objet du test ou du questionnaire, et différencier les personnes qui y répondent. Les réponses offertes doivent être choisies de manière à ce qu'elles incitent à ne pas faire d'omissions. C'est le cas de « vrai-faux » ou encore de « oui-non ». Il est également possible de proposer une échelle de réponses, par exemple : « tout à fait d'accord, d'accord, pas d'accord, fortement opposé ». Mais les personnes interrogées risquent de donner des significations différentes aux réponses. Une autre possibilité consiste à proposer des phrases susceptibles de compléter la phrase source, par exemple (Coaley, 2010) « Quand vous travaillez, vous :
  - aimez avoir des contraintes de temps,
  - n'aimez pas travailler dans des conditions stressantes,
  - essayez de faire des plans à l'avance pour ne pas avoir à travailler dans un climat tendu ».

Il restera l'étape la plus importante : rassembler des réponses au test ou au questionnaire et procéder à une analyse statistique des réponses de manière à éliminer les items qui ne différencient pas les personnes interrogées et à organiser le regroupement des items en fonction des résultats de l'analyse factorielle. Ajoutons que les résultats de ces analyses statistiques sont rarement satisfaisants du premier coup et qu'ils servent, en général, à préparer une nouvelle version du test ou du questionnaire et à recommencer à rassembler des réponses et à en faire l'analyse statistique.

Références citées

J.A. ALGERA, M.A.M. GREUTER, *Job Analysis for Personnel Selection*, communication à International Conference on advances in selection and assessment, Buxton, Angleterre, 1987.

J.A. ALGERA, P.S. JANSEN, R.A. ROE, P. VIJN, « Validity generalization : some critical remarks on the Schmidt-Hunter procedure », *Jal of Occ. Psychology*, 1984, 57, 197-210.

N. ANDERSON, « Eight decades of employment interview research : a retrospective meta-analysis and prospective commentary », *European Jal of Work and Org. Psychology*, 1992, 2,1, 1-32.

N. ANDERSON, P. HERRIOT, *Assessment and Selection in Organizations*, Wiley, 1992, First update, 1994 ; Second update, 1995.

N. ANDERSON, P. HERRIOT, *International Handbook of Selection and Assessment*, Chichester, Wiley, 1997.

N. ANDERSON, D.S. ONES, H.K. SINANGIL, C. VISWESVARAN, *Handbook of Industrial, Work and Organizational Psychology*, Sage, Londres, 2001.

R.D. ARVEY, J.E. CAMPION, « The employment interview : a summary and review of recent research », *Pers. Psychol.*, 1982, 35, 281-322.

R.D. ARVEY, H.E. MILLER, R. GOULD, P. BURCH, « Interview validity for selecting sales clerks », *Pers. Psychol.*, 1987, 40, 1-12.

J.J. ASHER, J.A. SCIARRINO, « Realistic work sample test : a review », *Pers. Psychol.*, 1974, 27, 519-538.

C. BALICCO, « Mieux recruter grâce à l'entretien structuré », chapitre 4 *in* C. LÉVY-LEBOYER, M. HUTEAU, C. LOUCHE et J.-P. ROLLAND, *RH, Les apports de la psychologie du travail*, Éditions d'Organisation, 2001.

M.J. BALMA, « The concept of synthetic validity », *Pers. Psychol.*, 1959, 12, 395-396.

A. BANDURA, *Social Foundations of Thought and Action*, Prentice Hall, Englewood Cliffs, New Jersey, 1986.

M.R. BARRICK, M.K. MOUNT, T.A. JUDGE, *The FFM Personality Dimensions and Job Performance*, Communication à la 14e convention de SIOP, Atlanta, 1999.

M.R. BARRICK, M.K. MOUNT, « The big five personality dimensions and job performance : a meta-analysis », *Pers. Psychol.*, 1991, 44, 1-26.

M.R. BARRICK, A.M. RYAN, *Personality and Work*, 2003, Jossey Bass, San Francisco.

D. BARTRAM, éditeur, « Validité et utilité de l'évaluation de la personnalité en psychologie du travail », *Revue européenne de psychol. appl.*, 1993, 43, 3.

D. BARTRAM, « Emerging trends in computer assisted assessment », chapitre 17 *in* H. Schuler *et al.*, 1993, *op. cit.*

B.M. BASS, « The leaderless group discussion », *Psychological Bulletin*, 1954, 51, 465-492.

J.C. BAXTER, B. BROCK, P.C. HILL, R.M. ROZELL, « Letters of recommendation : a question of value », *Jal of Appl. Psychology*, 1981, 66, 296-301.

B.J. BERNIER, *Théorie des tests*, Gaetan Morin, Chicoutimi, Canada, 1984.

A. BINET, V. HENRI, « La psychologie individuelle », *Année psychologique*, 1895, 2, 411-463.

A. BINET, « Nouvelles recherches sur la mesure du niveau intellectuel », *Année psychologique*, 1911, 17, 182-194.

J.F. BINNING, G.V. BARRETT, « Validity of personnel decisions: a conceptual analysis of the inferential and evidential bases », *Jal of Appl. Psychology*, 1989, 74, 478-494.

F. BLANZ, E.E. GHISELLI, « The mixed standard scale : a new rating system », *Pers. Psychol.*, 1972, 25, 185-200.

P. BOBKO, R. KARRENN, J.J. PARKINGTON, « Estimation of standard deviations in utility analysis : an empirical test », *Jal of Appl. Psychology*, 1983, 68, 170-176.

W.C. BORMAN, R.L. ROSSE, N.M. ABRAHAMS, « An empirical construct validity approach to studying predictor-job performance links », *Jal of Appl. Psychology*, 1980, 65, 662-671.

J.W. BOUDREAU, « Selection utility analysis : a review and agenda for future research », chapitre 20 *in* M. SMITH, I.T. ROBERTSON, *Advances in Selection and Assessment*, Wiley, Chichester, 1989.

D.W. BRAY, « The management progress study », *American Psychologist*, 1969, 19, 419-420.

D.W. Bray, R.S. Campbell, D.L. Grant, *Formative Years in Business : a Long-term AT & T Study of Managerial Lives*, Wiley, New York, 1974.

D.W. Bray, D.L. Grant, « The assessment center in the measurement of potential for business management », *Psychological Monographs*, 1966, 80, n° 17.

M. Bruchon-Schweitzer, « L'évaluation de la personnalité dans la sélection du personnel », *in* C. Lévy-Leboyer, J.-Cl. Spérandio, *Traité…, op. cit.*, 1987.

M. Bruchon-Schweitzer, *Pratiques et savoirs en matière d'évaluation du personnel*, communication au congrès de la Société française de psychologie, mai 1989.

M. Bruchon-Schweitzer, « Doit-on utiliser la graphologie dans le recrutement ? », chapitre 6 *in* C. Lévy-Leboyer, M. Huteau, C. Louche et J.-P. Rolland, *RH, Les apports de la psychologie du travail*, Éditions d'Organisation, 2001.

D.M. Buss, N. Cantor, *Personality Psychology*, New York, Springer-Verlag, 1989.

M.A. Campion, E.D. Pusell, B.K. Brown, « Structured interviewing : raising the psychometric properties of the employment interview », *Pers. Psychol.*, 1988, 41, 25-42.

T.R. Caretta, M.J. Lee (2000), « General and specific cognitive and psychomotor abilities in personnel selection : the prediction of training and job performance », *Inter. Jal of Selection and Assessment*, 8, 4, 227-237.

S.J. Carroll, A.N. Nash, « Effectiveness of a forced-choice reference check », *Personnel Administration*, 1972, 35, 42-46.

W.F. Cascio, N.F. Phillips, « Performance testing : a rose among thorns ? », *Pers. Psych.*, 1979, 32, 751-766.

K. Coaley, *An Introduction to Psychological Assessment and Psychometric*, Londres, Sage, 2009.

J.M. Collins, F.L. Schmidt, M. Sanchez-Ku, L. Thomas, M.A. McDaniel, H. Le, « Can basic individual differences shed light on the construct meaning of assessment center evaluations », *International Journal of Selection and Assessment*, 11, 17-29, 2003.

J.A. Colquitt, J.A. LePine, R.A. Noe, « Toward an integrative theory of training motivation ; a meta-analytic path analysis of 20 years of research », *Jal of Appl. Psychology*, 2000, 85, 678-707.

K.H. Craik, R. Hogan, R.N. Wolfe, *Fifty Years of Personality Psychology*, New York, Plenum Press, 1993.

L.J. Cronbach, « Coefficient alpha and the internal structure of tests », *Psychometrika*, 1951, 16, 297-334.

L.J. Cronbach, « Prudent aspirations for social inquiry », *in* W.H Krustal, éd., *The Social Sciences: Their Nature and Uses*, Chicago, Univ. of Chicago Press.

L.J. Cronbach, G.C. Gleser, H. Nanda, N. Rajaratnan, *The Dependability of Behavioral Measurements : Theory of Generalizability for Scores and Profiles*, New York, Wiley, 1972.

M. Dalton, « Quand, comment et pourquoi utiliser un questionnaire à « 360° » ? », chapitre 11 *in* C. Lévy-Leboyer, M. Huteau, C. Louche et J.)P. Rolland, *RH, Les apports de la psychologie du travail*, Éditions d'Organisation, 2001.

P. Derumaux-Zagrodnicki, P. Masclet, G. Poignet, L. Sterckman, « Influence de l'apparence physique et des explications causales des candidats sur les décisions des recruteurs pour des postes de statut supérieur et subalterne », *Cahiers internationaux de psychologie sociale*, 2000, 47, 131-142.

P. Derumaux-Zagrodnicki, « Logiques économiques, subjectives et objectives de recrutement », *Revue d'orientation scolaire et professionnelle*, 2002, 47, 24-38.

J.M. Digman, « Personality structure : emergence of the five factors model », *Ann. Rev. of Psychol.*, 1990, 41, 417-440.

R.L Dipboye, « Structured selection interviews, why do they work ? why are they underutilized ? » chapitre 22 *in* N. Anderson et P. Herriot, 1997, *op. cit.*

S. Downs, R.M. Farr, L. Colbeck, « Self-appraisal : a convergence of selection and guidance », *Jal of Occupational Psychology*, 1978, 51, 271-278.

R.W. Driver, R.M. Buckley, F.D. Frink, « Should we write off graphology ? », *Int. Jal of Selection and Assess.*, 1996, 4, 2, 78-87.

M.D. Dunnette, *Validity Results for Jobs Relevant to the Petroleum Refining Industry*, American Petroleum Institute, 1972.

H. Ebbinghaus, « Über eine neue methode zur prüfung geistiger fähigkeiten und ihre andwendung bei schulkindern », *Zeitschrift Psychologie*, 1987, 13, 401-459.

V. Ernoult, J.P. Gruere, F. Pezeu, *Le Bilan comportemental dans l'entreprise*, Presses universitaires de France, 1986, Paris.

R. FELTHAM, « Validity of a police assessment centre : A 1-19 year follow-up », *Jal of Occupational Psychology*, 1988, 61, 129-145.

J.C. FLANAGAN, « La technique de l'incident critique », *Revue de psychologie appliquée*, 1954, 2, 165-185, et 3, 267-295.

E.A. FLEISHMAN, « Toward a taxonomy of human performance », *American Psychologist*, 1975, 30, 1127-1149.

E.A. FLEISHMAN, M.K. QUAINTANCE, *Taxonomies of human performance*, Academic Press, 1984, New York.

E.A. FLEISHMAN, M.E. REILLY, *Guide des aptitudes humaines*, Paris, ECPA, 1995, 1998.

C. FLETCHER, « Performance appraisal in context », *in* N. ANDERSON *et al.*, 1994, *op. cit.*

F. FRANSELLA, D. BANNISTER, R. BELL, *A manual for repertory grid technique*, Wiley & Sons, 2004.

F. GALTON, *Inquiries into Human Faculty and Its Development*, Macmillan, 1883, Londres.

E.E. GHISELLI, *The Validity of Occupational Aptitude Tests*, Wiley, New York, 1966.

E.E. GHISELLI, « The development of process for indirect or synthetic validity », *Pers. Psychol.*, 1959, 12, 397-402.

E.E. GHISELLI, « The validity of aptitude tests in personnel selection », *Pers. Psychol.*, 1973, 26, 461-477.

D.W. GRAY, D.L. GRANT, *The assessment center in the measurement of potential for business management, Psychological Monographs*, 1966, 80, n° 17.

J.M. GREENWOOD, W.J. MCNAMARA, « Interrater reliability in situational tests », *Jal of Appl. Psychology*, 1967, 51, 503-515.

R.M. GUION, *Personnel Testing*, McGraw-Hill, New York, 1965.

R.M. GUION, « Content validity - the source of my discontent », *Appl. Psychological Measurement*, 1977, 1, 1-10.

R.M. GUION, « Comments on personnel selection methods », chapitre 9 *in* M. SMITH et I.T. ROBERTSON, *Advances in Selection and Assessment*, Wiley, 1989, Chichester.

R.M. GUION, *Assessment, Measurement and Prediction for Personnel Decisions*, Lawrence Erlbaum, Mahwah, New Jersey, 1998.

R.M. GUION, S. HIGHHOUSE, *Essentials of Personnel Assessment and Selection*, Lawrence Erlbaum Associates, 2006.

R.M. GUION, C.J. CRANNY, « A note on concurrent and predictive validity designs : a critical reanalysis », *Jal of Appl. Psychology*, 1982, 67, 239-244.

M.D. HAKEL, « Personnel selection and placement », *Ann. Rev. of Psychol*, 1986, 37, 361-364.

R.K. HAMBLETON, H. SWAMINATHAN, *Item Response Theory*, Kluwer, 1980, Boston.

K.R. HAMMOND, *When Judgements Fail : Irreductible Uncertainty, Inevitable Error, Unavoidable Injustice*, New York, Oxford University Press, 1996.

P. HERRIOT, « Towards an attributional theory of the selection interview », *Jal of Occupational Psychology*, 1981, 54, 164-173.

P. HERRIOT, *The Career Management Challenge*, Sage, Londres, 1992.

H.R. HIRSCH, L.C. NORTHROP, F.L. SCHMIDT, *Validity Generalization Results for Law enforcement occupations*, US Office of Personnel Management, Washington, 1984.

J. HOGAN, « Structure of physical performance in occupational tasks », *Jal of Appl. Psychology*, 1991, 76 495-507.

R. HOGAN, « A socio-analytic perspective on the five factors model », *in* S. WIGGINS, *The Five Factors Model of Personality*, Guilford Press, 1995, Londres.

R. HOGAN, G.J. CURPHY, J. HOGAN, « What we know about leadership », *American Psychologist*, 1994, 49, 493-504.

J. HOGAN, R. HOGAN, « Theoretical frameworks for assessment », chapitre 2 *in* R. JEANNERET et R. SILZER, 1998, *op. cit.*

R.T. HOGAN, F. de FRUYT, J.-P. ROLLAND, « Validité et intérêt des méthodes d'évaluation de la personnalité à des fins de sélection », *Psychologie française*, 2006.

R. HOGAN, J. HOGAN, B. ROBERTS, « Personality measurement and employment decisions », *Am. Psychologist*, 1996, 51, 5, 469-478.

R. HOGAN, B. HOLLAND, « Using theory to evaluate personality and job-performance relations : a socioanalytic perspective », *Journal of Applied Psychology*, 88, 100-112, 2003.

L.M. HOUGH, « Development and evaluation of the "Accomplishment Record" method of selecting and promoting professionals », *Jal of Appl. Psychology*, 1984, 69, 135-146.

L.M. HOUGH, « The "Big Five" personality variables. Construct confusion : description versus prediction », *Human Performance*, 1992, 5, 139-155.

L.M. HOUGH, « The millenium for personality psychology, new horizons and good old daze », *Applied Psychology*, 1998, 47, 2, 233-262.

A.I. HUFFCUT, W. ARTHUR, « Hunter and Hunter revisited : interview validity for entry-level jobs », *Jal of Appl. Psychology*, 1994, 73, 20-29.

D. HUGHES, L. TATE, « To cheat or not to cheat : candidates perceptions and experience of unsupervised computer-based testing », *Selection and Development Review*, 23, 2, 2007.

J.E. HUNTER, R.F. HUNTER, « Validity and utility of alternate predictors of job performance », *Jal of Appl. Psychology*, 1984, 96, 72-98.

J.E. HUNTER, *Overview of Validity Generalization for the US Employment Services*, Washington, Department of Labor, Employment and Training Administration, 1983.

M. HUTEAU, *Écriture et personnalité*, Dunod, 2004.

P. ILES, I.T. ROBERTSON, « The impact of personnel selection procedures on candidates », in N. ANDERSON *et al.*, 1995, *op. cit.*

L.R. JAMES, R.G. DEMARGE, S.A. MULAIK, « A note on validity generalization procedures », *Jal of Appl. Psychology*, 1986, 34, 805-816.

L.R. JAMES, R.G. DEMARGE, S.A. MULAIK, R.T. LADD, « Validity generalization in the context of situational models », *Jal of Appl. Psychology*, 1992, 77, 3-14.

T. JANZ, « Initial comparisons of patterned behavior description interviews versus unstructured interviews », *Jal of Appl. Psychology*, 1982, 67, 577-580.

R. JEANNERET, R. SILZER, éditeurs, *Individual Psychological Assessment*, San Francisco, Jossey Bass, 1998.

R. JEANNERET, « Ethical, legal and professional issues for individual assessment », chapitre 4 *in* R. Jeanneret, R. Silzer, 1998, *op. cit.*

E.E. JONES, D.E. KANOUSE, H.H. KELLEY, R.E. NISBETT, S. VALINS, B. WEINER, *Perceiving the Causes of Behavior*, General Learning Press, Morristown, N.J., 1972.

T.A. JUDGE, J.E. BONO, R. ILIES, M.W. GERHARDT, « Personality and leadership, a quantitative and qualitative review », *Journal of Appl. Psychology*, 87, 765-780, 2002.

T.A. JUDGE, C.A. HIGGINS, C.J. THORENSEN, M.R. BARRICK, « The big five personality traits, general mental ability, and career success across the life span », *Pers. Psychology*, 1999, 52, 621-652.

G. KARNAS, « L'analyse du travail », p. 609-625 *in* C. LÉVY-LEBOYER, J.-C. SPÉRANDIO, *Traité, op. cit.*

G.A. KELLY, *The Psychology of Personal Constructs*, Norton, New York, 1955.

E.R. KEMERY, K.W. MOSSHOLDER, L. ROTH, « The power of the Schmidt and Hunter additive model of validity generalization », *Jal of Appl. Psychology*, 1987, 72, 30-37.

V. DE KEYSER, A. PIETTE, « Analyse de l'activité des opérateurs au tableau synoptique d'une chaîne d'agglomération », *Le Travail humain*, 1970, 33, 341-352.

J.M. KIDD, « Assessment for self-managed career development », *in* N. ANDERSON *et al.*, 1995, *op. cit.*

R.M. KIDDER, *How Good People Make Tough Choices*, New York, Morrow, 1995.

R.J. KIMOSKI, W.J. STRICKLAND, « Assessment centers, valid or merely prescient », *Person. Psychol.*, 1977, 30, 353-361.

H.J. KINSLINGER, « Application of projective techniques in personnel psychology since 1940 », *Psychological Bulletin*, 1966, 66, 134-149.

R.S. LANDIS, L. FOGLI, E. GOLDBERG, « Future-oriented job analysis : a description of the process and its organizational implications », *Inter. Jal of Selection and Assessment*, 1998, 6, 3, 192-198.

G. LATHAM, C. FAY, L. SAARI, « The development of behavioral observation scales for appraising the performance of foremen », *Person. Psychol.*, 1979, 32, 299-311.

G. LATHAM, L.M. SAARI, E.D. PURSELL, M.C. CAMPION, « The situational interview », *Jal of Appl. Psychology*, 1980, 65, 4, 422-427.

G. LATHAM, K.N. WEXLEY, « Behavioral observation scales for performance appraisal purposes », *Person. Psychol.*, 1977, 30, 255-268.

G. LATHAM, L.M. SAARI, « The situational interview », *Jal of Appl. Psychology*, 1980, 65, 422-427.

G.P. LATHAM, « The reliability, validity, and practicality of the situational interview », *in* R.W. EDER, G.R. FERRIS, *The Employment Interview : Theory, Research and Practice*, Newbury Park, Sage, 1989.

H. LAURENT, « Research on the identification of managerial potential », *in* J.A. MYERS, *Predicting Managerial Success*, Foundation for research on human behavior, Ann Arbor, 1968.

H. LAURENT, « Cross-cultural cross-validation of empirically validated keys », *Jal of Appl. Psychology*, 1970, 54, 417-423.

C.H. LAWSH, « A quantitative approach to content validity », *Person. Psychol.*, 1975, 28, 563-575.

L. LEDVINKA, J.K. SIMONET, A.G. NEINER, B. KRUSE, *The Dollar Value of JEPS At Life of Georgia*, mss, 1983.

C. LÉVY-LEBOYER, *Comportement social et caractéristiques individuelles*, Éditions du CNRS, 1963.

C. LÉVY-LEBOYER, *La Crise des motivations*, PUF, 1994 (2e éd.).

C. LÉVY-LEBOYER, *L'Intelligence en six grandes questions*, Odile Jacob, 2010.

C. LÉVY-LEBOYER, M. GOSSE, V. NATUREL, « Une nouvelle vieille méthode, la grille de Kelly », *Revue de psychologie appliquée*, 1985, 4, 285-271.

C. LÉVY-LEBOYER, J.-C. SPÉRANDIO, *Traité de psychologie du travail*, PUF, 1987.

F. LIEVENS, « Factors which improve the construct validity of assessment centers », *Jal of Selection and Assessment*, 1998, 6, 3, 141-152.

H.E. LINK, *Employment Psychology*, Macmillan, Londres, 1920.

E.A. LOCKE, K.N. SHOW, L.M. SAARI, G.P. LATHAM, « Goal setting and task performance », *Psych. Bull.*, 1981, 90, 125-152.

P.A. MABE, S.G. WEST, « Validity of self-evaluation of ability : a review and meta-analysis », *Jal of Appl. Psychology*, 1982, 67, 280-296.

F.A. MAEL, « A conceptual rationale for the domain and attribute of biodata items », *Pers. Psychol.*, 1991, 44, 763-792.

M.M. MARCHESE, P.M. MUCHINSKY, « The validity of the employment interview, a meta-analysis », *Int. Jal of Selection and Assess.*, 1993, 1, 18-26.

M.A. MCDANIEL, D.L. WHETZEL, F.L. SCHMIDT, S. MAURER, « The validity of employment interviews : a comprehensive review and meta-analysis », *Jal of Appl. Psychology*, 1994, 79, 4, 599-616.

E. MCCORMICK, « Job and task analysis », chapitre 15 *in* M.D. DUNNETTE, *Handbook of Industrial and Organizational Psychology*, Rand Mc Nally, 1976.

E. MCCORMICK, R.R. JEANNERET, R.C. MECHAM, « A study of job characteristics and job dimensions as based on the Position Analysis Questionnaire », *Jal of Appl. Psychology*, 1972, 56, 347-368.

C.J. MILLS, W.E. BOHANNON, « Personality characteristics of effective state police officers », *Jal of Appl. Psychology*, 1980, 65, 680-684.

W. MISCHEL, *Personality and Assessment*, Wiley, 1968.

J.L. MOSES, W.C. BYHAM, *Applying the Assessment Center Method*, Pergamon Press, New York, 1977.

K.W. MOSSHOLDER, R.D. ARVEY, « Synthetic validity, a conceptual and comparative review », *Jal of Appl. Psychology*, 1984, 69, 322-333.

S.J. MOTOWIDLO, J.R. VAN SCOTTER, « Evidence that task performance should be distinguished from contextual performance », *Jal of Appl. Psychology*, 1994, 79, 475-480.

M.K. MOUNT, M. BARRICK, « The Big Five personality dimensions : implications for research and practice in human resource management », *Research in Personnel and Human Resource Management*, 1995, 13, 153-200.

P.M. MUCHINSKY, « The use of reference reports in personnel selection : a review and evaluation », *Jal of Occupational Psychology*, 1979, 52, 287-297.

K.R. MURPHY, « Psychological measurement : abilities and skills », *in* C.L. COOPER et I.T. ROBERTSON, *International Review of industrial and organizational psychology*, 1986, Wiley, Chichester.

K.R. MURPHY, « Meta-analysis and validity generalization », chapitre 16 *in* N. ANDERSON et P. HERRIOT, *International Handbook of Selection and Assessment*, Wiley, Chichester, 1997.

S.J. MUSSIS, M.K. SMITH, *Content Validity : a Procedural Manual*, Civil Service Commission, 1973, Minneapolis.

B.R. NATHAN, R.A. ALEXANDER, « A comparison of criteria for test validation : a meta-analytic investigation », *Person. Psychol.*, 1988, 41, 517-535.

J.C. NAYLOR, L.C. SHINE, « A table for determining the increase in mean criterion score obtained by using a selection device », *Jal of Industrial Psychology*, 1965, 3, 33-42.

A.G. NEINER, W.A. OWENS, « Relationships between two sets of biodata with 7 years separation », *Jal of Appl. Psychology*, 1982, 67, 146-150.

E. NETER, G. BEN-SHAKAR, « The predictive validity of graphological inferences : a meta-analysis appproach », *Pers. and Ind. Differences*, 1989, 10, 737-745.

L.C. NORTHROP, *Validity Generalisation Results for Apprenticeship Occupations*, 1985, U.S. Office of Personnel Management, Washington.

D.W. ORGAN, « Organizational citizenship behavior : Its construct clean up time », *Hum. Performance*, 1997, 10, 85-98.

H.G. OSBURN, J.C. CALLENDER, J.M. GREENER, S. ASHWORTH, « Statistical power of tests of the situational specificity hypothesis in validity generalization studies : a cautionary note », *Jal of Appl. Psychology*, 1983, 68, 115-122.

R.D. PANNONE, « Predicting test performance : a content valid approach to screening applicants », *Person. Psychol.*, 1984, 37, 507-513.

K. PEARLMAN, « Job families : a review and discussion of their implications for personnel selection », *Psychological Bulletin*, 1980, 72, 1-28.

K. PEARLMAN, F.L. SCHMIDT, J.E. HUNTER, « Validity generalization results for tests used to predict job proficiency and training success in clerical occupations », *Jal of Appl. Psychology*, 1980, 65, 374-405.

S.H. PERES, J.R. GARCIA, « Validity and dimensions of descriptive adjectives used in reference letters for engineering applicants », *Person. Psychol.*, 1962, 15, 279-286.

N.G. PETERSON, M.D. MUMFORD, W.C. BORMAN, P.R. JEANNERET, E.A. FLEISHMAN, *An Occupational Information System for the 21st Century : the Development of O*NET*, Washington, American Psychological Association, 1999.

C.A. PIERCE, H.A. AGUINIS, « Using virtual reality technology in organizational behavior research », *Jal of Org. Behavior*, 1997, 18, 407-410.

R.R. REILLY, G.T. CHAO, « Validity and fairness of some alternative employee selection procedures », *Person. Psychol.*, 1982, 35, 1-62.

R.R. REILLY, W.R. MANESE, « The validity of a mini-course for telephone company personnel », *Person. Psychol.*, 1979, 32, 83-90.

B. ROBERTS, R. HOGAN, *Personality Psychology in the Workplace*, APA, Washington, 2001.

I.T. ROBERTSON, H. BARON, P. GIBBONS, R. MACIVER, G. NYFIELD, *Conscientiousness and Job Performance*, communication à la British Psychological Society, 1994.

I.T. ROBERTSON, M. CALLINAN, « Personality and work behavior », *European Jal of Work and Organ. Psychol.*, 1998, 7, 3, 321-340.

I.T. ROBERTSON, R.S. KANDOLA, « Work sample tests : validity, adverse impact and applicant reaction », *Jal of Occupational Psychology*, 1982, 55, 171-183.

I.T. ROBERTSON, A. KINDER, « Personality and job competences : the criterion related validity of some personality variables », *Jal of Occ. and Org. Psychol.*, 1993, 66, 225-244.

I.T. ROBERTSON, P.J. MAKIN, « Management selection in Britain, a survey and critique », *Jal of Occupational Psychology*, 1986, 59, 45-57.

I.T. ROBERTSON, J. M. SMITH, « Personnel selection », *Journal of Occupational and Organizational Psychology*, 74, 4, 441-472, 2001.

D.D. ROBINSON, « Content-oriented personnel selection in a small business », *Person. Psychol.*, 1981, 34, 77-87.

R.A. ROE, P.T. VAN DEN BERG, « Selection in Europe : developments and research agenda », *European Journal of Work and Organizational Psychology*, 12, 3, 257-287, 2003.

J.-P. ROLLAND, éditeur, « Le modèle de personnalité des Big Five en Europe », *Revue européenne de psychol. appl.*, 1994, 44, 1.

J.-P. ROLLAND, *L'évaluation de la personnalité*, Mardaga, Paris, 2004.

H.R. ROTHSTEIN, F.L. SCHMIDT, R.W. ERWIN, W.A. OWENS, C.P. SPARK, « Biographical data in employment selection : can validators be generalizable ? », *Jal of Appl. Psychology*, 1990, 75, 175-184.

C.J. RUSSELL, « Individual decision process in an assessment center », *Jal of Appl. Psychology*, 1985, 70, 737-746.

J. RUST, S. GOLOMBOK, *Modern Psychometrics*, Londres, Routledge, 2009.

A.M. RYAN, K.M. BARBERA, P.R. SACKETT, « Strategic individual assessment, : issues in providing reliable descriptions », *Human Resources Management*, 1990, 29, 271-284.

A.M. RYAN, P.R. SACKETT, « Exploratory studies of individual assessment practices : interrater reliability and judgements of assessors effectiveness », *Jal of Applied Psychology*, 1989, 74, 568-579.

P.R. SACKETT, « A critical look at some common belief about assessment centers », *Public Personnel Management Journal*, 1982, 11, 140-147.

P.R. SACKETT, G.F. DREHER, « Constructs and assessment center dimensions : some troubling empirical findings », *Jal of Appl. Psychology*, 1982, 67, 401-410.

J.F. SALGADO, « The five factor model of personality and job performance in the European Community », *Jal of Appl. Psychology*, 1997, 82, 1, 30-43.

J.F. SALGADO, « Big five personality dimensions and job performance », *Human Perf.*, 1998, 11, 2-3, 271-288.

J.F. SALGADO, « Personnel selection method », chapitre 1 *in* C. L. COOPER et I.T. ROBERTSON, *International Review of Industrial and Organizational Psychology*, 1999, vol. 14.

J.F. SALGADO, *The Big Five Personality Dimensions as Predictors of Alternative criteria*, communication à la 15e conférence annuelle de SIOP, 2000, Nouvelle-Orléans.

J.F. SALGADO, N. ANDERSON, S. MOSCOSO, C. BERTUA, F. de FRUYT, « International validity generalization of GMA and cognitive abilities as predictors of work behaviour », *Personnel Psychology*, 56, 573-605, 2003.

F.L. SCHMIDT, J.E. HUNTER, « The role of general cognitive validity and job performance : why there cannot be a debate », *Human Performance*, 15, 187-211, 2002.

F.L. SCHMIDT, J.R. CAPLAN, S.E. BENNIS, R. DECUIN, L. DUNN, L. ANTONE, *The Behavorial Consistency Method of Unassembled Examining*, US Office of Personnel Management, 1979, Washington, D.C.

F.L. SCHMIDT, I. GAST-ROSENBERG, J.E. HUNTER, « Validity generalization results for computers programmers, » *Jal of Appl. Psychology*, 1980, 65, 643-661.

F.L. SCHMIDT, J.E. HUNTER, « Development of a general solution to the problem of validity generalization », *Jal of Appl. Psychology*, 1977, 62, 529-540.

F.L. SCHMIDT, J.E. HUNTER, « Moderator research and the law of small number », *Person. Psychol.*, 1978, 31, 215-232.

F.L. SCHMIDT, J.E. HUNTER, « Employment testing : old theories and new research findings », *American Psychologist*, 1981, 36, 1128-1137.

F.L. SCHMIDT, J.E. HUNTER, « A within settings empirical tests of the situation specificity hypothesis in personnel selection », *Person. Psychol.*, 1984, 37, 317-326.

F.L. SCHMIDT, J.E. HUNTER, A.N. OUTERBRIDGE, S. GOFF, « Joint relations of experience and ability with job performance : test of three hypotheses », *Jal of Appl. Psychology*, 1988, 73, 1, 46-57.

F.L. SCHMIDT, J.E. HUNTER, K. PEARLMAN, « Task differences of aptitude test validity in selection : a red herring », *Jal of Appl. Psychology*, 1981, 66, 166-185.

F.L. SCHMIDT, B.P. OCASIO, J.M. HILLERY, J.E. HUNTER, « Further within-setting empirical tests of the situational specificity hypothesis », *Person. Psychol.*, 1985, 38, 509-524.

F.L. SCHMIDT, J.E. HUNTER, « The validity and utility of selection method in personnel psychology, practical and theoretical implications of 85 years of research findings », *Psychological Bulletin*, 1998, 124, 262-274.

F.L. SCHMIDT, « The role of general cognitive validity and job performance : why there cannot be a debate », *Human Performance*, 2002, 15, 187-211.

N. SCHMITT, « Social and situational determinants of interview decisions : implications for the employment interview », *Person. Psychol.*, 1976, 29, 79-101.

N. SCHMITT, « Interrater agreement in dimensionality and combination of assessment center judgements », *Jal of Appl. Psychology*, 1977, 62, 171-176.

N. SCHMITT, R.Z. GOODING, R.A. NOE, M. KIRSCH, « Meta-analysis of validity studies published between 1964 and 1982 and the investigation of study characteristics », *Person. Psychol.*, 1984, 37, 407-422.

N. SCHMITT, C. ORLOFF, « Operationalizing the « behavioral consistency » approach : selection tests development based on a content-oriented strategy », *Person. Psychol.*, 1986, 39, 91-108.

B. SCHNEIDER, N. SCHMITT, *Staffing Organizations*, Scott, Foresman & Co, Glenview, Illinois, 1986.

B. SCHNEIDER, A.M. KONZ, « Strategic job analysis », *Human Resource Management*, 1989, 28, 51-63.

B. SCHNEIDER, D.G. SMITH, S. TAYLOR, J. FLEENOR, « Personality and organizations : a test of the homogeneity of personality hypothesis », *Jal of Appl. Psychology*, 1998, 83, 462-470.

H. SCHULER, J.L. FARR, M. SMITH, *Personnel selection and assessment*, Erlbaum, Hillsdale, New Jersey, 1993.

C.A. SEARCY, P.N. WOODS, R. GATEWOOD, C. LANCE, *The Validity of Structured Interviews : a Meta-analytical Search for Moderators*, communication à la Society for Industrial and Organizational Psychology, San Francisco, 1993.

A.I. SIEGEL, « The miniature job training and evaluation approach : additional findings », *Person. Psychol.*, 1983, 36, 41-56.

H.K. SINANGIL, D.S. ONES, « Expatriate management », chapitre 20 *in* N. ANDERSON *et al.*, *Handbook, op. cit.*

M. SMITH, P. SMITH, *Testing People at Work*, Blackwell Publishers, 2005.

M. SMITH, M. ABRAMSEN, « Patterns of selection in six countries », *The Psychologist*, 1992, 5, 205-207.

M. SMITH, I.T. ROBERTSON, *The Theory and Practice of Systematic Staff Selection*, London Macmillan, 1986.

M. SMITH, I.T. ROBERTSON, *Advances in Selection and Assessment*, Wiley, Chichester, 1989.

F. SNEATH, M. TAKUR, B. MEDJUNDK, *Testing People at Work*, Institute of Personnel management, Londres, 1976.

F. TAPERNOUX, *Les Centres d'évaluation*, Payot, Lausanne, 1984.

H.C. Taylor, J.T. Russel, « The relationship of validity coefficients to the practical effectiveness of tests in selection : Discussion and tables », *Jal of Appl. Psychology*, 1939, 23, 565-578.

A. Tellegen, N.G. Walter, « Exploring personality through test construction : Development of the Multidimensional Personality Questionnaire », *in* S.R. Briggs et J.M. Cheek, éditeurs, *Personality Measures, Development and Evaluation*, Greenwich, JAI Press, 1998.

M.L. Tenopyr, « Content-construct confusion », *Person. Psychol.*, 1977, 30, 47-54.

R.F. Tett, D.N. Jackson, M. Rothstein, « Personality measures as predictors of job performance, a meta-analysis », *Pers. Psychol.*, 1991, 44, 703-742.

G.C. Thornton, W. Byham, *Assessment Center of Managerial Performance*, Academic Press, 1982.

G.C. Thornton, B.B. Gaugler, D.B. Rosenthal, C. Bentson, *Meta-analysis of Assessment Center Validity*, communication au 93ᵉ congrès de l'American Psychological Association, Los Angeles, 1985.

G.C. Thornton, S. Zorich, « Training to improve observer accuracy », *Jal of Appl. Psychology*, 1980, 65, 351-354.

M.H. Trattner, *Estimating the Validity of the Aptitude and Ability Tests for Semi professional Occupations Using the Schmidt-Hunter Validity Generalization Procedure*, 1985, US Office of Personnel Management.

L. Ulrich, C. Trumbo, « The selection interview since 1949 », *Psychological Bulletin*, 1965, 63, 100-116.

C.F. Visser, W. M. Altink, « From job analysis to work profiling : do traditional procedures still apply ? », chapitre 21 *in* N. Anderson, P. Herriot, 1997, *op. cit.*

R. Wagner, « The employment interview : a critical summary », *Person. Psychol.*, 1949, 2, 17-46.

P.R. Wernimont, J.P. Campbell, « Signs, samples and criteria », *Jal of Appl. Psychology*, 1968, 52, 372-376.

W.H. Wiesner, S.F. Cronshaw, « A meta-analytic investigation of the impact of interview format and degree of structure on the validity of the employment interview », *Jal of Occ. Psychol.*, 1988, 61, 275-290.

A.O. Williams, P. Dobson, « Personnel selection and corporate strategy », *in* N. Anderson, 1995, *op. cit.*

C. de Wolff, « The prediction paradigm », *in* H. Schuler *et al.*, 1993, *op. cit.*

R. WOOD, « Work samples should be used more », *Int. Jal of Selection and Assessment*, 1994, 2, 3, 166-172.

S. ZEDECK, A. TZINER, S.E. MIDDLESTART, « Interviewer validity and reliability : an individual analysis approach », *Person. Psychol.*, 1983, 36, 355-370.

Composé par Style Informatique

N° d'éditeur : 4213

Dépôt légal : février 2011

Imprimé en Allemagne par BoD